2022年度安徽省哲学社会科学规划重大项目课题成果

安徽早期党组织研究

中共安徽省委党史研究院　编

程中才◎主编

中国文史出版社
CHINA CULTURAL AND HISTORICAL PRESS

图书在版编目(CIP)数据

安徽早期党组织研究 / 中共安徽省委党史研究院编;程中才主编.--北京: 中国文史出版社,2023.10

ISBN 978-7-5205-4396-5

Ⅰ.①安… Ⅱ.①中…②程… Ⅲ.①中国共产党—地方组织—党史—安徽 Ⅳ.①D235.54

中国国家版本馆CIP数据核字(2023)第197503号

责任编辑:程　凤

出版发行:**中国文史出版社**
社　　址:北京市海淀区西八里庄路69号　　邮编:100142
电　　话:010- 81136606　81136602　81136603(发行部)
传　　真:010-81136655
印　　装:北京新华印刷有限公司
经　　销:全国新华书店
开　　本:1/16
印　　张:22.5
字　　数:260千字
版　　次:2023年10月北京第1版
印　　次:2024年3月第2次印刷
定　　价:66.00元

《安徽早期党组织研究》
课 题 组

组　长:程中才

副组长:朱贵平

成　员:顾永俊　胡　北　廖海业

安徽早期党组织创建的里程碑意义
（代序）

1921年7月中国共产党的成立，是中华民族发展史上开天辟地的大事变，中国革命的面貌从此焕然一新。安徽人民具有光荣革命传统。“南陈北李、相约建党”，安庆人陈独秀是中国共产党的主要创始人，受到陈独秀的直接影响，安徽得风气之先，是马克思主义传播和地方党组织创建较早的地区。1923年冬，受陈独秀委派，柯庆施在安徽城市建立第一个党支部——中共安庆支部；在上海大学求学的薛卓汉、曹蕴真、徐梦秋等人在安徽农村建立第一个党支部——中共寿县小甸集特别支部。此后，安徽各地党组织如雨后春笋，纷纷成立，安徽的革命斗争在党的领导下，如星星之火，渐成燎原之势。特别是1927年党的八七会议以后，党的工作重心由城市转向农村，实施工农武装割据，实行土地革命和武装夺取政权的总方针，安徽地方党组织发展迅速。由于处在国民党的白色恐怖之下，加上早期内部组织不严密、组织制度不健全、组织生活不正常，党的工作尚处在探索阶段，早期党组织大多经历了建立、遭破坏、再建立、再遭破坏、再顽强发展的艰难历程。皖南地区有的党组织甚至一年被破坏几次，一大批优秀共产党人被捕牺牲。尽管如此，到1931年2月，全省绝大多数县区都建立了党的组织，统一领导全省党的工作的第一个中共安徽省委成立，标志着安徽早期党组织完成历史使命。鉴于此，本专题研究中，将安徽早期党组织活动的时间跨度确定为1923年冬至1931年2月。

安徽早期党组织创建在安徽革命史上同样是开天辟地的大事变，是安徽百年党史气势恢宏的开篇。安徽早期党组织在江淮大地上播散革命火种，传播革命真理，组织革命活动，探索革命道路，掀起了大革命和土地革命的风暴，为创造鄂豫皖苏区28年红旗不倒的奇迹提供了坚强组织保证，奠定了深厚群众基础，具有重要的里程碑意义。安徽早期共产党人弘扬伟大建党精神，不屈不挠，接续奋斗，表现了一往无前的革命斗志和大无畏革命英雄主义气概，在中国共产党百年历史上谱写了可歌可泣的壮丽篇章。

一、播撒革命火种，推动党的组织发展壮大

安徽早期党组织创建的直接意义就是“播火”，点燃江淮大地上革命的星星之火。党组织创建之后一个重要任务就是发展党员，壮大党的队伍，扩大党的组织，由几个人的党小组逐步发展为党支部、区委、县委、中心县委、特委、道委，党的工作的覆盖面由最初的知识阶层（学校），逐步拓展到各个社会阶层，特别是延伸到淮北矿工、蚌埠铁路工人、芜湖黄包车夫、皖南轿行等社会底层的劳苦大众。早期党组织的创建者大都是有影响力的社会活动家，体现了非凡的组织力、号召力。安徽首任省委书记王步文，曾参与组建安庆支部、省临委、怀宁中心县委、潜山、桐城、庐江等地党组织；省临委、省委曾委派巡视员到各市县区开展建党工作，发展党的基层组织。方运炽、薛卓汉等早期党员曾参加皖西、芜湖、安庆等多地党组织的创建。1930年9月皖西请水寨暴动失败后，60余人辗转来到皖南，揭开了皖南地区革命斗争新的一页。从1931年到1935年，他们在皖南地区共建

立支部以上党组织43个，参加支部、区委、县委、中心县委的领导工作，18人次担任县、区委书记，大部分壮烈牺牲，他们为创建皖南苏区、闽浙皖赣苏区作出重大贡献。

二、传播革命理论，促进安徽民众的觉醒觉悟

安徽早期党组织成立以后的一个重要工作就是传播革命理论，进行广泛的政治宣传和社会动员，启发和提高民众的阶级觉悟和思想水平，宣传党的政治主张，扩大党的政治影响，鼓舞群众的革命意志和斗志，将群众越来越多地团结在党组织的周围，使“跟着共产党翻身求解放”的理念深入人心。传播革命理论的方式有多种多样，如走村串户、访贫问苦，创办贫民夜校、识字班，编写、传唱革命歌谣，编演群众喜闻乐见的革命戏曲，刷写通俗易懂的革命标语，发行革命报刊等。参与创建寿县小甸集支部的上海大学学生薛卓汉，每逢寒暑假都通过探亲访友的方式，深入农村进行社会调查。1924年，他在《中国青年》第53期上发表题为《皖北寿县农民生活》的文章，分析农民疾苦产生的原因，揭露剥削阶级罪恶，激发民众组织起来进行斗争，成为中共党内最早的农村调查之一。支部成立以后，薛卓汉以教书为掩护，经常携带留声机和笙、箫、笛、琴等乐器，以文娱活动的方式，向农民宣传革命道理。合肥党组织创始人崔筱斋以教书为名，秘密进行革命活动。他经常走东家串西家，深入茅棚草舍，与农民促膝相谈，了解农民的生活状况，编写革命歌曲《翻身歌》《小放牛》《帮工歌》等，启发他们的思想觉悟。皖西请水寨暴动领导人凌霄转移到皖南，经常扮成货郎，或以教书为掩护，走村串乡，奔走于宣城、贵池、祁门、秋浦、泾县等地秘密开展革命活动，把革命的种子撒遍皖

西南大地。

三、组织革命运动，掀起安徽大地的革命风暴

安徽早期党组织创建以后的中心工作是组织发动农民、工人、学生、士兵的革命运动。安徽是农业大省，地主阶级横征暴敛，土地兼并非常严重，绝大多数无地或少地的农民负担着沉重的地租、地方官府的苛捐杂税以及高利贷者的剥削，生活极端贫困；遇到灾荒年景，更是民不聊生，苦不堪言。贫苦农民渴望解决赖以生存的土地问题，参加革命的积极性高涨。安徽早期党组织把发动农民运动放在突出位置，选派薛卓汉、崔筱斋等多人参加广州、武昌农民运动讲习所学习，组建安徽省农民运动委员会，很多地方都建立了不同规模的农民协会、妇女协会等群众组织，秘密筹措枪支，组建农民武装，开展扒粮、均粮、抗租、抗债斗争，直至发展成为大规模农民起义。仅从1927年开始的两年多时间里，各地党组织先后领导发动了60多起农民武装暴动，组建工农红军，实行土地革命，建立红色政权。一时间，江淮大地上武装反抗国民党反动派的枪声此起彼伏，农民运动风起云涌，革命的星星之火迅速燃成燎原之势，蔚为壮观。其中，旌德仕川农民暴动较早，潜山梅城暴动、阜阳四九暴动、皖西三大暴动、皖南广德暴动、郎溪暴动、黟县柯村暴动等影响较大。虽然起义和暴动大多数失败，但动摇了封建军阀和国民党反动统治基础，给灾难深重的安徽人民带来了光明和希望，极大地提高了中国共产党在安徽的政治地位和社会影响。无论是在大革命高潮中，还是革命笼罩在白色恐怖之下，共产党人都是人民群众的“主心骨”“领路人”，为了人民的利益、民族的利益，不惜毁家纾难、赴汤蹈火，表现了宁死不屈的革命

意志和大无畏的自我牺牲精神，赢得了人民群众的支持和信赖。“真金不怕烈火烧，革命不怕坐监牢。砍头只当风吹帽，革命鲜花用血浇。”一首流传在安徽革命老区的红色歌谣，生动反映了革命先烈的伟大斗争精神，正是早期共产党人的这种精神奠定了党“为人民而生、为人民而兴”“党的根基、血脉、力量在人民”的坚实基础，生动诠释了坚持真理、坚守理想，践行初心、担当使命，不怕牺牲、英勇斗争，对党忠诚、不负人民的伟大建党精神。

四、探索革命道路，积累安徽革命斗争的宝贵经验

安徽早期党组织始终站在全省革命斗争的最前列，在探索适合中国特色的革命道路方面，经受了血雨腥风的严峻考验，积累了弥足珍贵的安徽经验。特别是在发动农民武装暴动、创建主力红军、开辟革命根据地方面，勇于探索，开拓创新，取得重要成果，在百年党史、中国革命史上占有重要地位。皖西苏区是鄂豫皖革命根据地的重要组成部分，是中国共产党的重要建党基地、中国革命的重要策源地、人民军队的重要发源地，创造了28年红旗不倒的奇迹；皖南苏区是方志敏领导的闽浙皖赣革命根据地的重要组成部分，是中国工农红军北上抗日先遣队的重要目的地，皖南薪火相传，革命的红旗高高飘扬。

特别值得一提的是，安徽早期党组织领导的皖西武装起义以农民起义为主体，士兵起义相配合，多点开花，相互联动、相互策应，多中心发展，最终连成一片，颇具特色。在起义地点的相互策应与支持上，商南起义由乐区丁家埠民团首先兵变，随即200多名农协会员和进步师生手执刀枪开进南溪，在街心火神庙集会宣布起义，和区、乐区共有10余处民团和农民起义同时举行，相互配合，夺取武器，开仓

放粮。各路起义武装会师斑竹园，组建红三十二师，形成排山倒海之势，逐步开辟了以南溪、吴家店为中心的根据地。六霍起义首先是独山暴动，随后各县区举行武装起义予以策应，同样点多面广，多中心发展，多区域联动，相互策应与支持，几十处持续不断的连锁武装暴动，形成了蔚为壮观的革命形势，令国民党反动派顾此失彼，手足无措。六霍起义组建红三十三师，逐步开辟了以金家寨为中心的根据地。在党组织的相互策应与支持上，湖北黄麻起义建立第一块根据地后，1929年初中共鄂东特委除先后派出徐子清、徐其虚、卢玉成等到商城帮助工作，还同豫东南特委举行联席会议，共同计划发动商南起义；鉴于商南交通阻隔，直接指挥不便，便将商南党组织委托鄂东特委领导。鄂东（北）特委把商城南部、罗田北部和麻城东北部划为商罗麻特别区，成立特别区委，徐子清任书记，领导商南起义工作。不久，又和皖西六安、霍山、英山的党组织取得联系，商谈六霍起义的组织发动工作。在军事力量的相互策应与支持上，霍山西镇暴动时，红三十二师一部与200多名武装群众一起连续攻克多个乡镇，击退反动民团三次进犯。红三十二师协同三十三师先后攻占麻埠、独山，解放霍山县城。两个师又积极支持潜山、英山武装暴动，建立根据地。皖西根据地统一后，两个师协调配合更加便利，作战行动更加有力，为主力红军由游击战向运动战过渡创造了有利条件。

安徽早期党组织艰难发展，经历了挫折和失误，付出了鲜血和生命的代价，但经受住了考验，为以后革命事业的发展积累了经验，奠定了基础，具有里程碑意义。安徽早期党组织创始人绝大多数为革命献身，他们的理想信念、革命意志、高风亮节、伟大精神，为后来者树立了光辉典范。

目 录

第一篇

安徽早期党组织研究课题报告

安徽早期党组织研究课题报告

安徽是一片红色的土地。早在1921年中共一大召开前后，就有陈独秀、高语罕、柯庆施等一批共产党员在安徽开展革命活动，创建党、团组织。

长期以来，全省各级党史部门把研究安徽早期党组织创建作为一项重要任务，开展课题攻关，并形成相关的研究成果。2021年3月，中共安徽省委党史研究院修订的《中国共产党安徽历史》（第一卷）由中共党史出版社公开出版，书中第40页至41页对安徽最早党组织作出以下表述：

1923年初，中共党员柯庆施受陈独秀委派到安庆恢复团组织活动，建立中共组织。6月中旬，安庆青年团得到恢复，并在团员中发展了部分党员。1923年冬，柯庆施在安庆北门万安局濮家老屋主持召开会议，正式成立中共安庆支部，柯庆施任书记，党员有柯庆施、王步文、濮德毅、濮德治、许继慎、杨溥泉、彭干臣、高永春、姚光鼐、王同荣10人。会上，柯庆施宣读了陈独秀的来信，说明党和团的关系，强调作为党员就要为实现共产主义奋斗终生，必要时能够牺牲个人的一切，甚至生命。中共安庆支部是安徽历史上第一个城市党支部。

1923年，在上海大学读书的薛卓汉、徐梦秋、胡允恭先后加入中国共产党。这年冬，薛卓汉、徐梦秋放寒假回到寿县发展了小甸集小学校长曹练白及方运炽（方英）、陈允常等入党。随着党员人数的增加，在寿县地区建立党组织的条件已经成熟。当年冬，在小甸集小学成立了中共小甸集特别支部，成员有曹蕴真、徐梦周、鲁平阶、薛卓汉、曹练白、徐梦秋、方运炽、陈允常8人。特支书记曹蕴真（后为曹练白），宣传委员徐梦周，组织委员鲁平阶（后为曹练白），隶属中共中央领导。之后，由于薛卓汉、徐梦周返校学习，支部不久中止活动。这是安徽由青年学生在农村地区建立的第一个支部，在安徽大地播下了燎原的火种。

从全国党组织建立情况看，早期建党活动大都是在军阀统治的恶劣政治环境下秘密进行的，安徽的情况与全国大部分地区相类似。20世纪20年代初，安徽处在直系军阀的残暴统治下，多次学生运动遭受血腥镇压，党团组织多次遭受破坏，成员受到通缉，使得与中央往来文件缺失严重；当年的亲历者不少人牺牲较早，留下来的资料十分稀少；有些幸存者几十年后留下了回忆材料，但记忆比较模糊，不少回忆材料还存在前后相互矛盾的地方。因此，从目前征集到的史料看，安庆、寿县两地党组织成立的详细情况不够清晰，研究论证缺少足够的档案文献支撑。

2021年12月26日，时任安徽省委书记郑栅洁在有关材料上批示要求，深入考证安徽第一个党组织是哪一个。之后，省委组织部致函省委党史研究院商请成立课题组，进行深入研究考证。省委宣传部把“安徽早期党组织研究”课题列入2022年全省哲学社会科学重大课题，委托省委党史研究院承担。

一、开展研究考证工作的基本情况

省委党史研究院认真落实省委主要领导批示精神和有关部门要求，立即组建课题组，制定工作方案，确定由程中才院长担任课题组组长，成员有相关处室主要业务骨干；同时邀请中央党史和文献研究院第四研究部主任、研究员张神根，上海市中共党史学会副会长、教授徐光寿，淮南师范学院安徽早期党组织研究中心主任、教授吴玉才等省内外知名专家学者担任顾问，安庆市、六安市、寿县党史部门负责人参加研究。课题组先后召开七次专题会议，推进研究考证工作；指导安庆、寿县党史部门分别成立子课题组，同步开展资料征集和研究考证工作，并及时通报工作进展情况。

课题组先后赶赴安徽省档案馆、图书馆、博物馆，上海市档案馆、图书馆，上海大学档案馆，北京市的中央档案馆、中央党史和文献研究院资料馆等相关场馆，查阅档案文献资料300多份。比较珍贵的资料包括共产国际与中国革命文献资料、全国各省革命历史文件汇集、中央和各省组织史资料、20世纪20年代党组织创建时期《申报》《民国日报》《时报》《大公报》等早期报刊资料、安徽早期学生运动和安徽进步学生在上海的活动情况资料、柯庆施等一批安徽早期党组织成员及安庆党团组织报告等档案影印件。同时，与省内外高校相关专家联系，收集关于安徽早期党组织的研究成果；利用线上平台收集资料，通过“读秀学术搜索”“全国报刊索引”等党史资料数据库搜集整理了大量近代图书报刊资料。

课题组成员分赴寿县、六安、安庆等地，召开相关专家学者座谈会，查阅当地收集的档案资料；调研走访组织部、党校等有关单位老同志、专家学者，查找线索。寿县课题组还专程赶赴山西、广州、合肥等地走访早期党组织成员的亲属、故旧及相关知情人，进行调研考证，征集了多份当事人回忆资料和其亲属的口述史资料。

二、研究考证工作取得的初步成果

围绕“安徽第一个党组织是哪一个”等问题，课题组对征集到的大量档案文献资料和相关当事人的回忆材料等进行深入研究考证，试图给出一个尽可能符合历史事实的答案。

（一）关于中共安庆支部的情况

1923年春，柯庆施受中共中央局书记陈独秀委派，作为安徽党组织创建的联系人和负责人，到省城安庆开展党团组织创建工作。6月，在团组织已经恢复、学生运动风起云涌的历史背景下，安庆支部诞生的可能性、必要性、必然性是很充分的，但是，目前认定安庆支部成立的依据只有当事人濮德治1983年的一份回忆资料，没有其他任何档案文献资料和其他当事人回忆资料加以佐证和印证；相反，当事人濮德治的回忆还有前后不一致的地方；后来，又有多位革命前辈的回忆资料没有支持濮德治的观点。但是，作为当事人，濮德治的回忆资料无疑是极其珍贵的，所述事件的真实性是很难被轻易否定的。所以，回忆材料一经公开发表，立即在党史学界引起巨大反响，其观点相继被省市党史部门编纂的专门著作广泛引用，甚至被中央一级出版物和报刊文章所采用，具有较高权威性。具体来看：

1. 党中央、团中央委派柯庆施（又名柯怪君）1923年春从北京到安徽从事党、团组织创建工作。据《中国青年运动纪事长编》（第一卷）记载：1922年12月15日，中国社会主义青年团中央执行委员会在北京开会，正式认可芜湖、成都两地方团。1923年1月13日，陈独秀在出席共产国际四大后从苏联返回北京[①]。16日，团中央再次召开会议，陈独秀作为党中央代表出席会议。会议决定委派柯怪君为芜湖特派员，调查芜湖地方团的情形，同时作为安庆地方团的组织人[②]。柯庆施1940年12月1日《自传》[③]记述："不久，陈独秀从莫斯科返平，商定派我赴安徽去做工作，并给我一封当时安徽教育厅长江彤侯的介绍信，请他设法代找一职业，以便掩护。大约我在一九二三年的春天到了安庆。"柯庆施在安庆的公开身份是《新建设日报》编辑。另据1947年9月26日柯庆施填写的《干部调查表》[④]记述："1922年冬—1924年夏在安徽做党团工作，并任《新建设日报》编辑。"

2.柯庆施到安庆后积极开展党、团组织创建工作。1923年春，柯庆施给团中央负责人施存统的报告中记载，"现在我们决将几个老朋友先聚集起来，然后分开去做运动，成立团的组织。"[⑤]此处的"几个老朋友"是指卢春山（湖北黄冈人，1922年参加革命，此时已经由武汉到安庆）[⑥]、许继慎（1923年4月入团）、杨溥泉（1923年4月入

①瞿秋白：《游记：赤俄之归途》，载于1923年1月31日《晨报副刊》。

② 共青团中央青运史档案馆：《中国青年运动纪事长编》（第1卷上），中国青年出版社2019年版，第37页。

③中共安徽省委党史工作委员会、安徽省档案馆：《安徽早期党团组织史料选》，1987年内部出版，第391页。原件存于中央档案馆，标题为《自传》。

④原件存于中央档案馆。

⑤中央档案馆、安徽省档案馆：《安徽革命历史文件汇集》（第一册），安徽省出版总社1987年版，第6页。

⑥林育南：《哀悼我们的战士——卢春山同志》，载于《中国青年》1925年第10期。

团）[①]。到了5月，薛卓汉、薛卓俊等人从芜湖来到安庆[②]。应该说，他们是安庆最早的党、团员，是柯庆施建团、建党的基干力量。6月，柯庆施召开安庆地方团成立大会、筹备马氏研究会、选举团的二大代表、组织读书会、拟办青年图书馆等[③]；10月，决定组织社会科学研究会[④]。柯庆施等人还通过自己编辑的《新建设日报》转载《向导》《新青年》等刊物上的文章，设立图书馆、组织研究会等，在青年学生中开展马克思主义宣传教育，扩大组织的影响力，并吸收其中觉悟较高的青年加入党、团组织，壮大革命力量。

3.安庆党、团员领导发动进步学生运动。安庆党、团员数量不断增加，在学生中的影响日益扩大，领导了全省反帝反封建军阀的学生运动，包括抵制日货运动、反曹锟贿选游行、惩戒"猪仔议员"斗争、支援教职员索薪斗争等。先是1923年10月10日，芜湖学生率先行动，举行游行示威，散发传单，并捣毁"猪仔议员"家宅，引起军阀当局的警觉。10月22日，安庆各校学生秘密进行联络，突破反动军警封锁，数千人聚会反对贿选，捣毁"猪仔议员"住宅，游行示威途中与反动警察进行拼死搏斗，虽有学生被捕、受伤，但斗争取得胜利，引起了军阀政客的仇视。11月3日，安徽教职员代表20余人到省署讨要欠薪，被省长吕调元指使卫队殴打致伤十余人，安庆学生一致罢课声援。11月9日，安庆学生总会代表王同荣、刘旭光赶到上海；

①中央档案馆、安徽省档案馆：《安徽革命历史文件汇集》（第一册），安徽省出版总社1987年版，第13页。

②中央档案馆、安徽省档案馆：《安徽革命历史文件汇集》（第一册），安徽省出版总社1987年版，第6页。

③中央档案馆、安徽省档案馆：《安徽革命历史文件汇集》（第一册），安徽省出版总社1987年版，第9页。

④中央档案馆、安徽省档案馆：《安徽革命历史文件汇集》（第一册），安徽省出版总社1987年版，第11页。

12日，王同荣等“赴全国学生联合总会报告经过，请为声援，由该会执行委员王基永[1]（中共党员）接晤。”[2]11月16日，陈独秀在《向导》头版刊登《安徽学界之奋斗》的文章，指出：“猪仔议员全中国各省都有，独有安徽学生加以群众的惩戒”“是全国学界之领袖”。11月17日，安庆学生总会在省内其他教育团体的一片调和声中召开各校学生代表紧急会议，决定“单独进行，以达驱吕之目的”；许继慎等人均主张定期召集各校学生举行全体游行示威大运动，并要求赶紧组织义勇团，“各校学生如愿牺牲一己之生命均准为团员，以六十人为一队，最少亦先组成三队。”[3]同时讲演团立即出发讲演，向各界讲明驱吕真相。不久，安庆政治形势发生剧变，军阀马联甲将要兼任安徽省长，长驻安庆。11月22日，《教育世界》刊登了在上海的中共党员杨贤江撰写的社论《为安庆教育界进一言》，“据日前报载，安庆学潮似有调停了结的消息，只有学生界不答应，将重组义勇队（此事自有教育上的价值，很该提倡），从事倒吕运动。”“我以为安庆教育界今后应该做的工作，是向青年学生乃至一般民众，宣传怎样革命以救国家的方法，我们要兴教育，是须从改革政治着手的，所以我们且把这次创痛，算为一个发下决心的纪念。我们当然反对马吕乃至非法政府，但是一时不能战胜他们，也不妨暂时屈服下来，像中国于五月九日屈服于日本‘二十一条’条约之下一样。不过在这忍气吞声的里面，我们却不能懈怠我们积极的工作啊！”在与封建军阀政客的斗争中，一批进步青年经受了考验，革命意志得到了锻炼，安庆学界具备了建党的条

---

①中央档案馆、上海市档案馆：《上海革命历史文件汇集（上海区委会议记录）》，1989年版，第36、42、68页。

②《皖学生代表之请愿　学生总会将发表严重宣言》，载于1923年11月13日《民国日报》《时报》。

③《皖教潮尚在扩大中　学生会主张激进》，载于1923年11月18日《申报》。

件，迎来了建党的时机。

4.当事人濮德治回忆安庆党支部成立情况。据濮德治（在1923年10月22日与反动军警搏斗中受伤，后被军阀马联甲通缉）在1983年《忆陈独秀与安徽党团的建立》①所述，“安庆建党的时间是1923年12月，地点在安庆北门万安局一号濮家老屋的前进堂屋里。那天参加建党成立会议的只有10人，他们是柯庆施、王步文、濮德治、濮德毅、许继慎、杨溥泉、舒传贤、彭干臣、高永春（高一涵的堂弟）和姚光鼐。会上，柯庆施宣读了陈独秀的来信，然后致辞，说明党和团的关系，还强调说，做一个党员，就要为实现共产主义奋斗终生，必要时能够牺牲个人的一切甚至生命，以捍卫党的事业。会上，大家一致推选柯庆施为中共安庆支部书记。”

这篇回忆文章被《中共党史资料》《红色往事——党史人物忆党史》等中共中央党史研究室编著的党史著作收录，文章的主要观点被中央有关部门编写的党史专门著作、《人民日报》等党报在有关文章中采用。1985年1月30日《人民日报》第四版刊发《革命先烈彭干臣》的文章，文中称：1923年6月，陈独秀派柯庆施到安庆重新建团，12月建党，彭干臣这时任一师（安庆第一师范学校）党支部书记。此后，在省市县各级编辑出版的党史专题资料、组织史资料中均采用以上观点。

5.安庆党团主要成员遭受通缉离开安徽后，濮德治所述中共安庆支部被迫解散。从1923年11月下旬开始，反动当局残酷镇压进步力量，“借党案以遏学潮”。26日入夜后，“武装军警数十名涌入教育会内之学生会，大肆搜捕先后八次之多，同时各本校亦被军警按名指

①中共中央党史研究室、中央档案馆:《中共党史资料》(第66辑),1998年版,第10—16页。

拿。”[①]“单拿挂名党籍者三十余人，单拿学生多至百余人。”[②]12月2日，军阀当局特下令教育厅勒令解散学生总会。在此险恶形势下，大批党、团员隐蔽下来，以待时机。同时，《民治报》被安徽军阀当局借党案查封，《新建设日报》因“言论激烈，不减于民治，官厅虽未公然发封，而该报经理等人亦在被拿之列”[③]，被迫停刊。柯庆施在《自传》中回忆，“报馆停刊后，我因是一个公开的人，故决定离皖返沪。”12月17日，随着军阀马联甲到安庆接任省长，全城戒严，通缉学生，向全省各县追查学生及家属。至此，安庆党、团员“均不能留皖，在省之同学（党、团员）仅两三人而已。”[④]29日，上海《申报》刊登“马联甲拿办学生”消息，通报了通缉的34人名单，包括王同荣、王步文、濮德治、彭干臣等。安庆党、团员停止活动，安庆支部被迫解散。

6.濮德治回忆材料所述内容没有找到相关文献资料和其他人回忆材料的佐证和印证。周范文（1925年入党，曾担任中共芜湖特支书记）1959年7月的口述材料记载：安庆党的建立，比团的建立较迟，约在1924至1925年之间，据说主要负责人是薛卓汉、裴济华，活动于教育界，但据范治安说，1925年前柯庆施与汤葆铭一起，出过一个地下党报，宣传十月革命与马列主义，可见1925年前就有党的组织活动了。周新民（时任安徽学生联合会副会长，后加入中国共产党，曾担任国民党安庆市党部常务委员，新中国成立后任中央人民政府办公厅副主任、全国政协副秘书长、民盟中央常委等）在1960年的回忆材

①《来沪皖学生代表通电呼吁》，载于1923年12月3日《申报》。

②《皖人李士林为学潮报告京津同乡书》，载于1923年12月8日《申报》。

③《皖报界之厄运 吕调元大封报馆》，载于1923年12月1日《申报》《时报》。

④中央档案馆、安徽省档案馆：《安徽革命历史文件汇集》（第一册），安徽省出版总社1987年版，第16页。

料[①]中记述：安庆党组织建立在青年团的基础上，但建立时间仍以一九二四年至一九二五年间为比较确实。……我认为薛同志（卓汉）是安庆党初建时的负责人。王季禹（1923年为安庆第一师范学校学生，青年团员，新中国成立后曾任民革蚌埠市委宣传处处长）在1981年9月的口述材料[②]中记载：安庆党的组织是在1924年下半年由薛卓汉、徐梦秋二人从上海来（住安徽学生联合会）筹备建立的。最初成员有柯庆施、李竹声、薛卓汉、徐梦秋、薛卓俊、裴文英、郭士杰。

另查，濮德治回忆材料中称柯庆施1923年12月建立中共安庆支部，担任书记，此信息在1940年12月柯庆施《自传》和1947年9月柯庆施填写的《干部调查表》中均没有记载；所称杨溥泉、舒传贤等10人参加建党会议，与史实不符，因为此时杨溥泉身在芜湖，舒传贤在日本留学，均不在安庆，不大可能参加会议。由此，濮德治所述中共安庆支部成立的具体细节有待进一步研究确认。

（二）关于中共寿县小甸集特支的情况

寿县位于淮河之畔，近代以来革命气氛浓厚，一大批进步青年学子赴安庆、芜湖、南京、上海、广州等地求学，探索救国救民真理。他们中的积极分子接受马克思主义，树立共产主义远大理想，加入了党团组织。史料记载，第一次国共合作时期创办的两所学校——上海大学和广州黄埔军校，就有许多寿县籍学员。仅以上海大学为例，该校前身是寿县人王理堂创办的私立东南高等专科师范学校，寿县籍学生较多。因办学不规范，引起学潮。1922年10月国共合作时期，由国共两党改造后更名，校长为于右任，教务长为瞿秋白，是一所被誉为

①政协安庆市文史资料研究委员会等:《安庆文史资料》(第2辑),1981年版,第14页。
②政协安庆市文史资料研究委员会等:《安庆文史资料》(第2辑),1981年版,第12页。

"武有黄埔、文有上大"的革命学校[1]。1922年10月至1927年4月，上大110名教师中，安徽籍有10人，寿县籍1人；1400多名学生中，安徽籍学生有150多人，其中共产党员38人，寿县籍18人。在中国共产党创建初期，寿县进步青年是很活跃的，寿县籍党、团员比较多，积极参加地方党组织的创建工作。1924年4月5日《芜湖地方团员调查表》记载，曹蕴真1922年加入团组织，为"本团农民宣传员"。1923年12月11日《申报》报道：旅沪安徽学生欢迎安徽学生总会逃亡来沪代表，决议"同学寒假返里仍宜竭力宣传"，并选举薛卓汉等5人为委员执行此事。当事人曹练白1960年的回忆、鲁平阶1979年和1987的回忆、陈允常1960年的回忆和曹蕴真胞弟曹定一1979年的回忆等，均详细叙述了1923年中共寿县小甸集特别支部成立的情况。自20世纪60年代以来，"1923年冬成立小甸集特支"的说法被中央、安徽省及相关市、县组织史、党史专门著作广泛采用，得到省直有关单位、相关市县、社会各界的广泛认同，具有较高权威性和较大影响力。2013年，在安徽地方党组织创建90周年之际，经六安市委同意，寿县小甸集建立了"中共小甸集特支纪念馆"和"安徽第一面党旗纪念园"，在社会各界具有较高的认同度。

但是，上述四份回忆材料中所述小甸集特支成立的月份表述不一致，个别支部成员入党时间与文献记载有些出入。另一当事人徐梦秋在回忆自己早年革命经历时没有提到成立小甸集特支一事。具体来看：

1.当事人曹练白（小甸集小学校长、中共小甸集特支成员）认为，小甸集特支成立时间是1923年12月。1960年5月，曹练白接受寿县党史部门采访，形成的回忆材料《校对瓦埠地区革命发展情况》记述：

①上海市委党史资料征集委员会:《上海大学(1922—1927)》,上海社会科学院出版社1986年版，第1—4页。

“1923年12月的一天下午，陈允常、薛卓汉、方运炽三人和薛、曹、徐介绍的四人来到小甸集小学，成立小甸集支部。”这一说法与特支书记曹蕴真的相关材料表述一致。1980年8月22日，寿县革委会《关于追认曹蕴真同志为革命烈士的报告》指出：曹蕴真1922年在上海读书时加入中国共产党，1923年12月与薛卓汉等建立了中共小甸集特支。此报告先后在六安行署和安徽省民政厅获得批准。1999年6月23日，省民政厅《关于同意追认曹蕴真同志为革命烈士的批复》指出：曹蕴真同志作为安徽党组织最早创始人，至今未被追认为革命烈士，的确是件憾事。

2. 当事人鲁平阶（特支成员、组织委员）认为小甸集特支成立时间是1923年春或3月。鲁平阶1979年4月接受寿县党史部门采访，提到中共小甸集特支成立的情况，在1985年、1987年两次给六安党史部门来信，再次做了认真回忆[①]。他说：“1923年春寿县小甸集特支（CP）经中央批准，成立地点在小甸集小学校，选出支委成员曹蕴真、鲁平阶、徐梦周、曹练白、胡宏让等。支部书记曹蕴真，组织委员鲁平阶，宣传委员徐梦周。当时开展支部工作，主要是通过和中央的书信往来，按照中央的指示进行的。”“经查，小甸集特支组成人员在1923年前都是在校学生，到1924年，其中有一部分人到外地工作，还有一些留在小甸集小学教书。只有1923年这些同志完整的集中在小甸集小学，所以无论是按时间、地点，还是按照组织成员来考虑，上述资料都是符合实际情况的。”1987年11月22日的回忆中再次指出：“小甸集特支是1923年3月建立的”。

3. 当事人陈允常（特支成员，后脱党叛变，新中国成立后被捕入狱）认为小甸集特支成立时间是1923年寒假和1923年冬之前。陈允常

①中共六安市委党史研究室：《皖西党史资料辑要》（第1册），2011年版，第3—7页。

1960年6月在狱中的交代材料[①]记述："开辟寿县党组织的人是薛卓汉""一九二三年寒假，我从宣城第四师范学校回家，薛卓汉到我家约我到瓦埠方家小楼方运炽家去玩，到方运炽家以后，我们三个人一同到小甸集学校，由曹练白带领我们在一个小庄子上开会，到会的有鲁平阶、徐梦周、曹蕴真、徐德据以及我们三个人。""这一个组织究竟是独立小组，还是独立支部，我因为初加入，还有点莫名其妙，一点印象都没有，再三回忆，也闹不清楚了。但我可以肯定，寿县党组织不是从1923年冬才开始的，在这以前就已经有组织了。"

4.知情人曹定一认为小甸集特支成立时间是1923年冬。1979年7月，曹定一在《回忆大哥曹蕴真革命斗争片段》[②]中记述：曹蕴真1922年参加中国共产党，1923年离开上海回寿县开展革命活动；是年冬，建立第一个党支部。

5.《早期党员徐梦周》中记录的内容采用了上述回忆资料："1923年12月下旬，与从上海大学返乡的薛卓汉等人共同建立了中共寿县小甸集特支，任宣传委员。"依据有曹炼白1960年5月20日《校对瓦埠地区革命发展情况》和陈允常1960年6月26日《寿县党组织发展情况》。

6.从当事人回忆录中可以找到一些小甸集特支开展工作的线索，与相关史料相吻合。据鲁平阶等人回忆，特支成立后办了几件事：一是为了迎接"五九"国耻纪念日的到来，筹备一个盛大集会，特支派出宣传队赴四乡农村做深入宣传，到会有2000余人；二是办了几期农民夜校，入学的都是一些青年农民；三是在小甸集南北两头成立两个识字班，为扫除农村文盲打下基础。到1924年暑假，上海大学党组织

①现存于寿县档案馆。

②政协安徽省委员会文史委:《安徽文史资料选辑》(第4辑),1982年版,第160页。

派党员胡允恭、吴云等人回到寿县从事革命活动，开办了淮上中学补习社，并在补习社里建立了党支部。9月，薛卓汉介绍陈允常、方运炽等人到瓦埠小学教书，开展革命活动，不久成立了中共瓦埠小学支部。

7.档案文献资料记载，小甸集特支成员的入团、入党时间大部分在1923年下半年。据1923年9月26日《团上海地委给团中央的报告——关于改组后第一次委员会议的各项决议》①中记载："核准团员。存统、卓汉介绍之团员——徐梦秋、陶淮、胡宏让、徐德据、徐梦周。"据《上海地委兼区委第23次会议记录》②：1923年11月22日，在中共上海地方兼区执行委员会第二十二次会议上，批准刘剑华（刘华）、张景曾、龙康庄、薛卓汉、王逸常、徐梦秋、许乃昌、黄仪蕃等为中共候补党员。

8.当事人徐梦秋（特支成员，曾在延安担任军委后方政治部宣传部部长，1942年在新疆叛变。）回忆早期革命经历没有提及成立小甸集特支一事。1937年，徐梦秋在延安向美国记者尼姆·韦尔斯讲述自己早期人生经历，他说："这年（1923年）冬天，黄埔军校从上海选拔优秀学生，但我错过了这次机会。原因是家里来信说父亲病危，我必须回家。""在家里作短暂停留后，我打算报考保定军校，于是去张家口找大哥"，因情况变化，"我不得不再回老家"，"曾办了一所免费学校"，"仅坚持了一年时间"，"1925年，我又离家去了上海。"③

9.还有一种说法：寿县党组织成立的时间是1922年。据1929年5月9日《寿县县委的报告》："寿县在民国十一年（1922）就有二三同

①中央档案馆、上海市档案馆：《青年团上海地委文件（1922年7月—1927年1月）》，1986年版，第11页。

②中央档案馆、上海市档案馆：《上海革命历史文件汇集（上海区委会议记录）》，1989年版，第48页。

③张士义译：《徐梦秋自述（1937年于延安）》，《百年潮》2004年第4期，第51页。

志的组织，当时是党的婴儿时候和以后的机会主义时代，不独没有组织群众的工作，连党都没有丝毫的发展。”[①]2021年11月3日《人民日报》刊发记者江琳、程龙的文章《弘扬大别山精神 把老区建设得更好》，第一部分中就有下列表述：“1922年春，中共小甸集小组在安徽寿县成立，次年冬扩建为小甸集特别支部。党的地方组织的建立，开启了中国共产党领导大别山革命斗争的历程。”经考证，“寿县在民国十一年就有二三同志的组织”，难以被认定为党小组，因为从目前收集到的档案文献资料和当事人回忆资料看，寿县在1922年的时候没有“二三同志”的党员，1923年成立的小甸集特别支部的党员均是1923年加入的党组织，有的是在上海大学入党，有的是在支部成立前夕被发展入党的，所以“二三同志的组织”极有可能是团组织或者其他青年进步组织。

（三）初步结论

根据目前掌握的档案文献资料，结合当事人回忆资料及其亲属、故旧的口述资料，参考学术界的最新研究成果，基本可以认定：1923年冬，中国共产党在安徽已经建立了地方组织。“1923年”是中国共产党安徽地方组织创建的年份。安庆支部和寿县小甸集支部建立的时间均为“1923年冬”。

综上所述，中共安庆支部和中共小甸集特支成立的时间在现有的档案文献资料中均没有明确记载，至今都未获得权威机关的专门认可。现根据当事人回忆资料和相关档案文献资料，可以基本认定：

第一，1923年冬，中国共产党在安徽已经建立了地方组织。“1923年”是中国共产党安徽地方组织创建的年份。安庆支部和寿县小甸集

①中央档案馆、安徽省档案馆：《安徽革命历史文件汇集》（第四册上），安徽省出版总社1987年版，第217页。

支部建立的时间均为“1923年冬”。至于哪一个党支部建立时间在前，更具有确定性，目前仍然没有找到有说服力的史料依据，难以做出准确判断。

第二，安庆支部是党中央发展地方党组织计划的一部分，是柯庆施受党中央主要负责人陈独秀委派到省城安庆创立的，成员有柯庆施、许继慎、濮德治、杨溥泉、彭干臣、姚光鼐、王同荣等。安庆支部是具有全省意义的党组织，负有党中央指导全省党务的使命任务，是在省会城市建立的第一个党组织，而不是党史学界一般认定的城市党组织。但能否认定为安徽第一个党组织？因为目前证据仅是孤证，又没有找到其他相关文献资料相互印证，故仍然存在不确定性。

第三，寿县小甸集特支的存在具有较强的确定性。根据特支成员入党时间大都在1923年秋冬之际，故特支成立的时间可以被确定为1923年冬。小甸集特支是受上海党组织委派在安徽农村建立的第一个党组织，而不是党史学界一般认定的农村党组织。成员有曹蕴真、徐梦周、鲁平阶、薛卓汉、曹练白、徐梦秋、方运炽、陈允常8人。能否认定小甸集特支为安徽第一个党组织？因为目前证据均是当事人后来的回忆资料，缺乏档案文献资料的直接支撑，故也存在一定不确定性。

（《安徽早期党组织研究》课题组）

第二篇

安徽早期党组织若干专题研究

安徽早期马克思主义传播

安徽是中国最早传播马克思主义的地区之一。经过五四运动的洗礼，安徽进步知识分子和青年学生学习、宣传马克思主义形成热潮。

巴黎和会打破了人们对于西方资产阶级民主共和国的幻想，而俄国十月革命的影响却日渐扩大，经过五四运动洗礼的中国人民有了新的觉悟，相当一部分青年知识分子开始怀疑以至于否定资产阶级共和国的道路，转而向往社会主义。在各种学说竞起争鸣斗胜的形势下，马克思主义逐渐以它高度的科学性和革命性吸引着众多的进步青年。

“十月革命一声炮响，给我们送来了马克思列宁主义”。五四运动是一个爱国运动，又是一个文化运动，它促进了马克思主义在中国的传播。在中国传播马列主义的著名代表人物有陈独秀、李大钊。其中，陈独秀就是从安徽走出的重要历史人物，是新文化运动的精神领袖、五四运动的总司令、马克思主义的主要传播者、中国共产党的主要创始人和早期的主要领导人。安徽新文化运动的蔚然兴起，与陈独秀的矢志推动是分不开的。陈独秀早年在安庆、芜湖等地从事革命活动，团结、培育了一代青年知识分子，为马克思主义在安徽的传播架起了桥梁。一方面，他通过刘希平、高语罕、蔡晓舟等教育界先进人士，积极推动新文化运动在安徽中心城镇和各名校蓬勃开展。当时的省会安庆以及芜湖、合肥、蚌埠、宣城等地，都是响应新文化、宣传新思潮的主要地区，这也为安徽地区在五四运动之后马克思主义的传播和社会主义青年团组织的成立奠定了思想基础。另一方面，陈独秀高举反封建、反军阀大旗，直接推动了安徽社会民主改革事业的发展。针对当时安徽地方统治者均为北京政府军阀势力的现状，他发动皖籍进步人士组建旅外社会自治团体，以外向内推动安徽政治民主改革。1920年8月，陈独秀在上海参与组织了“旅沪皖事改进会”，并以此团结安徽旅沪各团体，支持并指导安徽省内爱国民主运动。20世纪20年代安徽兴起的以“废督自治”、增加教育经费、反对教会学校奴化教育等为主要内容的爱国民主运动，揭穿了军阀在安徽统治的黑幕，有力促进了安徽人民觉醒，其社会实践本身即构成以民主、科学为旗帜的安徽新文化运动的一部分。

马克思主义在安徽的传播，首先是通过传入各种进步书报刊物开始的。

五四运动后，在外较早接受马克思主义的皖籍知识分子和青年学生，通过各种渠道将各地进步书刊传入家乡。而经过五四运动洗礼的安徽各地的知识分子和青年学生开始接触与研究各种新思潮，探索救国救民、改造社会的道路和方法。他们与上海、北京、广州等地革命团体和出版商建立密切联系，经销全国各地出版发行的书刊。此间，传入芜湖、安庆等地的进步书刊主要有《新青年》《湘江评论》《星期评论》《新潮》《赤都心史》《饿乡纪程》等介绍苏俄革命、宣传马克思列宁主义以及民主主义思想的书刊。

进步书刊传入安徽还有一个重要渠道就是1903年开设在芜湖长街的芜湖科学图书社。图书社创办人汪孟邹是安徽绩溪人，早年接受康有为、梁启超维新思想，与陈独秀知交。1904年春，陈独秀来芜湖创办《安徽俗话报》，并集聚了一批有识之士，常在这里聚会。从此，该社不仅是新文化新思想传播的阵地，也是酝酿革命活动的一个据点。次年，陈独秀联络安徽公学教员柏文蔚和学生常恒芳，创建岳王会。同年，与吴樾、赵声等策划了轰动全国的吴樾炸清政府出洋五大臣事件。从这里，一批青年学生，如蒋光慈、王稼祥走上了革命道路。1913年，汪孟邹接受陈独秀的建议，在上海开设了分店——亚东图书馆。五四以后，新文化运动获得进一步发展，科学图书社顺应历史潮流，大量发行《新青年》《新潮》等刊物，经销《每周评论》《向导》以及鲁迅、郭沫若、胡适、高语罕等人的著作，吸引了大江南北的许多知识分子和青年学生，给新文化"做了二十年的媒婆"①。

随着马克思主义和其他进步书刊的传入，安徽各地的一些进步知识分子和青年学生，也开始创办传播马克思主义和宣传反帝反封建思想的新文化刊物。其中作出重要贡献的是芜湖省立五中教师高语罕。1920年他在芜湖创办商业夜校，借讲授社会科学的机会宣传马克思主义。1921年1月，高语罕将其在芜湖商业夜校讲课用的讲义，编辑成书信形式的通俗读物——《白话书信》由亚东图书馆出版发行。全书分绪论、家庭书信、社交书信、工商书信、论学书信5编，共106封通信。内容包括政治、经济、哲学、伦理、文化教育、社会及家庭等方面。在社会政治方面，尤其是对马克思主义的基本原理，如阶级斗争、剩余价值、唯物史观以及俄国十月革命和苏维埃制度等，做了通俗浅显的介绍。

《白话书信》向安徽青年介绍了科学社会主义的基本知识。"科学社会主义，到德国学者马克思才发明。他是主张人类的历史就是'阶级斗争'的历史；人类历史的变动、思想的变迁，都是受经济变动、物质变动的影响"。"马克思的社会主义，可分做三项说明——A.唯物

①陈独秀1922年给芜湖科学图书社的题词。

史观，B.赢（剩）余价值，C.阶级斗争”。同时还向读者介绍了俄国十月革命，向读者推荐了《社会主义史》《欧洲政治思想小史》《马克思资本论入门》《近世经济思想史论》等一批阐释社会主义理论的书目。在谈到社会病根时写道，“人类若是真的要减少痛苦，必定要先废除‘私有财产制度’”。他说马克思和恩格斯在《共产党宣言书》中就明确地提出废除财产私有制。第一次向安徽青年学生介绍了无产阶级革命纲领性文件《共产党宣言》中的最基本观点。既然马克思已经为我们找到了社会的万恶之源是私有制，那么我们青年就应负起“医我们现在社会的病”的责任。因此，书信的作者动员青年学生“一方面要做社会革命的实行家，一方面做社会革命的宣传者。不但要把这种主义宣传给我们商界青年，还要把它宣传给工界、农界青年”。《白话书信》问世后，两年中再版8次，为宣传社会主义、传播马克思主义起了重要作用，在全国的思想界都有一定的影响。虽然《白话书信》中也掺杂着作者一些非马克思主义的观点如无政府主义等，但是他第一次较为系统地介绍了科学社会主义，这对安徽青年学生产生了极大的影响，对推动安徽新文化运动的发展和引导青年信仰马克思主义，起了积极的促进作用。

在北京参加五四运动的皖籍青年蔡晓舟与其表弟、北京大学学生杨亮功广泛收集五四运动资料，于1919年7月，即五四运动发生后的两个月，编写出版了全国第一部介绍五四运动的书籍——《五四》一书。作者以亲历者的身份，分析了五四运动的起因，叙述了事件发生、发展的经过，对揭露帝国主义强权政治和北洋军阀政府卖国、腐朽与反动本质，宣传伟大的五四运动，引导青年学生认识中国社会的症结所在都有积极的意义。1920年，蔡晓舟回到安庆，创办了《新安徽》报。《新安徽》认为“我们因为要求‘世界大同’的实现，所以就要将中国从根本上来改造一新。因为要改造‘新中国’，就不能不从各省改造起”。指出“督军为民治的障碍物”，主张建立“省民大会”式的资产阶级议会制度。《新安徽》在大力介绍自由主义的同时，也用相当篇幅介绍社会主义思想。

1920年2月，光明甫、李光炯、朱蕴山、宋竹荪等在安庆创办了《平议报》。它以评议安徽时政、宣传革命思想、支持全省教职员联合会和全省学生联合会、推动安徽反帝反封建的爱国运动为宗旨。大力宣传新文化，介绍马克思主义和俄国十月革命。于此前后，安徽省学联的《安徽全省学生会周刊》，以及芜湖的《芜湖》半月刊、《芜湖学生会旬刊》，《安徽第六师范周刊》，《皖江日报》开辟的《皖江新潮》副刊等宣传新思想的报刊相继问世。进步书刊的出版发行，使得广大知识分子和青年学生更多地接触接受马克思主义，促进了马克思主义在安徽的传播。

中国共产党成立后，马克思主义在安徽得到了进一步传播，介绍马克思主义的书籍也日益增多。为了更好地开展马克思主义学习、宣传活动，安庆、芜湖乃至皖西山区于1921—1923年间，先后成立了“马克思主义研究会”“马氏研究会”“马克思主义学习小组”和“社会科学研究会”等学习、宣传马克思主义的组织，使一大批年轻知识分子和青年学生由反帝反封建的民主主义者开始成为马克思主义者。

（胡　北）

安徽青年团组织创建

一、安徽团组织建立的过程

1919年爆发的五四运动是一场伟大的青年运动，为中国共产党和中国共青团的建立做了思想上、组织上的准备。同时，五四运动开辟了中国青年运动的新纪元，标志着中国青年首次登上历史舞台。此后，五四运动的持续发展和马克思主义在安徽广泛、深入地传播，为社会主义青年团安徽地方组织的建立创造了条件。

1920年8月，在上海霞飞路渔阳里6号《新青年》编辑部，上海共产主义小组领导创建了中国先进青年组织上海社会主义青年团。它成立后，团员们迅即向全国各地的学联等学生组织分发社会主义青年团的章程，发动和指导北京、济南、武汉、长沙、安庆等地建立青年团组织。中共一大研究了在各地建立和发展社会主义青年团作为党的预备学校问题以及决定吸收优秀团员入党的办法。在此期间，大批党团员在全国各地开展党建团建工作。安徽籍团员在安庆、芜湖等地青年学生中陆续建立社会主义青年团组织。

在安庆执教的蔡晓舟，在第一模范小学（校长蔡亚青是其堂兄）当教员并开办文化书店，销售《新青年》等进步书刊。在省立第一师范学校（简称一师）任教的刘著良（又名刘天予）是当时最革命的青年教师，利用一师讲坛宣讲革命道理，私下里动员学生加入青年团，并将上海带来的《团章》《先驱报》等资料发给学生阅读。1921年春，刘著良、蔡晓舟在怀宁县学宫义务小学召开了一次筹建安庆社会主义青年团的会议。刘著良作革命理论报告，讨论了建立团组织的筹备工作，到会的有第一师范学校学生方乐周、许继慎，安庆第一甲种工业学校（简称“一工”）学生舒传贤，安庆第一农业学校学生余大化，省立法政专门学校学生童汉章、宋伟年，以及安庆六邑中学学生王步文等20余人，多为省学联的骨干。会上宣讲了社会主义理论，介绍了上海等地的建团情况，并将中国社会主义青年团简章发给与会者。会议动员青年学生加入团组织并散发一些进步小册子。可惜会议在进行途中被军警发现被迫中断。

1921年4月，刘著良、蔡晓舟在安庆菱湖公园茶社旁召开了安庆社会主义青年团成立大会，时称“菱湖会议”。出席会议的除参加筹备会的进步青年外，还有一师学生杨溥泉、一工学生詹善良、法专（安徽法政专门学校）学生韦素园等40余人。会议进一步讨论建团问题，中途因再次受到军警骚扰而被迫提前散会。

两次会议之后，建团工作一直在秘密进行中。经过舒传贤、周新民、皮言智、詹善良等人的工作，1921年10月，在安庆正式成立社会主义青年团组织[1]，名“安徽社会主义青年团”，有团员舒传贤、周新民、皮言智、王逸龙、查文浩、储应时、朱石龙、詹善良、张本国九人。由于团员人数较少，仅组成安徽社会主义青年团学生运动委员会，安徽省学生联合会会长舒传贤任委员长[2]。

①《六安中心县委报告(第六号)》,1930年6月6日。

②《安徽社会主义青年团报告书》,1922年4月。

1922年2月，关于召开中国社会主义青年团全国第一次代表大会的（文件）传到安庆。安庆团组织代理书记舒传贤于3月26日致函时任团中央负责人施存统，“这里因人材（才）、时间分配不开，实难专人前去。特委托在上海的高语罕全权代表安庆地方团组织出席大会”。4月，安徽社会主义青年团再次向中国社会主义青年团临时中央局报告安徽团员名单（时有团员9名），并组成了学生运动委员会。“本团团员取严格主义。现时团员甚少，仅组成学生运动委员会。此后介绍入团者再陆续报告。”“学生运动委员会公推舒公甫（舒传贤）为委员长，王逸龙为秘书，担任一切事务。”①

1922年5月，中国社会主义青年团第一次全国代表大会召开，据统计，全国有17个地方成立了社会主义青年团组织，安庆是其中之一。安徽青年团学生运动委员会委派高语罕为安徽代表参加全国第一次代表大会。

安徽青年团的成立和学生运动的持续开展，威胁着当局。1922年秋，安徽省教育厅以省学联负责人及学生运动领袖“连年为国事省事奔走牺牲”为由，官费资助舒传贤、周新民、方乐周、翟宗文、宋伟年等团员和学生活动分子赴日本留学，留在安庆的青年团员只有二三人，因此团组织活动一度中止。

1923年春，陈独秀派中共党员柯庆施回到安徽省恢复团组织。柯庆施到安庆后，经蔡晓舟介绍到《新建设日报》做编辑。柯庆施利用工作之便，经常转载《新青年》和《向导》的文章，宣传马克思主义和中国共产党的主张，并秘密联络各校学生活动积极分子和老团员，组织开展群众活动。他发现由于团组织骨干去了日本，剩下的团员有的思想比较消极，有的在政治上与保守派关系很深。柯庆施有点失

①1922年《安徽社会主义青年团报告书》，现存中央档案馆。

望。4月22日，柯庆施在给施存统的信中汇报了恢复安徽团组织的情况。柯庆施在给团中央的报告中说:“安庆本有一个地方团，但是因为少数人的反对，竟无形消灭。我这次自北京到此后，曾以个人的资格，与前次地方团团员接洽，彼等甚消极……于是我就从（重）新做起，另找同志。”团组织吸收许继慎、杨溥泉等新鲜血液。

1923年6月13日，社会主义青年团安庆地方执行委员会召开成立大会，15名团员出席会议，选举柯庆施、何大年、卢春山为执行委员，杨溥泉为候补委员，柯庆施为委员长。

1923年8月，柯庆施出席了在南京召开的中国社会主义青年团“二大”会议。会后，柯庆施根据这次大会的精神，进一步加强了安庆青年学生的工作。安庆团组织一面利用《新建设日报》《平议报》等期刊加强宣传教育工作，一面组织研究会、读书会等加强组织联络工作，推动各项社会运动。在风起云涌的运动中，安庆团组织始终站在前列，团员在运动中成长为中坚力量，安庆地区的青年运动得到陈独秀在《向导》周报上的盛赞，认为此“是全国学界之领袖”。这时安庆团的组织活动比较活跃，组织比较严密，与团中央的联系也十分密切。陈独秀写信给柯庆施，指示他“可以在安庆建党”“以作团的工作和其他各项工作的核心”。

随着安庆地方团组织活动日趋活跃，到1923年秋，团员人数发展到22人，下设3个支部。此间，根据临时团中央局关于地方团改组和改造的通知要求，安庆地方团组织进行了改选，杨溥泉任社会主义青年团安庆地方执行委员会委员长、柯庆施任秘书、徐齐邦任会计兼学务委员、卢春山负责宣传教育。社会主义青年团已经成为安庆地区革命运动的领导核心。

芜湖团组织的建立稍晚于安庆。1922年，芜湖甲种农业学校、芜湖第二农业学校开始有团小组活动。同年12月3日，卢春山给团中央的信称，“有团员4人，团未得到团中央的正式承认和指示，不便发展团员，现时团的工作是主义的研究与社会的调查”。年底，团中央正式承认芜湖建团。1923年1月5日，社会主义青年团芜湖地方执行委员会在团小组活动的基础上正式成立，选举王坦甫、余天觉、卢春山为委员，张震、刘长青、王积宣为候补委员①。实有团员15人，按商业学校、农业学校、职业学校等校别分成5个团小组。1923年10月，芜湖团组织改选，王坦甫为委员长。芜湖团组织成立以后，主要工作之一就是“发起马氏学说研究会，作公开的青年运动和吸收同志的手段”；“组织星期日社会调查队，作‘向机而行’的民众宣传和联络无产阶级的导线”②。一年后团员发展至54人，主要是青年学生和教员。1926年中共芜湖特支成立，此后芜湖团组织工作受中共芜湖特支直接领导。

此外，在安徽农村地区，寿县团组织建立较早。1922年至1923年，寿县建立团的组织；1925年成立团的支部，团支部书记为石德晏。1926年春，共产党员薛卓汉返回家乡寿县，任团地方执行委员会书记，后因事离开，由石裕鼎代理书记。在宿县（今宿州），1922年至1923年建立了团的组织；1925年正式成立团的独立支部，团支部书记杨梓宜，时有团员22人。在宣城，1922年至1923年已有个别团员在本地进行活动。在合肥，1924年1月，许传典组织读书会，筹备建立团组织，并写信给团中央要求派人指导和批准成立团组织等。安徽进步青年在当涂、凤阳、濉溪、旌德等地，纷纷建立自己的组织。

1925年，团的名称更名为中国共产主义青年团。随着团员人数的增加和团员年龄的增大，次年团中央决定，年过20岁的团员全部介绍

①《团芜湖地方执行委员会给团中央的报告》，1923年1月5日。

②郑琳春：《艺青团组织在安徽的创建和发展》，《江淮文史》2022年第2期。

入党，年过23岁的团员脱离团的组织，故当时安徽各地的团员大多转为中共党员。[①]

二、安庆、芜湖团组织的活动

安庆、芜湖两地社会主义青年团成立后，积极组织青年宣传学习马克思主义，组建进步学生组织，推动学生运动发展。1923年，芜湖青年团指导成立两个青年团体（即学生联合会、青年协进会），帮助爱社（旨在研究农业作农民运动）研究社会问题，提高对社会主义的认识，培养学生运动的积极分子。当年6月，柯庆施在安庆邀集"教育界中之良好分子，组织读书会，并拟办一青年图书馆，以资宣传"[②]。在此基础上成立马氏（克思）研究会，学习马克思主义。

为团结青年，引导青年走向革命，安庆、芜湖两地青年团还利用报刊，大力开展宣传工作。1921年，光明甫等教育界开明人物在安庆发起创办《平议报》，宣传新文化，评议安徽时政，抨击军阀统治。青年团员宋伟年、周新民、舒传贤、许继慎经常在《平议报》上发表文章。1922年，青年团临时中央局指示各地在5月1日"做大规模的运动"。安庆青年团指导《平议报》编辑发行《劳动纪念节特刊》（以下简称《特刊》）。《特刊》刊载《中国社会主义青年团（五一纪念节）敬告工人》《芜湖劳工会宣言》及朱蕴山、蔡晓舟等署名的《为做劳动运动者进一言》《我对今年劳动节的感想》等九篇文章，阐明纪念五一节的伟大意义在于"藉此开拓将来的命运，充分发挥阶级斗争的精神，壮壮烈烈地表示全阶级要求解放的伟大势力"；号召劳动者团结起

①郑琳春:《共青团组织在安徽的创建和发展》,《江淮文史》2022年第2期。
②《柯庆施关于安庆地方团第一次报告》,1923年6月。

来，组织起来，指出:“各种产业的劳动者团结了……推翻资产阶级的政府，建设无产阶级的政府，那时候才是无产阶级的世界，才开始为无产阶级的历史的记载”。1923年春，柏文蔚出资在安庆创办《新建设日报》，安庆地方团组织负责人柯庆施、卢春山利用在该报担任编辑的有利条件，经常转载《新青年》《向导》上的文章，使《新建设日报》成为宣传马克思主义和孙中山三大政策的阵地。

1921年秋，安庆学生宋伟年、唐道海，芜湖学生夏揆予、马章禄四人受团组织派遣赴莫斯科，出席1922年1月召开的远东革命组织代表大会。

安徽社会主义青年团的建立和发展，为中国共产党安徽地方党组织的建立在思想上、组织上奠定了基础。

（胡　北）

安徽早期学生运动

新民主主义革命时期的学生运动，是中国革命史的一个重要组成部分。毛泽东曾指出，中国知识青年们和学生青年们“是反帝反封建的一个方面军，而且是一个重要的方面军。”[①]在党的初创和大革命时期，在党的领导下，安徽的青年知识分子和学生们在反帝反封建斗争中发挥了重要作用。

一、声援北京学生的爱国运动

1919年5月4日，在北京爆发了以学生斗争为先导的声势浩大的反帝爱国运动。消息传到安徽后，首先在安徽学界产生极大反响，全省各中等以上学校学生纷纷声援北京学生。

5月6日，省城安庆各校学生代表100多人，在安徽公立法政专门学校召开紧急会议，决定于5月8日联合安庆各校学生举行游行示威，声援北京学生运动。5月8日，安庆各中等以上学校学生2000余人在黄家操场集会。会上，各校代表争相发言，揭露帝国主义侵略中国的罪行，并电告北京政府，不准在和约上签字，要求罢免卖国贼曹汝霖、章宗祥、陆宗舆；要求释放被捕学生，并致电国际联盟大会，力争国

①倪德刚:《毛泽东关于五四运动的论述》,《学习时报》2019年5月8日。

权。会后，学生结队游行示威，沿途散发宣言、传单。5月11日，安徽省学生联合会筹备会在安庆宣告成立，并致电北洋政府和全国教育、商会、学校、报馆各团体，要求释放北京被捕学生，并请求各界致电巴黎各专使“万勿在和约上签字”。

5月10日，在芜湖的省立第二甲种农业学校、省立第五中学、第二女师等学校学生推举代表在芜关中学开会，讨论声援北京学生事宜。11日，芜湖各中学学生赴芜湖教育会请愿。12日，各校、团体召开特别大会。会议提议提倡国货、抵制日货、举行示威行动。稍后，芜湖学生联合会、中小学教职员联合会相继成立。学联、教联成立后继续组织声援活动。芜湖学联还创办了工人义务识字班、职工义务夜校、工人子弟小学、职工学校，并向社会倡议抵制日货。5月17日，合肥各校学生4000多人在卫衙大关公共操场集会，举行抗议卖国行径的演说。此外，在安徽其他地区的学生都组织了游行示威和演说。5月25日，安徽省学生联合会在安庆正式成立，方乐周为会长。安徽学生以全新的组织形式将斗争引向深入，带动了社会其他阶层的参加，将反帝爱国运动向前推进。[①]

在五四运动中，安徽广大人民特别是青年知识分子和青年学生受到了教育和锻炼，为马克思主义的传播和党团组织的建立，在思想上、政治上做了充分准备。

二、青年学生运动与工农群众相结合

五四运动后，安徽各地的知识分子和青年学生开始接触与研究各

①中共安徽省委党史研究院:《中国共产党安徽地方史》(第一卷),安徽人民出版社2021年版,第19—21页。

种新思潮，探索救国救民、改造社会的道路和方法。在外地较早接受马克思主义的皖籍知识分子和青年学生，通过各种渠道将各地进步书刊传入家乡。

从1919年冬开始，在刘希平、高语罕等人的倡议下，安庆、芜湖等城市先后创办了多所工人夜校、商业夜校和工读学校，青年知识分子第一次走进了工人和市民的生活。他们对工人的生活状况、社会地位有了直接的感性认识。1920年秋，为了革新省城的教育，周新民、宋伟年等青年学生成功驱逐了安徽公立法政专门学校的反动校长，最后由开明人士光明甫接任校长。接着，省立第一师范、芜湖省立第五中学、宣城省立第四师范、合肥省立第六师范学校也先后爆发学生运动，驱逐了守旧校长，请教育界的开明人士接任校长，为新文化的深入传播营造了良好的氛围。

1922年3月22日，在薛卓汉、胡金台等青年学生的组织和推动下，芜湖人力车工人近2000人举行罢工，反对增收牌照税、车行加租，取得胜利。3月29日，芜湖劳工会成立，发表了由青年学生代为起草的《芜湖劳工会宣言》，并向全国发出通电。这是安徽青年学生第一次自觉地走向社会，同工人群众相结合，取得了革命斗争的胜利。①

三、开展反帝反封建斗争

安徽各地党、团组织建立后，通过学生联合会有效地组织领导了一系列有影响的学生运动，推动全省人民反帝反封建斗争的发展，并激发了广大工人、农民斗争的热情。

①中共安徽省委党史研究院:《中国共产党安徽地方史》(第一卷)，安徽人民出版社2021年版，第27—29页。

（一）六二学潮

1921年6月2日，在安徽省学联组织下，安庆各校学生和部分进步教师抗议安徽军阀倪道烺、马联甲削减教育经费充当军饷，遭到反动军警的血腥镇压，致50余人受伤，其中学生姜高琦于7月1日伤重身亡、学生周肇基于次年伤发致死，酿成举国震惊的六二惨案。

六二惨案发生后，安庆各校学生一致罢课。省学联向全国学联、安徽各旅外团体发出函电，泣告六二惨案，并于11日召开联席会议，议决惩办凶手马联甲等4项办法。学生的正当要求和正义行为受到教育界的广泛支持和全省各界的关注，也得到旅京、旅沪皖籍知名人士的声援。7月，迫于社会舆论压力，反动当局做出妥协：将教育经费由70万元增加到150万元；抚恤伤亡的学生；设立省教育经费管理处，由教育界推举人选，直接管理经费的开支。

六二学生运动的胜利，极大地鼓舞了青年学生参加进步斗争的热情，也使学生认识到自身的力量，认识到学生组织的巨大能量。受六二学潮的影响，全省各地许多中、小学校为改善教育，驱逐反动校长乃至驱逐县知事的学生运动连续不断。此后，每年6月2日，各地学生都要举行游行示威集会纪念。六二学潮是在安徽发动的反封建、反军阀统治的一次大规模学生运动，成为安徽学生爱国运动的里程碑。

（二）反对省议员贿选和驱逐省长李兆珍

1921年，安徽军阀倪道烺、马联甲所控制的安徽省第二届议会任期届满，即将进行第三届议员的选举。倪、马决计继续把持省公益维持会，操纵全省各县的议员选举，并拿出100万元资金作为活动经费，供其骨干分子马仲武、赵继椿等人赴全省60个县进行“竞选”活动。被倪氏党羽指定的候选人每人可享受3万元“津贴”，作为公开买票的费用。

倪氏亲信导演的贿选戏法，引起了全省学生和各界人士的强烈愤慨。光明甫、刘希平、周松圃、高语罕、朱蕴山等进步知识分子站在反对贿选斗争的前台。他们号召各界群众积极行动起来，并以学生联合会、教育会、学校联合会、商会、农会、工会等团体为主，成立安徽各公团澄清选举办事处，编印了《平议报》特刊，开展反贿选斗争。当时省议会选举法规定，省议员的选举，只要有一个县的选举违法被判无效，则全部无效。省学联发动安庆、芜湖各校学生分县组织起来，各回本县调查选举舞弊情况，搜集各种不法证据，就近向法院起诉。经学生调查，无为县在省三届议员选举中有严重舞弊行为，学生即向芜湖地方法院起诉。法院审理后宣判无为县省三届议会当选议员选举无效。这一消息传出后，全省各地法院纷纷援例判决选举无效。这就使倪氏操纵的省第三届省议会选举出的108名议员失去法律的依据，也就使省议会无法召开。这在中国近代史上还没有先例。

1921年秋，倪道烺以40万元贿赂国务总理靳云鹏，企图让他的宗师李兆珍做安徽省长，李的外甥柯逸为财务厅长。交换条件是李就任省长后立即宣布召开第三届省议会，意在镇压学生运动，维护贿选。消息传开，安庆各界又掀起了驱逐李兆珍的斗争。在王同荣、舒传贤、王步文等学生领袖的组织领导下，安庆市民和3000多名学生于9月21日在安庆黄家操场集会召开“拒李大会”。接着，斗争领导人又组织全市学生罢课、商人罢市、工人罢工，并推举代表屡屡入总统府请愿。李兆珍见大势已去，于9月22日仓皇逃离安庆。安徽人民在反对军阀、反对封建官僚的斗争中，又一次赢得了胜利。①

①中共安庆市委党史研究室:《中国共产党安庆地方史》(上卷),中共党史出版社2001年版,第62—67页。

（三）反对曹锟贿选总统

1923年6月，直系军阀曹锟在北京发动政变，驱逐总统黎元洪后导演了一场贿选大总统的丑剧。7月，中共中央发表对时局的主张，号召全国各界团结起来，反对曹锟贿选总统。随即全国掀起了反贿选运动。

安徽各地社会主义青年团组织积极响应党中央的号召，通过学联开展了多种形式的反贿选活动。芜湖中等以上学校教职员联合会、学生联合会立即召开会议，通电全国，反对贿选，并派代表与各界联系，要求一致行动。10月10日，学生联合会集合各校学生数千人，齐集于十三道门广场召开反曹锟贿选大会，称受贿议员为“猪仔议员”。大会主席詹善良报告“猪仔议员”贪财受贿、选举曹锟为总统的罪行，号召各界联合起来进行反贿选斗争。大会致电驻北京的安徽议员，申明大义，警告其利害，劝其自爱，不要受曹锟武力、金钱所驱使，不要贪图5000元之贿选费而丧失人格、廉耻，劝其从速离开北京。芜湖、安庆两地学生还到参加贿选的“猪仔议员”彭昌福、吕祖翼、张伯衍、何雯的住宅示威抗议，并捣毁焚烧了一些财物。阜阳、歙县、宣城等地学生和教育界人士，都集会表示坚决反对贿选，支持安庆、芜湖学生的革命行动。1923年11月16日，陈独秀在《向导》周报发表《安徽学生之奋斗》一文，赞扬安徽学生斗争精神“是全国学界之领袖”。①

（四）反对奴化教育

1925年4月，由于教会学校芜湖圣雅阁中学校方无理阻止学生参加悼念孙中山先生的活动，引发了一场大规模的反奴化教育的斗争。

①中共安徽省委党史研究院：《中国共产党安徽一百年大事记（1921—2021）》，中共党史出版社2021年版，第4页。

在进步学生宫乔岩、王稼祥、甘天沐的领导下，芜湖圣雅阁、萃文、育才等教会学校的学生举行罢课，开展宣传活动，揭露教会教育的实质——名为办学，实为传教。

几所教会学校学生联合向校方提出4项要求：将学生的正当要求上报教育厅正式立案、取消《圣经》课、取消早晚祷告和取消做礼拜。可是，校方不但不答应这些要求，反而勾结反动军阀派兵镇压，并开除了一些学生运动骨干分子。芜湖教会学校学生坚持了一个多月的斗争，结果大部分学生不愿再受奴化教育而退学，退学和被校方开除的学生有500多人。为解决教会学校退学学生的学习问题，党组织通过李克农、钱杏邨等人组织"芜湖救济教会学生组织新校筹备委员会"。同年秋，开办了民生和新民两个中学。

受芜湖教会学校学生斗争的影响，安庆的教会学校圣保罗中学学生在团组织领导下也开展反奴化教育的斗争。学生们提出了取消《圣经》课、不做祷告、不做礼拜的要求。在省学联和芜湖学生支持下，圣保罗中学学生向教育厅请愿，最后达成3项措施：一是在省立各校开特别班，招收教会学校退出的学生；二是由教育厅发给转学证书，任各生自由投考；三是拨出6000元经费在芜湖、安庆建立新校。1925年8月，安庆新开办建华中学，光明甫为董事长，汤葆民为校长，接纳教会学校退学学生300多人。此外，合肥、怀远、滁县、宿县等地的教会学校也发动过反奴化教育的斗争。

反奴化教育的斗争，是安徽地方党组织发动的一次反帝爱国学生运动，并取得了胜利。从此以后，安徽的反帝反封建斗争进入高潮。

（五）声援五卅运动

1925年五卅惨案发生后，安徽学生在中共地方党团组织的领导下，积极声援五卅运动，掀起了反帝爱国运动的浪潮。

6月2日，安庆各校学生举行示威游行，声援上海工人的爱国运动。学生们高呼“打倒军阀”“打倒帝国主义”等口号。芜湖各校学生于6月2日和4日两次举行大规模游行抗议活动。“根据学生联合会提议，六月七日召开芜湖国民外交后援会成立大会”[①]，定6月10日全市停工、停市、停课。此外，蚌埠、合肥、阜阳等地都举行了声势浩大的声援活动。

在声势浩大的支援五卅运动中，安徽各界广泛开展了抵制英日两国货物的斗争，青年学生又一次起到先锋和桥梁作用。6月13日，安庆成立“仇货”检查所，派学生驻守各码头，遇到装运英日两国货物的船只，即予没收或焚毁。各商店门口都贴出“本店不卖英日货”的公示。许多人把自己买的英日货烧毁，有的地方停止对英日人一切需要的供给，不向英日银行办理汇兑和存款。[②]

为支援上海工人的罢工斗争，安徽各界还积极开展募捐活动。五卅惨案安徽后援会发出募捐号召后，不到10天，全省捐款达3万多元。芜湖二女师学生为了多捐献，自愿降低伙食标准，捐募1000余元。休宁县小学生也参加募捐活动，他们深入到乡村，挨家挨户做宣传，两天即募捐到1000多元。

（六）反对日本出兵满洲

1925年11月，奉系将领郭松龄倒戈，通电反对亲日派奉系军阀张作霖，进兵沈阳。日本关东军直接插手，支持张作霖。郭松龄兵败被杀。这一事件激起了安徽各界的义愤，纷纷集会游行，反对日本出兵满洲，反对军阀张作霖，反对北洋军阀政府。

①芜湖《工商日报》1925年6月7日。

②中共安徽省委党史工作委员会:《安徽现代革命史资料长编》(第一卷)，安徽人民出版社1986年版，第379—380页。

1925年12月25日，在安庆共产主义青年团地方执行委员会的组织下，安庆国民党（左派）市党部、学生联合会、非基督教大同盟等团体发起反对日本出兵满洲和反对基督教的群众大会。省立法政专门学校、省立第一师范、建华中学等7所学校的2000名学生集合后举行游行，高呼“反对日本出兵奉天”和“反对基督教”的口号。学生们把基督教的文化渗透和日本国出兵满洲，同视为侵略行为，加以反对。[①]安徽省学联发布了《为日本进兵满洲告同胞书》，指出日本出兵纯属侵略，有着侵占中国的目的。同日，芜湖也举行了反对日本出兵满洲的游行及市民大会。上午10时，芜湖6所中学学生1000余人，齐集游行，沿途大呼“打倒帝国主义的先锋队——基督教”“打倒张作霖”“打倒卖国政府段祺瑞”等口号，并散发传单。各校代表发表演说，向民众说明要醒悟、要行动、要赶走日本帝国主义。游行进行了两个多小时。接着，学生和市民又举行了大会，声讨卖国政府，声讨日军侵略行为。会上，张秋人、沈天白分别作了反帝国主义和反基督教的演讲。

（七）声援三一八斗争

1926年3月12日，日本派遣军舰掩护奉军舰队进攻天津大沽口，炮击国民军。国民军予以正当还击。日本方面竟纠合英、美、法等8国公使，以维护《辛丑条约》为借口，公然施行武力恫吓。为抗议帝国主义者的霸道行径，北京各界群众在以李大钊为首的中共北方区委和国民党北京执行委员会领导下，于3月18日在天安门前举行1万余人的反帝示威大会。会后，当数千人的请愿团到达段祺瑞执政府门前时，卫队向群众开枪，死47人，伤199人，酿成三一八惨案。[②]

①《团安庆地委给团中央的报告》，1926年1月3日。

②中共中央对外宣传办公室、中共中央党史研究室：《中国共产党历史日志》，中共党史出版社2012年版，第93—94页。

三一八惨案的消息传到安徽，激起安徽各地青年和各界人民的无比愤慨。安徽省学生联合会立即发动安庆各校学生，组织宣传队在全城各处演讲，控诉日本帝国主义的罪行，声讨段祺瑞政府的血腥暴行。1926年3月27日，省学联、国共合作的国民党安徽省临时党部共同组织大规模的示威游行，并决定3月29日各界开会，追悼三一八惨案中牺牲的烈士，掀起更大的斗争热潮。3月29日，安庆的法政专门学校、第一师范、第一工校、第一农校、一女师等校学生，同省教育会、省商会、学校工会、反帝大同盟等各界代表数千人，联合举行声援北京学生三一八斗争大会。大会向全省、全国各大城市、各大报社发表通电，重申打倒帝国主义、打倒卖国政府的斗争决心。

芜湖各界青年热烈响应党中央的战斗号召，在党团组织的领导下，声援北京学生的正义斗争。1926年3月26日，中国青年运动领袖恽代英来到芜湖，作了长篇演讲，痛斥了段祺瑞政府的暴行。恽代英的讲话慷慨激昂，听者莫不深受感动，甚至连监视开会的士兵也为之动容。3月27日上午，芜湖各校学生和各界代表2000多人，在共产党员宫乔岩等人领导下，举行声援三一八惨案的游行示威。此外，合肥、蚌埠等地各校学生和各界同胞也纷纷举行集会和游行示威。[①]

此外，在北伐战争中，安徽学生积极参与人民群众支持和欢迎北伐军的群众运动。

四、开展反对国民党反动派的斗争

大革命失败后，安徽各级学联组织遭破坏，学运走向低潮。在土地革命战争时期，安徽国统区的广大青年学生在党团组织的领导和发

①共青团安徽省委员会:《中国共产主义青年团安徽简史》,安徽人民出版社2022年版,第47页。

动下，经过激烈斗争，纷纷成立了学生自治会，并在斗争中成立了学生联合会，团结广大学生为争取民主自由进行了不屈不挠的斗争。

1928年7月，凤阳县省立五中首先掀起了反对反动校长刘嗣祥的斗争，同时驱逐了破坏学生运动的反动学生。同年9月，凤阳县学生联合会、县小学教师联合会联合各界群众，一致反对国民党凤阳县教育局增加教育捐的规定，包围了县教育局，并举行游行示威，迫使反动当局取消了增加教育捐的规定。同年11月，蒋介石路过凤阳县，准备到凤阳县省立五中训话。消息一经传出，省立五中的进步学生在党团组织的发动下，团结全校师生，公开拒绝蒋介石来五中，给当地反动势力一个有力的打击。

1928年11月，安庆女子师范学校反动校长程勉阻碍学生正常的校庆活动，引发了安徽大学、安庆一中和安庆女师学生们的强烈抗议。正当安庆学生斗争高涨的时候，蒋介石到安庆视察，立即召见安徽大学校长刘文典，指责他镇压学生运动不力。刘文典据理力争，结果被蒋介石扣押。中共安庆市委决定进一步发动广大学生起来斗争，狠狠打击蒋介石的嚣张气焰。12月23日下午，安徽大学、安庆一中、女子师范等校学生3000多人，举行游行示威。蒋介石责备安徽教育当局镇压不力，下令将刘文典和安徽省教育厅长韩安撤职，另派反动文阀程天放任安徽省教育厅长兼安徽大学校长，大肆镇压学生运动。同时，国民党反动军警先后逮捕了安庆各校共产党员、共青团员和进步师生数十人。①1929年4月29日，安大党组织联合安庆各校学生秘密组织

①共青团安徽省委员会:《中国共产主义青年团安徽简史》,安徽人民出版社2022年版,第70—74页。

“驱程团”，酝酿新的学潮。[①]

1929年秋，怀远县立中学学生发动了反对国民党县党部书记丁梓材兼任怀远县中训育主任的斗争。1930年春，寿县初中学生发动了驱逐反动校长黄梦飞的斗争。

此外，安徽广大青年学生积极响应党的号召，参与开辟了皖西苏区。广大青年学生积极参与苏区经济、文化和社会建设，以鲜血和生命捍卫红色政权和土地革命成果。九一八事变爆发后，安徽青年学生再次站到斗争的最前沿，成为安徽地区抗日救亡运动的发起者、组织者和推动者。

（顾永俊）

①中共安庆市委党史和地方志研究室:《中国共产党安庆历史大事记(1921—2021)》,团结出版社2021年版,第25页。

安徽早期工人运动

安徽工人阶级具有光荣的革命传统。在半封建半殖民地的旧中国，安徽工人在经济上受压迫，过着牛马不如的悲惨生活；政治上受奴役，处于社会的最底层。为了改变这种状况，维护自身最起码的生存权利，安徽工人阶级从诞生之日起，就开始了反对帝国主义、封建主义和官僚资本主义的斗争。初期的斗争是自发的、分散的、小规模的。五四运动后，特别是中国共产党成立之后，安徽工人阶级在马克思主义指引和中国共产党领导下，自觉的、有组织的斗争持续不断。从五四运动到国民革命军出师北伐，安徽工人开展各种斗争共160多次。

一、伴随着民族工业的产生和发展，安徽工人阶级应运而生

安徽的第一代产业工人是在安庆、芜湖等沿江地区及矿区、铁路等行业先后诞生的。1861年，清两江总督曾国藩在安庆创办内军械所，安徽最早的一批产业工人从此诞生。从19世纪70年代开始，安徽出现了一批以开采煤矿为主的官办、官督商办、官商合办的工矿企业，扩大了安徽的工人队伍。1877年，池州煤矿开办，这是安徽第一个官办的民族工业企业，年产煤炭2000吨。1883年，上海轮船招商局在芜湖设立分局，建有码头栈房，局产白银2万两。1897年，芜湖益

新米面机器公司开业，是当时中国最早的3家机制粮食加工厂之一。截至辛亥革命前，安徽民族工业企业仅有40家，其中织布厂15家，其余为面粉厂、火柴厂、肥皂厂及电灯厂；矿业企业约20多家，大都为煤矿企业，少数是铁矿、铜矿企业。这些企业的资本都十分有限，资本金最多的芜湖益新面粉公司年产30万袋面粉，资本仅有21万元，而一般企业的资本仅有几万元。

辛亥革命后，安徽民族工业虽有所发展，但在封建主义和外国资本主义的双重挤压下，安徽的民族工业在夹缝中求生存，发展缓慢，仅限在织布、采煤、面粉、碾米等行业。由于这些民族工业企业的资本小、工艺落后，在廉价的洋货面前缺乏竞争力，往往兴办不久就被迫关门倒闭。

伴随着民族工业的产生和发展，安徽工人阶级诞生。池州煤矿工人最多时达400余人，烈山煤矿1916年有工人八九千人，淮南大通煤矿矿工也达千人以上。1911年，蚌埠淮河大桥建成，津浦铁路通车，安徽最早的铁路工人在蚌埠应运而生。据不完全统计，1915年安徽有工厂386家，有男女职工24680人；1916年统计为27284人。[①]虽然，这支产业工人队伍人数较少，但是却代表着先进社会生产力的发展方向。

二、工人阶级参加五四运动，开始以独立的姿态登上政治舞台

五四运动在北京爆发后，消息很快传到安徽，安徽各界纷纷响应和声援。在这场轰轰烈烈的群众爱国运动中，安徽工人迅速行动起来，加入反帝反封建斗争行列。

①申报馆:《五十年来中国之工业》,1923年版,转引自中国人民解放军政治学院党史教研室编《中共党史参考资料》(第一册)。

从1919年6月8日起，芜湖码头工人、黄包车工人、手工业工人、店员等投入革命运动。他们同学界、商界一起举行了声势浩大的罢工、罢课、罢市的三罢斗争和游行示威，他们高呼“外争国权，内惩国贼”“誓死争回青岛”等口号，吓得日本商店、洋行纷纷关门闭户。游行队伍经过日本领事馆门前高喊“打倒日本帝国主义”的口号，激愤的民众用石子、砖块掷向领事馆房屋门窗。当局出动军警来干涉、阻拦，群众连连高呼“打倒军阀”，吓得“日人不敢探头、军警不敢动手”。①

6月11日，安庆举行总罢市，十里长街关门闭店，冷冷清清。2000多名码头搬运工人罢工示威，安庆码头顿时变成死港。在工人阶级的带动下，学生和市民的罢课、罢市掀起了新的高潮。安徽督军倪嗣冲、省长吕调元等北洋军阀的爪牙，对此极端仇视，异常害怕，但又不敢明目张胆地强行阻挠，只能暗地进行破坏，并向北京军阀政府连连告急。

安徽各界群众特别是工人阶级以极大的声势参加五四运动，推动了运动的深入发展。工人阶级以其特有的组织性和斗争的坚定性，在运动中发挥了主力军作用，开始以独立的姿态登上政治舞台。这是安徽工人阶级的第一次反帝爱国行动，也是安徽工人阶级自觉参加政治斗争的开端。

三、芜湖黄包车工人大罢工，催化了芜湖劳工会的成立

在早期的工人斗争中，出现了一些自发的工人团体，这些组织虽

①中共安徽省委党史研究室:《中国共产党安徽地方史》(第一卷)，安徽人民出版社2000年版，第30页。

在维护自身利益方面起到一定作用，但领导权多数操纵在官府和雇主手中。五四运动后，工人运动开始了由“自在”到“自为”的转变过程。在中国共产党创立前后，安庆、芜湖、六安等地的革命知识分子深入到社会和工人群众之中，创办工人夜校和工读学校，宣传马列主义，帮助工人提高阶级觉悟和文化水平，使工人群众认识到组织起来的重要性和成立工会的必要性。

随着民族工业的发展，安徽工人阶级队伍也在不断壮大，但是真正的产业工人数量很有限，大部分是黄包车工人、码头工人、城市店员以及进城的手工业工人。工人阶级虽然代表着社会生产力的发展方向，但他们的社会地位低下，在生存线上苦苦挣扎。以芜湖的黄包车工人为例，20世纪20年代初全市共有黄包车600余辆，分归五六家车行所管。黄包车工人约有2000人，其中以颍州、寿县人居多。中国共产党早期党员高语罕在其调查报告《芜湖劳动状况》[①]中这样描述黄包车工人的生存状况：他们分日夜两班轮流拉车，穿的“是破烂污糟的”“住的房子和猪圈差不多”，甚至“没过十六岁的小孩拉车子的很不少”。车行老板和官厅互相勾结，任意盘剥工人，使得车夫们的生活难以维持。1922年，芜湖黄包车工人罢工正是在这种大背景下发生的。

3月21日，芜湖黄包车工人全体举行罢工。次日上午，一支由黄包车工人和学生混编而成的2000多人的请愿队伍，高举“誓死反对加租”“请求各界援助”两面白旗来到警察厅，向警察厅长陈述举行罢工和要求减租的理由，并提出借大舞台召开大会、取消增收黄包车牌照税和车行加租、命令车行退回已收的新加车租、车行按照原租减少一成等4点要求。警察厅长面对上千罢工工人和学生的呼喊声惊慌失措，当即答应取消牌照税，并把车行老板传来大骂一通，命令他们立

①《新青年》第七卷第六号《劳动节纪念号》，1920年5月1日。

即减租。工人罢工取得了初步胜利。

为了巩固斗争的胜利成果，防止反动当局和资本家勾结起来进行反扑，在芜湖学联的宣传和帮助下，芜湖劳动界决定召开劳动大会并成立劳工会，维护工人利益。3月29日，数千工人和学生不顾当局的阻挠和恐吓，按原计划齐聚东门外铁路埂召开劳动大会，宣布成立芜湖劳工会。这是安徽省建立的第一个现代工会。

芜湖劳工会的成立在全国产生了很大的影响，受到中国共产党的关注和指导。1922年5月，中国劳动组合书记部发起在广州召开第一次全国劳动大会，薛卓汉作为芜湖工人领袖出席了这次大会。芜湖劳工会的成立，也极大震动了反动当局。他们在派出密探侦查后，将人力车工人领袖俞鸿喜密捕，移送地方检察厅查办。但这并没有吓倒芜湖劳工会。在芜湖劳工会的组织和发动下，芜湖市成衣、纱厂、油漆、锯木、鞋业等各行业工人相继举行罢工，取得了一定胜利，部分行业工人的工资增加了，工作状况也有所改善。

1922年，芜湖黄包车工人大罢工和芜湖劳工会的成立开创了安徽现代工人运动的先例，写就了芜湖乃至安徽工人运动史的破题之篇。

四、在中国共产党的领导下，安徽工人运动蓬勃兴起

中国共产党成立伊始，即把领导工人运动当作党的中心工作，于1921年8月成立了中国劳动组合书记部，作为领导工人运动的工作机关。工人运动开始出现蓬勃兴起的局面。

1922年芜湖劳工会成立后，芜湖、安庆等地党团组织开始把组织工会、发动工运作为自己的一项重要工作。1923年秋，芜湖团地委就开展工运提出3项措施：一是组织平民教育团体，利用夜校、平民学

校，让工人特别是青年工人接受教育；二是调查工人生活工作状况；三是主动接触工人，同工人结成亲密伙伴关系，从而发动群众，组织群众。1925年4月，在安庆共青团组织指导下，省城安庆的排字工人举行罢工，使在安庆出版的各种报刊好几天无法付印，一律停刊。在支援上海五卅运动中，各码头工人皆组织了活动。

北伐战争开始后，全国总工会发表宣言，号召全国工人支持北伐，并派出特派员到全国各地组织工会，开展工人运动。1927年3月中旬，安徽省总工会、安庆市总工会成立，由中共安徽地委委派的舒传贤和王绍虞分别任负责人。随之，各地工会相继成立。青阳县总工会有会员3000余人。宿松县总工会有会员2000余人，并建立了名为工团军的革命群众武装，有枪数十支。芜湖是工人相对集中的城市，除成立了市总工会外，各行业均成立了自己的工会。在芜湖外国商人兴办的洋行里，各洋行工人也联合成立了芜湖洋务华员职工会。歙县、六安等地也都成立了工会。据1927年统计，全省各行业工会50多个，工会会员达8万多人。

各地工会从维护工人利益出发，制定了工会章程、章则。《青阳县工会章则》就有保证工友带工起码3年不得无故停工；工友不受东家欺侮；工友一律增加工资；工友生灾害病不扣工资等条例。有了明文规定，工人的工作权利和基本生活得到了保障。各地工会为维护工人利益，组织开展了反对资方的斗争。芜湖裕中纱厂工人为反对不合理的厂规，罢工三天三夜，并向厂方提出增加工资、减少工作时间、改善待遇等11项要求。大昌火柴厂、粮店、糟酱厂的工人等也都为要求加薪而先后进行了罢工斗争。由工会组织的这些斗争都取得了胜利。

党组织在发动工会支持北伐军及配合学生开展反帝反封建斗争的同时还注意在工人中发展党员。1927年春，共产党员梁文焕在烈山煤矿成立了工会，并在工人中发展了一批党员，建立党小组，后又扩大成立了中共烈山煤矿特别支部。为了配合北伐军的胜利进军，支部领导了要求资方承认航运工会和增加工人工资的斗争。全矿近万名工人举行了大罢工，在这次斗争中相邻的宿县、濉溪等地工人、农民都赶来支持，使得斗争声势愈发浩大，给矿主造成很大的威慑，斗争达到预期目的。①

五、在白色恐怖的逆境中，安徽工人坚持顽强斗争

1927年，国民党右派在安庆制造三二三反革命事变和在上海发动四一二反革命政变后，大肆逮捕共产党人和工会领导人，查封、解散进步工会，组织黄色工会，打击陷害进步分子。刚刚兴起的工人运动被扼杀。但是，工人阶级并没有被白色恐怖所吓倒，在党的领导下，继续顽强地同国民党右派以及一切反动势力作斗争。

在芜湖，1927年10月，在党的领导下成立了芜湖工会联合总会。此后，它多次领导工人开展斗争，如领导大昌火柴厂工人要求增加工资、益新面粉厂工人反对资方辞退工人、太古公司趸船海员和堆栈理货工人反对封建把头、丝业和烟业工人店员要求加薪等罢工斗争，都取得了胜利或部分胜利。

在宿县，1928年2月成立宿县总工会，实际受中国共产党的领导。它先后发动工人开展向警察局抗捐、抗税和反对封建把头坐地抽成、不劳而获的斗争，并取得了胜利。

在淮北，1928年春的一天晚上，中共烈山煤矿特别支部特支书记

①中共安徽省委党史研究室:《中国共产党安徽地方史》(第一卷)，安徽人民出版社2000年版，第86—88页。

梁文焕被敌人暗杀。梁文焕牺牲的第3天，烈山矿的100多名共产党员和2万名矿工，在中共宿县县委书记徐风笑的领导下，组织了一次全矿大罢工，提出惩办凶手、抚恤死难者家属、召开追悼大会和保证工人人身安全等4点要求。开始，资本家不答应。工人坚决不复工。最后，只好答应工人的要求：凶手在逃，正在缉捕，同意召开追悼大会，抚恤死难者家属银圆1000元。第7天举行追悼大会，中共古饶区委书记王香圃参加追悼大会，烈山矿8000名工人参加了祭悼。宿县、濉溪各工会、农民协会也派出代表参加。不久，党组织发现暗杀梁文焕的凶手是一个叛徒，经宿县县委批准，这个叛徒受到了严惩。

在安庆，1928年3月成立了赤色工会。1929年7月，在黄包车工会的领导下，1800多名黄包车工人为撤销闸门、取消公立牌照举行请愿，并捣毁汽车站，省建设厅被迫接受工人提出的要求。这年下半年至1930年1月，安庆理发工人、厨业工人、汽车工人、修路工人、纸坊工人先后发动要求增加工资的斗争，其中厨业工人数百人举行了罢工；黄包车工人还发动反对兵车夫役混入牌照捐、车租的斗争。1930年4月，因安庆市政处不给车夫工人供应大米，市互济会领导万余工人、贫民掀起抢米风潮。安庆党团组织组成行动委员会，提出“反对军阀统治”“打倒制造米荒的国民党”“要饭吃、要土地、要工作”的口号，动员全体同志深入工人群众之中。①

在六安，1928年冬，六安县总工会主席高凤池去县政府商讨改选教育会问题，国民党县党部委员潘杰三在会上大放厥词说：“工人没有选举权”。会后，高凤池等发动六安烟工、织布工三四百人上街游行示威，高呼口号：“打倒潘杰三，选举要平等!”斗争也取得胜利。

1929年11月8日，六安中心县委领导了著名的独山暴动，接着又

①共青团安徽省委员会:《中国共产主义青年团安徽简史》,安徽人民出版社2022年版,第75页。

发动了霍山西镇、桃源河、六安古碑冲等数十次暴动，沉重地打击了国民党反动派，组建了游击队和赤卫队，建立区、乡工农革命政权。苏区工人在中国共产党的领导和苏维埃政府的大力倡导下，以高度的政治热情和劳动积极性，努力发展工业，生产民用品和军需品，改善人民生活，支持革命战争，粉碎国民党军队的包围和封锁。工人群众在参加政权建设的同时，又自下而上建立了工会。1931年5月30日，皖西北特区总工会成立。自此，在党的领导下，工会组织发动广大工人积极参加根据地建设和保卫苏维埃政权的斗争。

（顾永俊）

安徽早期农民运动

1840年鸦片战争后，帝国主义的炮舰打开了中国的大门，封闭的中国逐步演变为半殖民地半封建社会。1876年，芜湖被辟为向西方列强开放的通商口岸，帝国主义势力进入安徽，安徽人民开始遭受封建主义和帝国主义的双重压迫和剥削，处于水深火热之中。安徽农民同其他阶层人民一起，为了争取自己的生存权和发展权，自发地组织起来同封建主义和帝国主义势力作斗争。

一、安徽农民的自发斗争

19世纪末20世纪初，安徽农民早期的反封建斗争主要表现在从自发群体同地主作抗租分粮斗争，进而发展到组织会道门组织同官府对抗。

1897年，霍邱县白塔畈地区（今属金寨县）先是大旱灾，后是大水灾，严重歉收。年关，地主逼租逼债，农民走投无路。1898年1月19日，白塔畈佃户傅延龙和他的4个儿子组织三四百人，举起“打富济贫”的旗子，发动不交租、不还粮的反对地主阶级的斗争。起义农民很快发展到2000多人，并分了多家地主的粮食。不久，傅延龙被官府逮捕并遭杀害。1910年，南陵县七连圩破圩，难民数千人将戴、陈、吴、刘4家地主的稻米抢夺一空。同年，宣城县水灾连破30余圩，千余难民抢米，并与军警发生冲突。此外，1903年亳州大刀会、1907年潜山白莲教、1908年庐州小刀会、1909年桐城红枪会聚众起义，劫富济贫，和官府作斗争。

从19世纪中叶起，随着一批西方传教士到安徽传教，安徽人民反洋教的斗争此起彼伏。早在1876年夏，建平（郎溪）县欧村民众捣毁天主教堂，事件波及邻县，宣城、广德、宁国等3县的教堂也被民众捣毁；1891年，芜湖民众烧毁教堂并焚烧海关；1900年，建德县（东至）青山保天主教堂被民众烧毁；1905年起，霍山张正金聚众进行反洋教斗争达3年之久。①

二、农民武装团体的斗争

20世纪20年代，随着学生、工人反封建斗争的开展，农民群众也纷纷组织起来，同军阀、地主开展斗争。皖西、皖北地区的农民组织起来成立了农民武装组织——大刀会。1924年6月，六安、霍山的大刀会联合举行暴动，攻占六安城，成立有5000多人的“自治第一军”。自治军先攻合肥未克，后于7月13日攻下霍山县城，委任县知事，开仓分粮，并多次击溃当地驻军和地主武装。六安大刀会攻城的消息传到北京后，中共北方区委书记李大钊敏锐地觉察到这支农民自发组织行动的社会意义，立即派专人到六安做调查研究。②大刀会虽是

①中共安徽省委党史研究室:《中国共产党安徽地方史》(第一卷),安徽人民出版社2000年版,第7—8页。

②中共安徽省委党史工作委员会:《安徽现代革命史资料长编》(第一卷),安徽人民出版社1986年版,第296页。

带有迷信色彩的农民武装团体，但是它的英勇斗争行为却动摇了封建军阀和地主在当地农村的统治基础。

三、农民运动的兴起

中国农民人数最多，受压迫最深，解放农民、唤起农民参加革命是国民革命取得胜利的保障。早在1923年，中国共产党第三次代表大会即通过了《农民问题决议案》，强调不可漠视农民问题，要把农民问题提到促进国民运动发展的高度来认识。从此，安徽各地团组织遵照这一精神，派员到农村调查研究，选派人员开展农民运动工作，掀起农民运动。

1924年夏，芜湖社会主义青年团地方执行委员会决定利用学生暑假回乡之机，深入民间，调查农民生活状况，利用民间组织为纽带，联络农村中无地的农民无产者“加以训练，极可作农民运动之中心势力及急先锋”[①]，开展农民运动。中共党员薛卓汉回寿县做农村调查，就农村中地主、自耕农、佃家的比例，农村中两极分化严重和造成两极分化的原因写成调查报告。[②]1925年，安庆团特支要求共青团员要在暑假期间到农村去调查农民生活状况，把发动农民运动提上了工作日程。为培养农运干部，1925年9月，寿县共青团选送薛卓汉、裴济华、胡宏让3人参加第五届广州农民运动讲习所学习。同年底，3人培训结业分别回到安徽，从事农运工作。薛卓汉于1926年春担任国民党安徽省临时省党部农民部长。之后，安徽又选派一批青年参加毛泽东主办的第六届广州农民运动讲习所学习。这批学员受训半年之后，陆

①《江常师致邓中夏的信》，1924年7月2日。
②《中国青年》第53期，1924年10月15日。

续返皖从事农民运动。受国民党中央农民部的秘密指派，崔筱斋、胡济、曹广化等3人组织了安徽省农民运动委员会。这是安徽第一个专门指导农民运动的组织，它以皖北为中心，组织开展农民运动。在宿县，党组织成立县农民协会，并分别成立了6个区分会，有农协会员近2000人。

四、农民运动的蓬勃发展

1926年7月，中共中央召开执行委员会扩大会议，通过《农民运动决议案》，加强对农民运动的领导。不久，毛泽东任中央农民运动委员会书记。11月，中共中央政治局通过《目前农运计划》，指出："在目前状况之下，农运发展应取集中的原则。全国除粤省外，应集中在湘、鄂、赣、豫4省发展；次则陕西、四川、广西、福建、安徽、江苏、浙江7省应以相当的力量去做。"安徽被中共中央列为重点发展农民运动的省份之一。

1927年3月，国民党安徽省左派临时党部从各地选派24名青年，前往毛泽东主办的武昌中央农民运动讲习所学习。几期受训的学员接受了关于中国革命理论和农民运动理论与策略的教育，受到了军事教育和军事训练，回皖后，大多成为农民运动的骨干分子。

1927年3月初，北伐军占领安庆后，各地农民团体逐渐公开活动。3月8日，安徽省农民协会筹备会成立，薛卓汉、张从吾、李以庄、俞昌时等7人为委员，薛卓汉为委员长。机关设在安庆第一工业学校内。机关工作人员有十多人，大多为中共党员或共青团员。

安徽省农民协会筹备会派农运特派员赴全省各地宣讲国共两党有关农运政策，召开群众大会宣传革命道理，组织发展农会，改组假农会，组织自卫团。农会领导农民打击不法土豪劣绅和地主，对破坏农会的土豪劣绅，更加严惩。农民的斗争推动了农协的发展。全省有组织的农民为8300人。[①]

农会还领导农民进行经济斗争和反封建宗法的斗争。在一些县实行了减租减息，规定最高租额及最低谷价；严禁对农民放高利贷；减少雇农做工时间，增加雇农工资；等等。农民运动冲击宗法思想和宗法制度，促进了农民的觉醒，冲击了长期束缚人们的政治和精神枷锁，使得农村社会面貌有了改观。

北伐战争推动了农民运动的发展。但是，由于安徽农民运动起步晚，仅在合肥、寿县、宿县、宿松、南陵等县建立了组织。许多县刚刚起步时，国民党右派就发动了四一二反革命政变，致使正在蓬勃发展的农民运动遭到严重打击，全省各地的农民协会被迫解散，农民协会的活动被迫停止，大小地主和封建宗族势力又主宰着农村，广大农民的政治权利又被剥夺殆尽。

五、农民运动逐渐走上新的轨道

在八七会议上，中共中央确定了土地革命和武装反抗国民党反动派的总方针。1927年9月6日，安徽省临委制定了《关于安徽三个月工作计划纲要》，对恢复整顿各级党的组织、开展土地革命的宣传和发动农民运动做出了具体部署。之后，全省各地党的基层组织逐渐恢复，农民运动逐渐走上新的轨道。

在各地党组织的具体指导下，农民协会组织有很大的发展，党通过农民协会领导广大贫雇农参加土地革命。1927年11月，中共芜湖县

①据1927年陈独秀在中共五大报告中的统计数字。

万春区委组织近万人在祠山庙成立万春区农民协会，推选方东白任主任委员，组织带领农民与36家官僚大地主展开抗租斗争。是年秋，近1300个农民赴国民党芜湖县政府、南京国民政府农矿部等地“请愿”，迫使当局接受农民要求，即万春圩租额每亩稻谷不得超过100斤，春租全免；租鸡、租酒、过庄费等完全取消；撤销对佃农代表方东白通缉令。同年12月7日，为营救前一天被捕的潜山特支书记余大化和县农民协会代表范笑山，中共怀宁县委发动农民进城劫狱。数百名农民与县府武装激战两小时，4人牺牲，30余人受伤，不得不撤退出城，起义失败。8日，余大化、范笑山被国民党杀害。

1928年4月9日，中共皖北特委书记魏野畴等在阜阳发动武装起义。起义期间成立皖北苏维埃政府和皖北工农红军，制定颁发《临时土地法》《农民协会组织法》《临时工会法》等法规。起义后遭敌人镇压，魏野畴等壮烈牺牲。同年5月9日，郎溪农民自卫团一举攻入郎溪县城。10日，起义指挥部改为工农委员会，夏雨初任执行主席。工农委员会颁发《告全县同胞书》，提出没收地主土地归农民等主张。

1928年6月，宿县农民协会会员达2万多人，其中直接参加各项农运活动的骨干分子就有1000多人。同年11月，六安县农民协会成立，有会员1200多人，至1929年8月发展到5000多人。1929年秋，霍山县有农协会员3091人，合肥有农协会员3000多人，霍邱有农协会员700多人。[①]此外，霍邱、凤台、凤阳、泗县、桐城、庐江、无为、太湖、怀宁、南陵、宣城、广德、郎溪、旌德等县都组织了相当规模的农民协会或饥民会、雇农工会等农民革命组织。

随着农民协会的广泛成立和农民运动的蓬勃开展，为发动广泛的

---

①中共安徽省委党史研究室:《中国共产党安徽地方史》(第一卷),安徽人民出版社2000年版,第132—133页。

农民武装起义奠定了基础。从1929年起，安徽地方党组织领导发动了数十起农民武装起义。

商南起义。1929年3月13日，中共豫东南特委和鄂东特委在柴山保南竹园举行联席会议，决定在商城县南乡（今金寨境内）发动农民起义。5月6日晚，周维炯等首先在丁家埠杨晋阶民团发动兵变，接着李家集、汤家江、南溪等地农民举行起义。5月9日，起义队伍组建成中国工农红军第十一军第三十二师，师长周维炯，开始创建豫东南革命根据地。

六霍起义。1929年11月8日，六安独山镇数千农民手持大刀、长矛拥向独山镇，要求敌人释放日前被抓的三区二乡农协秘书何寿全，双方发生武装冲突。9日，中共六安中心县委发出通告，指示各地立即举行武装起义。西河口、龙门冲、郝家集等地农民武装起义响应。12日，成立六安三区革命委员会。19日，霍山西镇农民武装起义，成立西镇革命委员会和军事指挥部。六霍起义后建立中国工农红军第十一军三十三师，师长徐百川。起义后建立的皖西苏区成为鄂豫皖革命根据地的重要组成部分。

请水寨起义。1930年2月4日，中共潜山县委领导农协会员千余人以串亲拜年的形式，到潜山县后北乡（今属岳西县）请水寨集合，宣布起义，将原来的秘密武装和起义农民整编为中国工农红军潜山独立师，不久改编为潜山工农革命军，活动在六霍苏区。5月，成立潜山县革命委员会，创建了以天堂镇为中心的革命根据地。

广德起义。1930年3月，中共广德县委提出“抗租、抗税、抗捐”的口号，发动农民开展大规模分粮斗争。县委书记邓国安、县委委员王金森领导花鼓塘一带农民先后分掉大地主的粮食10万多斤，缴获地主武装步枪、土枪数十支，揭开广德起义的序幕。起义后成立皖南红军游击队，后发展成皖南红军独立团，王金林任团长。广德农民起义坚持斗争将近两年，沉重打击了国民党反动派的统治。[①]

此外，从1929年冬起到1930年冬，全省各地农民武装起义此起彼伏，主要有太湖大石岭暴动、宿县胡楼暴动、萧县黄口暴动、泗县石梁河暴动、桐城欧家岭暴动、无为六洲暴动、宣城庙埠暴动等。参加的贫苦农民多则几千人，少则也有一二百人。他们手拿着刀、叉、土铳等原始武器，把斗争的矛头直接指向乡村封建地主宗族势力，力争建立工农政权，摆脱封建地主阶级的压迫和剥削。风起云涌的农民起义，为安徽革命根据地的建立奠定了基础。[②]

1930年4月，以霍山、六安为中心区域，包括霍邱、潜山、英山部分区域构成的皖西苏维埃区域开始形成。六安中心县委颁布了六安六区苏维埃代表大会制定的《土地政纲实施细则》，实行依靠贫雇农、团结中农、限制富农、消灭地主阶级，同时给地主以生活出路的政策，开展土地革命。六安3个区、霍山6个区、霍邱和英山部分苏区，约有32万贫苦农民和手工业者分得了土地。经过"围剿"和反"围剿"，1931年重新掀起土地革命高潮，皖西北新老苏区有100万人口分得了土地。

（顾永俊）

①中共安徽省委党史研究院:《中国共产党安徽一百年大事记(1921—2021)》,中共党史出版社2021年版,第14—15页。

②中共安徽省委党史研究室:《中国共产党安徽地方史》(第一卷),安徽人民出版社2000年版,第153—158页。

陈独秀与安徽早期党组织创建

陈独秀是新文化运动的精神领袖、五四运动时期的总司令、马克思主义的主要传播者和中国共产党的主要创始人、中国共产党早期的主要领导人。2013年10月21日，习近平总书记在欧美同学会成立100周年庆祝大会上的讲话指出："历史不会忘记，陈独秀、李大钊等一批具有留学经历的先进知识分子，同毛泽东同志等革命青年一道，大力宣传并积极促进马克思列宁主义同中国工人运动相结合，创建了中国共产党，使中国革命面貌为之一新。"①陈独秀是安徽革命运动的倡导者、发起者和支持者，一直与省内的革命者和仁人志士保持密切联系，为安徽早期党组织的创建作出了重大贡献。

一、早年开展革命活动为马克思主义在安徽的传播奠定思想基础

陈独秀，字仲甫，安徽怀宁人。17岁时考中秀才。1901年至1915年，先后五次东渡日本求学或避难，接受资产阶级民主主义思想。1903年5月17日，陈独秀同潘赞化等在安庆藏书楼举办爱国演说会。他告诫青年学生，亡国危险近在眼前，我们青年学子再也不能"只顾

①《习近平在欧美同学会成立100周年庆祝大会上的讲话》，《人民日报》2013年10月22日。

身家，不问国事”了，应“尽力将国事担任起来”。来自安徽大学堂、武备学堂、桐城公学等校的学生300多人，“多立门外而听”“众情踊跃，气象万千”。[①]会上，陈独秀提议组织安徽爱国学社，并由安徽爱国学社创办社刊《爱国新报》。不久，陈独秀遭通缉，逃亡上海，与章士钊等创办《国民日日报》。

1904年春，陈独秀只身来到芜湖，在绩溪人汪孟邹开办的科学图书社正式创办《安徽俗话报》。《安徽俗话报》在猛烈地抨击封建主义的伦理道德和旧传统恶习的同时，介绍了一些西方资产阶级思想家的人文主义、社会契约论，明确提出了“民主政体”概念；开启文学改革的帷幕，主张文学艺术改革的方向是运用“暗对时事”的现实主义手法，宗旨是“开通风气”；旗帜鲜明地反对帝国主义、封建主义，宣传爱国主义，并宣传富国强兵之术。《安徽俗话报》从创刊到停刊历时一年半，共出22期，在不到半年的时间内发行量从1000份增加到3000份，在上海、南京、武昌、长沙、南昌、镇江、扬州均设有代销所，成为最受欢迎的白话文报纸之一。陈独秀通常以三爱、由己的笔名撰写社论文章，文锋辛辣，切中时弊，因而“同人皆颇欢迎，而局外则多訾议”，被守旧人士视为“洪水猛兽”。

1905年，陈独秀联络安徽公学教员柏文蔚和学生常恒芳等青年在芜湖建立秘密的反清革命组织——岳王会。陈独秀任会长，常恒芳任安庆分会会长，柏文蔚任南京分会会长。1908年11月19日，在岳王会的策动下，安庆爆发了清军马炮营起义。

辛亥革命后，安徽省军政府成立，孙毓筠被推选为都督。1912年4月，柏文蔚接任都督，委任陈独秀为都督府秘书长。1913年“二次

①中共安徽省委党史研究室:《中国共产党安徽地方史》(第一卷),安徽人民出版社2000年版,第11页。

革命”后，柏文蔚被北洋军阀政府解职，陈独秀遭通缉。

辛亥革命失败的教训促进陈独秀认识到，在中国仅仅靠移植西方政治制度是走不通的，要从根本上改造中国，还要有文化的觉醒和思想的启蒙。1915年9月，陈独秀在上海创办《青年杂志》（翌年改名为《新青年》），新文化运动由此发端，形成一场前所未有的思想启蒙运动和空前深刻的思想解放运动，有力打击和动摇了长期以来封建思想的统治地位，唤醒了一代青年。毛泽东在1945年中共七大预备会议上的讲话中指出：“那个时候有《新青年》杂志，被这个杂志和五四运动警醒起来的人，后头有一部分进入了共产党。这些人受陈独秀和他周围一群人的影响很大，可以说是他们集合起来，这才成立了党。”[①]

二、重视培养革命骨干力量，为安徽党组织的创建做了组织准备

作为中国共产党早期主要领导人的陈独秀一直重视培养安徽的建党建团骨干力量，为安徽早期党团组织的创建发展储备干部资源。

（一）影响上海大学安徽籍师生走上革命道路

20世纪20年代创办的上海大学是第一次国共合作的产物，中国共产党人在其办学过程中发挥了重要作用。陈独秀虽然没有直接参与过上海大学的教学和管理，但“陈独秀作为中共领导人指派过陈望道到学校任职，并通过指导党团员活动，对学校事务产生过一定影响。同时，陈独秀的思想和主张通过中共在校内的教师和学生，在上海大学发挥着重要的精神引领作用”。[②]上海大学师生中汇聚了来自

①毛泽东：《在中共七大预备会议上的讲话》，《人民日报》1981年7月17日第1版。

②刘长林、刘强：《论陈独秀在上海大学创建中的作用》，《安徽史学》2015年第5期，第155—162页。

全国各地众多的共产党员和共青团员，其中尤以江苏、浙江、安徽、四川等省份人员居多。蒋光慈、高语罕、尹宽、阮永钊等安徽籍中共党员都曾在上海大学担任教师。王稼祥、王步文、薛卓汉、曹蕴真、徐梦周、方运炽、黄让之、朱松年、徐梦秋、胡萍舟、王逸常、黄天伯、吴云、周传鼎、周传业、俞昌准等一大批安徽革命青年都曾在上海大学学习，他们中的很多人就是在上海大学学习期间加入的中国共产党。①

（二）选派安徽籍党团员赴莫斯科留学

从1920年5月莫斯科东方劳动者共产主义大学（简称东方大学）建立，到1930年莫斯科中山大学停办止，安徽留学生共有89人，其中不少人是由陈独秀亲自选派的。吴葆萼回忆说："1920年，我和蒋光慈参加社会主义青年团也是陈独秀的关系。1921年，我和蒋光慈赴苏联学习，也与陈有关。"②汪菊农也回忆道，1925年选派赴苏联留学也是"由陈独秀主其事"，但"陈党务纷繁，无暇顾及，乃委托高语罕代理执行"。③

（三）倡导党团员到广州学习军事和农运

为造就革命武装的骨干力量，1924年5月，国共合作创办的国民党陆军军官学校（黄埔军校）在广州黄埔开学。"在黄埔军校创办过程中，陈独秀作为中共领导人自始至终都是参与的。"④中国共产党从各地选派党团员和革命青年到黄埔军校学习。陈独秀分别于1925年11月1日和1926年10月3日专门签发《中共中央通告第六十二号——选派

①吴玉才、孔海棠：《20世纪20年代上海大学安徽籍师生群体考》，《淮南师范学院学报》2020年第3期，第117—123页。

②《安徽文史资料选辑》（第二辑），内部资料，1982年，第167页。

③《芜湖党史资料》，内部资料，1983年，第4页。

④蒋二明：《陈独秀对黄埔军校的影响》，《江淮文史》2016年第1期，第116—125页。

同志投考黄埔军校》和《中国共产党通告（钟字第22号）》两份中央文件，要求各地党组织“迅速多选”共产党员、共青团员和国民党左派青年投考黄埔军校，并强调“此事关系重大，各地万勿忽视”，以免军校被反动派所占据。①

正是在这样的背景下，安徽大批青年纷纷报考黄埔军校。黄埔军校一至五期共有安徽籍毕业生207人，其中一期25人，二期15人，三期76人，四期48人，五期43人。②茅延桢、胡萍舟、徐梦秋、吴云、薛卓忠等安徽籍中共党员都曾在黄埔军校工作过，黄埔军校毕业的安徽籍中共党员有王逸常、曹渊、许继慎、彭干臣、杨溥泉、孙一中、吴震、廖运泽、曹广化、张有余、张威武等人。黄埔军校为中国共产党培养了大批的安徽籍军事人才，他们先后在北伐战争、土地革命战争中作出了重要贡献。

从1924年7月起，在广州开办六届农民运动讲习所，先后由共产党人彭湃、毛泽东等主持，也为安徽早期党组织的创建培养了骨干力量。广州农民运动讲习所第一、二期只招收广东籍学员，到第三、四期开始招收广西、湖南、四川籍学员。从第五期开始，招收学员范围扩大至广西、湖南、湖北、江西、福建、安徽、山东等省。安徽籍学员从第五期开始进入广州农讲所学习，第五期有薛卓汉、裴济华、王培吾等人。到第六期，招收学员范围进一步扩大至全国20多个省区。这一期，安徽学员主要有曹广化、崔筱斋、方运初、孙健、龚耕新、孟皖白、胡宏让等15人。③

①团中央青运史研究室、中央档案馆：《中共中央青年运动文件选编（1921年7月—1949年9月）》，中国青年出版社1988年版，第75页。

②广东革命历史博物馆：《黄埔军校史料（1924—1927）》，广州人民出版社1985年版，第93页。

③孔海棠：《陈独秀与中共安徽早期组织的创始》，《安徽理工大学学报（社会科学版）》2021年第4期。

三、亲自谋划，直接领导安徽党组织创建

（一）物色和选派骨干力量到安徽工作

1920年8月上海共产党早期组织成立伊始，陈独秀就开始着手在安徽建立团组织。据张国焘回忆，陈独秀“自己则担任在南京、安庆、芜湖等地物色一些青年发起社会主义青年团的组织。他的老友著名学者高语罕那时正在安徽教书，是最先响应的人”[①]。

1920年10月，陈独秀亲自写信邀请歙县青年柯庆施从南京去上海，并亲自发展他加入中国社会主义青年团。陈独秀又联系和动员原在北京大学、南京高等师范任职的蔡晓舟、刘著良分别辞职，于1920年秋冬之际到安庆开展建团活动。蔡晓舟、刘著良在怀宁县学宫、安庆第一模范小学等地开办文化书店和阅览室，举办讲座，大量订阅、传播新思潮和马克思主义的书刊，积极联系、引导学生运动积极分子学习马克思主义，开始发起安庆社会主义青年团的创建工作。[②]1921年春，蔡晓舟、刘著良召集省学联骨干分子在怀宁学宫义务小学讨论在安徽建立社会主义青年团的会议，许继慎、舒传贤、王步文等20余人参加会议。因遭到军警的干扰，会议被迫中断。同年4月，蔡晓舟、刘著良又在安庆菱湖公园主持召开会议，进一步讨论建团问题。参加会议的除前次参加建团筹备会的成员外，增加了杨溥泉、皮言智、童长荣、彭干臣、周新民等。会议进行中再次受到军警骚扰而被迫提前散会。两次会议之后，建团工作一直在秘密进行中。经过舒传贤、周

①张国焘:《我的回忆》(第一册),东方出版社1980年版,第98页。

②中共安庆市委党史研究室:《中国共产党安庆地方史》上卷,中共党史出版社2001年版,第44—50页。

新民、皮言智、詹善良等人的工作，1921年10月在安庆正式成立社会主义青年团组织，定名为安徽社会主义青年团，有团员舒传贤、周新民、皮言智、王逸龙等9人。由于团员人数较少，仅组成安徽社会主义青年团学生运动委员会，安徽省学生联合会会长舒传贤任委员长。① 1922年5月，中国社会主义青年团第一次全国代表大会在广州召开。据统计，全国有17个地方成立了社会主义青年团组织，安庆是其中之一。

在担任党的最高领导人期间，陈独秀还先后委派恽代英、张秋人、林育南、沈泽民、董亦湘等早期中共党员到安徽传播马克思主义和参与安徽早期党团组织的创建。1920年和1925年，恽代英两次来安徽传播马克思主义，对安徽革命青年信仰马克思主义和积极加入中国共产党产生了重要影响。1922年，陈独秀派张秋人到芜湖开展学生运动。张秋人利用芜湖师范学校教师的公开身份，很快就把学生发动组织起来，并将学生运动迅速扩大到芜湖的每个学校。1923年1月5日，经团中央批准，中国社会主义青年团芜湖地方执行委员会正式成立。1923年10月，林育南到芜湖巡视团组织工作，为团组织的健全发展作出了贡献。除此之外，沈泽民、董亦湘等人也曾来到安徽芜湖五中以教书为掩护，积极传播马克思主义。他们都在陈独秀的领导下为安徽早期党团组织的创建作出了贡献。

（二）直接领导安庆支部和芜湖特支的创建

1923年春，陈独秀派遣柯庆施到安徽开展党团活动。柯庆施带着陈独秀给安徽省教育厅厅长江彤侯的亲笔信来到安庆，利用《新建设日报》编辑的身份作掩护，联络和团结安庆、芜湖、蚌埠等地的革命青年，并着手整顿安庆地方团组织。1923年冬，安庆的团员发展到

①《安徽社会主义青年团报告书》，1922年4月。

四五十人，并且大多数团员经受了革命运动的考验，阶级觉悟和革命精神也有了很大提高。在这种情况下，陈独秀写信给柯庆施，指示可以在安庆建立党组织。1923年12月，柯庆施在安庆万安局1号濮家老屋召开建党会议。根据陈独秀“大学生”（中共党员）应少于“中学生”（青年团员）的原则，不要“只求量而不求质”“宁少勿滥”的指示，参加支部成立大会的只有柯庆施、王步文、濮德治、许继慎、杨溥泉和彭干臣等10人。会上，柯庆施首先宣读了陈独秀的来信，然后宣布成立中共安庆支部，直属中共中央领导。会议推选柯庆施为书记，王步文负责组织工作，濮德治负责宣传工作。①

1925年秋，张秋人介绍原芜湖团特支书记周范文入党，高语罕介绍时任芜湖公立职业学校重工主任的王坦甫入党。高语罕还根据中央指示，把一批年龄较大的团员直接转为党员。在芜湖建立党组织的条件已经成熟。1926年3月下旬，陈独秀亲召中共党员、芜湖团地委书记周范文赴上海，指示在芜湖建立中共组织。4月，中共芜湖特支成立，周范文任书记，直属中共中央领导。至1926年6月有党员27人。②不久，周范文去安庆任国民党安徽省党部特派员，由王培吾接任特支书记。随后，王培吾被组织派遣赴苏联留学，由俞昌准任书记。③

综上所述，陈独秀通过其早年的革命活动为马克思主义在安徽的传播奠定了思想基础，影响了一大批先进分子信仰马克思主义；亲自培养了一批革命骨干力量，为安徽早期党组织的创建储备了干部资

①中共安庆市委宣传部、中共安庆市委党史研究室：《红色安庆》，中共党史出版社2017年版，第38—40页。

②中央档案馆：《中共中央政治报告选编(1922—1926)》，第118页。

③中共芜湖市委党史研究室：《中国共产党芜湖历史》(第一卷)，安徽人民出版社2008年版，第124—125页。

源；直接领导安庆支部和芜湖特支的创建。因此，陈独秀不仅是中国共产党的主要创始人、中国共产党早期的主要领导人，也是安徽地方早期党组织的主要发起者和创建者之一。

（顾永俊　孔海棠）

安徽早期党组织创建成员研究

安徽是马克思主义在中国传播较早的地区之一。20世纪20年代，安庆、芜湖成为安徽革命斗争的中心，在全国也有重要影响。

陈独秀早年在安庆、芜湖、寿县等地从事革命活动，团结影响了一批青年知识分子，形成了马克思主义在安徽传播的骨干力量。蔡晓舟、王步文、刘希平、高语罕等人分别在安庆、芜湖进行联络，影响了一大批先进知识分子和进步青年学生走上革命道路，芜湖有李克农、钱杏邨（阿英）、蒋光慈、吴葆萼、王坦甫、薛卓汉、曹渊、祖晨、徐梦秋等，安庆有许继慎、周新民、舒传贤、方乐周、杨溥泉、彭干臣、皮言智、童长荣等，寿县有曹蕴真、鲁平阶等。1921年党的一大后，陈独秀派出自己的好友、共产党员、寿县人高语罕到安徽各地联络进步青年，筹划建团、建党。1923年春，陈独秀又派共产党员柯庆施到安庆、芜湖，秘密开展恢复团组织、建立党组织活动。在上海大学读书并入党的青年学生奉命回到寿县，在农村开展革命宣传，建立了党、团组织。

一、为安徽早期建团打下基础的高语罕、蔡晓舟、舒传贤

随着接受马克思主义的先进知识分子不断增加，安徽建立党、团

组织的时机成熟。1920年，陈独秀在筹办上海共产党组织时，计划“上海小组将担负苏、皖、浙等省的组织发展”，委托高语罕发起成立社会主义青年团组织，指示其在安徽学界开展工作，为安徽党、团组织的创建做准备。蔡晓舟也深受陈独秀的影响，较早地接受了马克思主义，在建党初期回到安徽进行革命活动，多次召开会议，介绍了一批进步青年加入组织，舒传贤就是其中之一。1921年安庆六二学生运动中，舒传贤表现英勇，深得大家拥护，被选为学联主席，随后再次召开建团会议，正式建立安庆青年团组织。

高语罕（1887—1947），安徽寿县人。1905年考入安庆陆军测绘学堂，参加了由陈独秀、柏文蔚等组织的维新会（反清组织岳王会的外围社团）。同年，他东渡日本，进入早稻田大学。1907年春，高语罕结识了第四次避难到日本的陈独秀，年底回国。1915年起参加上海新文化运动，为《青年杂志》撰稿人之一。1916年秋，赴芜湖任省立第五中学学监兼授英语。五四运动爆发的消息传到芜湖后，高语罕组织进步师生奔走呼号，声援支持，领导了安徽学生运动。芜湖省立五中被北京、上海的进步报刊称为“执安徽学生运动‘牛耳’的学校”。1920年5月，受陈独秀委托在上海发起成立社会主义青年团组织；10月，经李大钊介绍加入北京共产主义小组。此后，他便在安庆、芜湖、寿县等地传播马克思主义，他编写的《白话书信》8次再版，为宣传革命思想作出重大贡献。1922年3月，高语罕被安庆青年团指定为参加青年团全国一大的“全权代表”；8月，赴德国哥廷根大学留学，到1925年春回国。

蔡晓舟（1885—1933），合肥人。早年留学日本，回国后在北京大学图书馆供职。1919年，在五四运动中，与人合著《五四》一书，是全国第一部宣传介绍五四运动的书籍。1921年，蔡晓舟在安庆以开办文化书店为掩护，经常秘密开会，宣传马列主义，影响了一批青年学生树立革命信仰，酝酿建立青年团组织。4月，蔡晓舟、刘著良等在安庆菱湖公园茶社主持召开建团大会，因敌人骚扰而中途散会。舒传贤和省学联的王步文、许继慎等先后参加了在安庆召开的安徽社会主义青年团筹备会和成立会，并首批加入社会主义青年团。

舒传贤（1899—1931），安徽霍山人。父亲是一个穷秀才，在乡间开馆教书。舒传贤7岁那年，父亲病故，跟着叔父读私塾，因为好学上进，不久族人筹资送他到县城上了高等小学。1919年，舒传贤以优异成绩考入安庆市安徽省立第一甲种工业学校土木工程科学习，立志实业救国。五四运动爆发，舒传贤爱国心切，积极投身运动，参加了学生联合会，被选为甲工学生代表。参加了领导全省学运的“安徽省学生团”，成为全省学运的领导人之一。1921年安庆六二惨案发生后，以舒传贤为首的安徽省学生联合会组织开展了坚决斗争。10月，舒传贤、王步文等人再次召开会议，建立安徽（安庆）社会主义青年团，成为全国最早建立的17个地方团之一。1922年舒传贤官派日本留学，领导中国留日学生进行爱国斗争。1926年春回到北京，1927年3月调回安徽。大革命失败后，回霍山领导革命斗争。1928年10月领导成立中共霍山县委。1929年秋成立中共六安中心县委，领导皖南六个县党的组织，积极发展农民武装斗争，取得六霍起义的胜利，建立红军。1931年任中共中央鄂豫皖分局常委兼组织部部长。同年冬在“肃反”中被错杀。1945年中共七大追认为革命烈士。

二、为安庆党组织建立作出贡献的柯庆施、卢春山

1923年春，陈独秀从莫斯科回到北京后，指派柯庆施到安庆恢复

团组织，建立党组织。柯庆施到安庆后，对安徽省内各界情况进行深入考察，在给中央的报告中，分析了安庆青年团、国民党组织现状，提出利用《新建设日报》编辑的条件，发行一个周刊，宣传党的主张，同时“将几个老朋友先聚集起来，然后分开去做运动，成立组的组织”。在这期间，卢春山从武汉来到安庆，在《新建设日报》担任编辑，成了柯庆施的得力助手。

柯庆施（1902—1965），安徽歙县人。1920年冬加入中国共产主义青年团，1922年加入中国共产党。到了1923年6月，柯庆施在安庆召集青年团员开会，建立了安庆社会主义青年团地方委员会。10月，安庆地方团召开会议，有22人参加，选举了安庆青年团地方执行委员会，推举杨溥泉为委员长，柯庆施任秘书，徐齐邦、卢春山为委员，下设一师、一工、职工3个支部。安庆青年团组织在反曹锟贿选和支援教职员索薪斗争中发挥了领导作用，一批青年团员经受锻炼。是年冬，根据陈独秀的指示，柯庆施在安庆召开建党会议，发展许继慎、杨溥泉、彭干臣、濮德治等一批青年团员入党，建立了中共安庆支部。这是安徽省第一个在城市建立的党支部。后因局势恶化，安庆、芜湖多数党、团员遭军阀当局通缉，被迫离开安徽，党组织活动停止，少数党、团员潜伏下来，等待时机。柯庆施回到上海后，在中共中央秘书处工作。在1924年1月13日中共上海地委兼区委召开的会议上，柯庆施被编入中共上海地委第三组。此后，柯庆施又多次被派回安徽工作。1927年任中共安徽临时省委书记。1935年前后，又被派往河北省从事白区工作，担任河北省委前委书记和组织部部长等。抗日战争时期，柯庆施被调到延安工作，担任中共中央统战部副部长等。解放战争时期，柯庆施在晋察冀边区任行政委员会财委副主任、石家庄市市长。新中国成立后，柯庆施历任南京市委书记、中共中央上海局书记、上海市市长、中共中央华东局第一书记、国务院副总理等，是八届中央政治局委员。1965年4月9日因病逝世。

卢春山（1902—1925），湖北黄冈人。17岁入武昌中华大学附中，和恽代英、林育南交往甚密，次年加入利群书社。1921年春参加共存社，同年加入中国共产党。1922年初，在芜湖与薛卓汉等人建立青年团组织。1923年返武汉参加京汉铁路工人大罢工。二七惨案后赴安庆，协助柯庆施恢复安庆青年团组织，并担任教育及宣传委员，后返回黄冈开展农民运动。1924年在安源煤矿工人夜校从事教务工作，担任青年团萍乡地委委员、学生部长。1925年到武汉，深入各县视察指导党、团工作，并在武汉举办工人夜校和贫民学校。因积劳成疾，由党组织强令送回黄冈家中治疗，10月去世，年仅23岁。他的好友、共产党员林育南闻讯后十分悲痛，写下《哀悼我们的战士——卢春山同志》，文章刊登在《中国青年》第102期。卢春山在芜湖、安庆青年团组织建设中发挥了重要作用，同时也为安庆党组织的建立作出了重要贡献。

三、建立小甸集特支的曹蕴真、薛卓汉、方运炽

与安庆党支部建立的同时，1923年冬寿县籍中共党员曹蕴真、薛卓汉、方运炽等人，受上海党组织的派遣，回到家乡，利用乡村学校的便利条件，发展了党员，建立了中共小甸集特别支部。小甸集特支的成员均是小知识分子。这跟当时外出到大城市求学的学生比较容易受到革命思想影响有直接关系。同时，由于小甸集特支是在农村小学校建立，与周边农村不可避免地发生联系，主要通过乡村教师进行革命宣传。1925年春，陈独秀委派徐梦秋、薛卓汉到安庆恢复党、团组

织。“在那里组建共产党和共青团的基层组织。这时上海爆发了五卅运动。在安庆，我组织了共青团，有20名学生参加，其中不少人后来牺牲了。”[①]据周范文、李竹声、王季禹、宋伟年、周新民等人回忆，在团安庆特支建立前后，安庆本地和外地转来的共产党员成立了党的组织，名称叫中共安庆特别支部。1926年5月，由于党员人数增加，正式成立中共安徽地方执行委员会。

曹蕴真（1901—1927），安徽寿县人。1919年，曹蕴真考入芜湖公立职业学校学习，后留校任教。五四运动爆发以后，曹蕴真积极投入当地的反帝爱国运动，开始接受马克思主义。1921年底，曹蕴真加入中国社会主义青年团。1922年加入中国共产党。1923年5月，“鉴于社会日趋险恶，改造事业急不容缓”，曹蕴真和其他同乡进步青年在芜湖第二甲种农业学校发起组织了“马克思主义学术研究会”等进步团体。1923年秋季，曹蕴真考进上海大学社会学系，和他一起进入上海大学社会学系的还有同乡徐梦秋、薛卓汉、薛卓江等人。曹蕴真在上海大学的时间很短暂，1923年9月入学后，很快就回到寿县农村开展革命宣传。曹蕴真以小甸集小学教员的身份从事革命工作。是年冬，在上海大学加入中共的薛卓汉、徐梦秋等人受上海党组织的委派回到了寿县，准备利用假期积极开展农民运动。在此期间，曹蕴真、薛卓汉等介绍了方运炽、曹练白、陈允常等人入党，成立中共小甸集特支。曹蕴真被选为特支书记。1924年初，曹蕴真到芜湖青年团开展革命工作，被称为“农民宣传员”。5月，曹蕴真接到已经考入黄埔军校一期曹渊的书信，来到广州，考入黄埔军校，后留校担任黄埔军校政治部宣传科员。1925年进入广州农民运动讲习所学习，又被派回安徽从事农民运动，创办了寿县第一个农民组织——寿县五区农民协会。

①张士义:《徐梦秋自述(1937年于延安)》,《百年潮》2004年第4期,第52页。

1926年年末，根据上级党组织安排，曹蕴真等带领一批寿县籍党、团员到武汉参加了北伐军。1927年秋，大革命失败以后，中共中央决定派曹蕴真等一批优秀党员到莫斯科学习，但曹蕴真由于长期为革命奔波而积劳成疾，致肺病急剧恶化，未能成行。10月，曹蕴真终因病重不治，在寿县逝世，年仅26岁。

薛卓汉（1898—1931），安徽寿县人。1919年，薛卓汉由旅沪安徽中学转入芜湖甲种农业学校学习。他积极投入五四运动，被选为芜湖市学生联合会委员。他阅读了大量的进步书刊，走出课堂，深入社会，了解处于社会最底层的工人阶级的疾苦。1922年3月，他参与领导芜湖人力车工人罢工，成为安徽现代工人运动的发起者之一。5月，他加入社会主义青年团，随后，他和卢春山等人组织了芜湖第一个团小组。1923年，薛卓汉由芜湖来到安庆，协助柯庆施工作。柯庆施在5月给中央的报告中专门作了推荐："卓汉人颇血性，唯脑筋简单，故不能单独做事。他现在在这边，可以算是一个急先锋。"[①]9月，薛卓汉考入上海大学社会学系，11月经上海党组织批准加入中国共产党。是年冬回到寿县，在当地返乡青年学生和乡村教师中发展了一批党员，成立中共小甸集特支。1924年，薛卓汉在寿县农村进行了深入考察，写出《皖北寿县的农民生活》考察报告，登载在1924年10月15日《中国青年》第53期上。1925年春，薛卓汉与徐梦秋被派到安庆，恢复党、团组织。1927年春，他和柯庆施、舒传贤等随国民党安徽省党部由武汉迁回安庆，主持安徽省农民协会筹备工作，3月当选为省农民协会委员长。1930年3月，他出狱后到鄂豫皖苏区，担任中国工农红军第一军政治部副主任。1931年冬在"肃反"中被错杀。在延安期间，毛泽东曾向曹云屏问起过薛卓汉的情况。1958年视察安徽时，毛

①中央档案馆、安徽省档案馆：《安徽革命历史文件汇集》（第一册），1987年，第8页。

泽东又向陪同他视察的张治中谈到薛卓汉，表达了怀念之情。1945年中共中央组织部编印的《死难烈士英名录》确认薛卓汉是革命烈士，并注明他为“安徽党创始人”。

方运炽（1906—1932），安徽寿县人。1919年考入安徽公立职业学校。1923年考入上海大学学习，同年加入中国共产党。是年冬，接受党的指示和薛卓汉、曹蕴真等回乡建党，成为寿县党组织的创始人之一。特支建立后，方运炽负责瓦埠一带工作，他以教书为掩护，深入农村调查，培养积极分子，发展党的组织。1924年9月任中共瓦埠小学支部书记。他在寿县中学组织了寿县学生联合会，并以学生会名义编印刊物。1925年，五卅惨案发生后，为声援上海工人运动，方运炽组织“寿县学生沪案后援会”，举行游行示威，声讨帝国主义的罪行。他与后援会人员募捐100余元，汇往上海援助五卅惨案中的被害工人。1926年党中央选派他到莫斯科中山大学学习。1929年他以第三国际东方特派员身份回国（改名方英）。8月，他以中央巡视员的身份在六安、霍山两县边界的豪珠岭，主持召开中共六安中心县委筹备会议，集中讨论了武装暴动及其准备工作等问题。10月初，方英在六安县郝家集主持召开六安、霍山、霍邱、寿县、英山、合肥六县党的代表会议，成立中共六安中心县委，参与领导组织了六霍起义。1931年2月，方英任中共安徽省委书记（未到职），并以中央巡视员身份再次到安徽巡视，3月在瓦埠主持召开会议，成立皖北（寿县）中心县委。在进入鄂豫皖苏区后，历任中共中央鄂豫皖分局委员、皖西北特委书记、皖西道委书记等。1932年随红四方面军西撤途中病逝。1950年4月，皖北人民行政公署追认方英为革命烈士。

安徽早期党组织是在国民革命风起云涌的历史大潮中建立起来的，是在党中央、陈独秀直接指导下发展起来的。从一开始就有一大批安徽籍进步青年积极宣传马克思主义、组建革命团体、发动群众运动。在经受惨烈的革命斗争锻炼后，他们中的先进分子团结在中国共产党的旗帜下，毅然决然投身革命，为实现革命理想而奉献，直至牺牲一切，生动诠释了伟大建党精神。在百年后的今天，我们要铭记革命先辈，弘扬革命精神，在实现民族复兴的伟大征程上接续奋斗。

（廖海业）

早期上海大学与安徽青年研究

20世纪20年代的上海大学是第一次国共合作时期由国共两党共同创办的一所革命的大学、专业的大学。上大的骨干力量是邓中夏、瞿秋白、蔡和森、张太雷、恽代英、高语罕等一批共产党人，其办学宗旨、系科设置、教员聘请等由共产党人所主导。当时有“文有上大、武有黄埔”之说，将上海大学与黄埔军校并提。上海大学在中国革命的历史进程中起着举足轻重的作用。

上大的创办和发展与安徽有密切关系。上大的前身是1922年春由寿县人王理堂所创办的东南高等专科师范学校，王理堂等人打着陈独秀等人的招牌对外招收学生，藉学敛财，引发罢学风潮。后经中共中央协商，请国民党人于右任出任校长，邵力子（时为中共党员）为副校长，国共两党共同接管，于1922年10月正式改名为上海大学。上大创办得到了国共两党在经费、人才方面的大力支持，孙中山亲自出任名誉校董，中共中央派出邓中夏、瞿秋白等人到校担任教务长等职，陈独秀、李大钊等人到校作演讲。在新成立的社会学系中，瞿秋白、施存统、彭述之等共产党人先后担任系主任，培养了一大批来自全国各地的进步青年，发展共产党员、青年团员人数居各系之首，为宣传马克思主义和培养干部起到重要作用。

在上大师生中来自安徽的进步青年数量众多，且出类拔萃。他们对安徽各地党组织的创建发挥了独特的作用。

一、上海大学中的安徽籍教师

据不完全统计，从1922年10月正式创办到1927年5月被查封，上大共有授课教师110人，其中安徽籍教师有10人，分别是蒋光慈、高语罕、尹宽、朱湘、何世桢、何世枚、洪野、胡朴安、吴志青、阮永钊。这些教师有的是共产党员，有的是国民党右派，有的是非党派人士。

高语罕（1888—1948），安徽寿县人。1921年入党，早年赴日本早稻田大学留学，与陈独秀关系密切，编写《白话书信》，传播马克思主义思想。他是安徽最早系统传播马列主义的先进知识分子，是安徽青年的革命导师，也是党的早期理论家。1925年春，他担任上海大学社会学系教授，讲授西方革命史。

蒋光慈（1901—1931），安徽霍邱人，无产阶级文学的先驱者、革命作家、诗人。1921年至1924年就读于莫斯科东方劳动者共产主义大学，并加入中国共产党。1924年回到国内，在瞿秋白的推荐下，被聘为上海大学社会学系世界史、俄文课程教授。蒋光慈“讲课神态安逸从容，语调抑扬顿挫，没有华丽的辞藻和空谈，侧重深入浅出地分析问题，颇能理论联系实际”，且与学生关系融洽，有时与学生热烈地辩论问题，有时与学生一起喝酒、聊天、唱《国际歌》和《少年先锋队歌》等。1925年初，蒋光慈的旅俄诗集《新梦》由上海书店出版，4月在《新青年》第1号上介绍了这部诗集，称“新梦是现代中国文学界的一个响雷，一盏明灯”。1925年10月由京返沪，加入了“创造社”并在其中发挥了重要作用。1926年初《少年漂泊者》问世，1927年初第二部诗集《哀中国》出版。大革命失败后不久，在上海与鲁迅、郭沫若等30位进步作家共同发表宣言，揭开了左翼作家大联合的序幕。1930年左联成立，蒋光慈为左联候补常委，其主编的《拓荒者》成为左联的机关刊物之一。1931年8月在上海病逝。

阮永钊，安徽芜湖人。在北京大学英文系学习时参加北京大学马克思主义学说研究会。1922年12月至1923年8月担任中国社会主义青年团中央执行委员（已加入中国共产党），1923年夏考入复旦大学心理学系，1924年春进入上大，教授心理学概论。

有些安徽籍教师虽然不是共产党员，同样是各自领域的著名学者，具有很大的社会影响力。

何世桢（1895—1972），出生于安徽望江的一个官宦世家。留学美国密歇根大学，1923年获法学博士后回国，先后任东吴大学法学院教授，上海大学教务长兼英国文学系主任、校行政委员会委员。在上大期间，他为社会学系讲授政治学、英国文学系讲授演说。其弟何世枚是当时杰出的法学先驱和政治活动家，深受孙中山先生赏识，被孙中山亲自圈定为上海地区出席国民党一大三位代表之一。

朱湘（1904—1933），安徽太湖人。早年入清华大学学习，因诗作闻名被称为“清华四子”之一。1925年初，朱湘经陈望道介绍，到上海大学任英国文学教授，讲授文学概论和英语。他讲课根据学生的学习要求，与社会科学结合，教材多选自各国学者名著。据当事人回忆：“其人原为‘不问政治’的学者，表示不党不派。五卅前一度遭受所居房东英人欺侮，悲愤异常，上课时大声疾呼，声泪俱下，谓非打倒帝国主义不足以平愤慨，当场要求加入国民党，参加国民革命，同学报以掌声。”

洪野是安徽歙县人，从1914年开始就在刘海粟创办的美术学校任教，1922年开始长期担任上大美术系主任，参加校评议会，担任行政委员会委员，参与学校决策。

除此之外，在上大担任教师的安徽人还有著名的文字学家、南社诗人胡朴安，武术家吴志青等。他们共同为上海大学发展为一所革命的大学、正规的大学作出贡献。

二、上海大学的安徽籍学生

上海大学的学生来自安徽的相当多。据考证，在上海大学存续不到五年的时间里，大学部各系毕业19个班，毕业学生1302人，来自江苏、浙江、安徽、四川、福建、广东、陕西、湖南、湖北等省的学生较多，安徽籍学生总数至少151人，排名第三。许多安徽籍学生在上大期间加入了中国共产党，有的安徽党、团员和进步学生由于受到军阀迫害，通过多种渠道来到上大学习。据统计，上大安徽籍学生中的共产党员不少于38人。其中，黄让之、胡萍舟、王逸常、薛卓汉、徐梦秋、王绍虞、朱松年、徐德文、程锡简等人在1923年入党；方曙霞、王弼、郭铸九、周传业、陈学平等人在1924年入党；陶淮、徐德据等人在1925年入党；不能确定入党时间的还有陶梁、张曙云、桂超、谢芸皋等；曹蕴真、徐梦周、王步文、濮德治等人在进入上大前已经是共产党员。

黄让之（1902—1934），安徽天长人。1923年考入上海大学中国文学系学习，随即在上大加入中国共产党，是安徽籍学生在上大入党第一人，与瞿秋白、邓中夏、张太雷等在同一党小组。在课余时间，黄让之与同学到小沙渡、杨树浦等工厂区开办工人补习学校，帮助工人学习文化知识，宣传国民革命的主张。1924年7月担任中共上海地委兼区执行委员会下属国民运动委员会委员，与恽代英、杨贤江等负责学生运动，为早期的学生运动做了大量的组织宣传工作。1926年初，黄让之由上海赴广州参加北伐战争，在邓演达、郭沫若领导的国民革命军总政治部宣传科任股长。1930年10月，中国国民党临时行动委员会北平支部成立，黄让之为负责人之一。1933年他又不畏艰险赴福建帮助李济深及十九路军蔡廷锴组织反蒋斗争，建立革命政府。失败后秘密回上海，被人告密被捕，经多方营救才出狱。1934年初，黄让之抱病返回家乡天长铜城镇，10月不治逝世，终年32岁。

薛卓汉（1898—1931），安徽寿县人。1923年春在安庆协助柯庆施开展革命工作，“颇有血性”，被称为“急先锋”。9月考入上海大学社会学系学习，11月与徐梦秋、王逸常等在上大加入中国共产党。12月回到寿县，参与建立中共小甸集特支。1924年10月在《中国青年》发表调查报告《皖北寿县的农民生活》。1925年五卅运动期间在《公理日报》发表文章，宣传反帝爱国思想。随后回到安庆恢复建立安庆党、团组织。9月到广州农民运动讲习所学习，其间担任毛泽东同志的秘书。毕业后到武汉担任国民党（左派）安徽临时省党部执行委员兼农民部长。1927年3月从武汉回安庆担任安徽省农民协会筹委会委员长。1928年回乡养病，参加中共寿县第一次党代会，任中共寿县县委组织委员。1930年调入鄂豫皖苏区，任红一军政治部副主任。1931年底因抵制张国焘错误，被杀害。1945年中共七大上追认为革命烈士，在中组部编印的《死难烈士英名录》中记载为“安徽党创始人”。

吴云（1903—1978）、吴震（1904—1931）、吴霆（1905—1937），安徽凤台人。1923年夏，吴云携弟弟吴震、吴霆投考上海大学，吴云、吴霆入社会学系，吴震入英国文学系。三兄弟同入一校，同学一堂，可谓绝无仅有。入校后不久，三兄弟加入中国共产党。1925年，吴云在上海以黄埔军校政治教员的身份，组织皖籍青年到黄埔军校学习。

其二弟吴震随即入黄埔军校。其三弟吴霆则于1924年受党委派赴华北国民革命军第一军冯玉祥部任政治宣传员。1925年奔赴沈阳，以上海大学学生会名义秘密组织领导奉天学联，开展学生运动。

1924年暑假期间，吴云、吴震回到家乡传播革命思想，作诗铭志：

天似空，地似空，芸芸众生怀抱中。
田似空，屋似空，世代更迭主人翁。
金似空，银似空，赤条来去冥冥中。
今出生，明入死，生生死死若彩虹。
且投笔，去从戎，为求解放伟业中。
抛头颅，洒碧血，马革裹尸一笑中。
天地间，寰宇中，唯有太公千载颂。
英魂去，精神在，何言人生黄粱梦？
真情在，唱五有，一息尚存效愚公。
为人道，灵性通，身外之物该放松。
空非空，金科律，人生应如酿蜜蜂。
不谋私，勤为公，一生供奉乐融融。
似空谣，韵味浓，到此打住茶一盅。
老哥嫂，小友朋，朝霞绚丽夕阳红。

此外，上海大学安徽籍学生中有些进步青年没有加入中国共产党，张治中就是其中的杰出代表。张治中（1890—1969），安徽巢湖人，1922年冬至1923年春在上大旁听，选修了一些课程，主要学习俄语。据他自己回忆，在上大期间，“我真是很忙，一天到晚看书、查字典、坐电车、上课……学俄语，却越学越觉困难，我仍是不畏困难地去学。是为了想到俄国去。”这是因为“我听到于右任的讲演，瞿秋白的讲演，都是推崇社会主义苏联的话，更使我心向往之”。张治中在上大期间不仅受到了马克思主义学说的熏陶，还结识了很多共产党方面的朋友，这对他后来能比较理解和同情共产党的革命主张，作为国民党高级军官在国共十年内战中从未同共产党打过仗，极力主张国共合作以及后来成为国共和谈的“和平将军”都具有重要影响。

三、上海大学安徽籍学生回乡创建党组织

曹蕴真、薛卓汉、徐梦秋等人创建中共小甸集特别支部。1923年秋，曹蕴真、薛卓汉、徐梦秋等考入上海大学社会学系学习。1923年冬，根据上海大学党组织的安排，曹蕴真、薛卓汉、徐梦秋等先后回到寿县开展革命活动，发展乡村教师和回乡学生入党后，成立了中共小甸集特别支部，由曹蕴真任特支书记，直接受中共中央领导。这是安徽农村建立的第一个基层党组织。小甸集特支的建立，使寿县地区的革命活动有了一个强有力的领导核心，对安徽农村革命运动的发展起到了引领和推动作用。

胡允恭、吴云、吴震等人创建中共淮上中学补习社支部。胡允恭又名胡萍舟，安徽寿县人。1923年进入上海大学学习，并由瞿秋白介绍加入中国共产党。1924年暑假，胡允恭、吴云、吴震受上海大学党组织派遣，返回家乡寿凤（寿县、凤台）地区，秘密进行党团组织的创建工作。他们办起了“淮上中学补习社”，以此为掩护，来宣传马列主义。补习社招收了寿县、凤台两个县共40多名失学青年，除了对青年进行文化教学以外还按照他们在上海大学所学的开设了《社会进化史》《政治常识》《唯物史观浅说》等课程。在办学过程中，还秘密成立“皖北青年社”（即青年团组织），发展了一批有觉悟的青年参加了

"皖北青年社"。在各方面条件成熟以后，正式建立了中共淮上中学补习社支部，由胡允恭任书记，直属中共中央领导。

王绍虞等人创建中共六安特别支部。王绍虞，安徽六安人。1923年进入上海大学学习，不久加入中国社会主义青年团。1924年1月，根据组织安排，王绍虞利用寒假回到家乡六安，联络进步青年周范文、胡苏明等发起并组织了一个进步团体"六安青年励进会"，团结和吸收当地青年学生在六安西门外紫竹林小庙集会，一起学习研究马克思主义，探索革命真理。王绍虞在六安的活动受到上海大学党组织的关注和好评，寒假结束回到学校后，王绍虞加入中国共产党。1925年寒假，受党组织派遣，王绍虞再次回到六安，同从芜湖、杭州、上海等地回来的党团一起，在六安以开设"青年实业社"为掩护，成立中共六安特别支部，王绍虞任书记，直属中共中央领导。这是六安县最早的党组织。大革命失败后，王绍虞被分配到党的外围组织——中国济难会工作，以半公开的方式组织接济和营救因开展革命活动而被捕的同志。1927年8月，受中国济难会派遣，王绍虞由沪返皖，在芜湖建立了安徽省济难会，担任主任，领导建立安徽各地济难会组织。1928年1月26日晚，安徽省济难会机关被国民党军警破获，王绍虞不幸被捕，4月初慷慨就义。

俞昌准回乡创建中共南陵特别支部。俞昌准，安徽南陵人。1925年7月进入上海大学中学部学习。1926年由共青团员转为共产党员。同年夏天，上海大学党组织决定送俞昌准赴苏联学习，俞昌准却向党组织表示，愿意回到自己家乡南陵去开展农民运动，创建党的组织。党组织经过慎重考虑，同意了俞昌准的请求。8月，俞昌准回到南陵，在城关联络进步青年，建立"反帝非基大同盟"，开展宣传工作，揭露帝国主义利用宗教进行文化侵略的罪行。11月25日，中共南陵特别支部成立，直属中共中央领导。由他的堂兄俞昌时任书记，俞昌准任宣传委员兼秘书。中共南陵特支的成立，为南陵人民的革命斗争打开了新局面。1927年3月任中共芜湖特支书记。1928年11月被反动当局杀害于安庆北门外刑场，年仅21岁。

周传业、周传鼎等人回乡创建中共阜阳临时支部。周传业，安徽阜阳人。1924年加入中国共产党，1925年春考入上海大学社会学系。暑假期间，与哥哥周传鼎回到家乡，与在阜阳城开设“淮颍书局”为掩护的共产党员张子珍取得联系，建立中共阜阳党小组。返校以后，周传业和周传鼎、董橙君、吕鼎才及阜阳籍学生李象贤，在恽代英的帮助下，于1926年4月15日组成进步团体“四维社”，编辑出版《阜阳青年》半月刊，宣传革命道理。1926年暑假，周传业再次回到阜阳进行党组织的创建活动。12月，中共阜阳临时支部成立，隶属中共上海区委领导，联络点就设在周传业家中。大革命失败后，周传业在白色恐怖下坚持革命斗争。1928年2月，魏野畴根据党的指派，从河南来到安徽，组成由他担任书记的中共皖北临时特委，4月9日领导发动了以阜阳为中心的四九起义。周传业、周传鼎参加了这次起义，负责在阜阳城内组织工人、职员策应起义。起义失败后，两人在阜阳地区重新建立党组织，继续坚持对敌斗争。1929年被捕，壮烈牺牲。

上大安徽籍师生是一群追求进步的青年，忧国忧民的先进知识分子，他们怀揣革命理想，为了国家独立、人民解放而四处奔走，建立组织，发动群众，英勇斗争。他们中涌现出一大批革命先烈，为了革命胜利抛头颅、洒碧血，在斗争中做出牺牲，在安徽革命史上谱写了壮丽的篇章。

（廖海业）

早期进入黄埔军校的安徽进步青年

黄埔军校是孙中山在中国共产党以及列宁、斯大林派遣的顾问人员帮助下，国共合作创办的为培养革命军事干部建立起来的军事政治学校。为了造就革命武装的骨干力量，1924年1月在共产党人的建议下，国民党一大决定创办一所陆军军官学校，定名为“中国国民党陆军军官学校”。这所学校以位于广州黄埔岛上的广东陆军学校与广东海军学校原址为校舍，所以通常被称为黄埔军校。1924年1月24日，孙中山下令成立军校筹备委员会。3月27日，黄埔军校第一期入学考试在广州举行，参加考试的有1200人，录取470人。6月16日，军校举行开学典礼。孙中山亲自兼任军校总理，任命蒋介石为校长，廖仲恺为党代表，组成校本部，直属国民党中央执行委员会。校本部下设政治、教授、教练、管理、军需、军医等部。1926年1月，军校改名为“中央军事政治学校”。中国共产党派出党内为数不多的军事人才参与黄埔军校筹建工作并担任教官，同时号召各地党、团组织推荐青年学生投考。据统计，仅黄埔一期学生中的共产党员和青年团员就有五六十人，占学生总数的1/10左右。①

①中共中央党史和文献研究院:《中国共产党的一百年》(新民主主义革命时期)，中共党史出版社 2022年版，第57页。

一、安徽青年积极加入黄埔军校

黄埔军校吸引了大批安徽青年积极报考，入校学习军事政治知识，其中有许多人加入中国共产党，有的锻造成驰骋疆场的将帅之才。

黄埔军校第一期于1924年5月5日开学，学生入校编队，正取生编为第一、第二、第三队，备取生编为第四队。之后，大元帅大本营军政部讲武堂（亦称湘军讲武堂）并入黄埔军校，编为第六队。本期皖籍学生共28人。入学前加入中国共产党的有王逸常、傅维钰、姚光鼐、许继慎、彭干臣、杨溥泉等人。[①]入学后加入中国共产党的有徐石麟、唐同德、郭德昭、曹渊、廖运泽、孙天放、孙一中、吴展等人。除此以外，还有李铣、蔡炳炎、孙德清、徐石麟、胡天放、陈坚等人。第二期于1924年8月14日开学，翌年9月毕业，共招收学生450名，其中皖籍学生15人，包括合肥5人，英山3人，怀宁、桐城等地各1人。第三期于1924年12月开学，1926年1月毕业，皖籍学生78人，包括英山33人，灵璧8人，无为、寿县各5人，合肥、颍上各4人，庐江、巢县、凤台等地共有17人。包括著名抗战爱国将领戴安澜、张本禹等。加入中国共产党的有王鄂峰、姜镜堂、徐介藩、黄铁民、彭哲夫、熊受（寿）萱、周玉冠等人。第四期于1925年10月招收学生，1926年3月入伍生升为正式学生，3月8日正式开学，10月毕业，皖籍学生共49人。第五期入伍生从1926年3月起开始招生，11月经考试升为正式学生，1927年4月15日毕业，皖籍学生共34人。此时，黄埔军校已更名为“中央军事政治学校”。第六期入伍生从1926年8月起开始招生，至1927年7月升为正式学生，皖籍学生达121名。

①刘育钢、江泰尧:《黄埔一期的红色传奇》,《炎黄春秋》2023年第1期。

在这三期学员中，加入中国共产党的有吴善珍、张有余、鲁平阶、曹广化、廖运周、张如屏、朱侃、吕文远等人。1926年10月北伐军攻克武昌后，1927年1月建立中央军校武汉分校。该校有多名皖籍学员，包括李荣桂、萧亚珍等共产党员。

二、黄埔军校中的安徽籍教官

在黄埔军校建校之初的教官中，茅延桢是中共党内为数不多接受过军校系统学习的军事人才。高语罕1926年1月任黄埔军校政治主任教官。王逸常、傅维钰、鲁平阶等人在毕业后留校工作。

茅延桢（1897—1925），字致祥，寿县人。1916年考入陆军第一预备学校，期满后编入入伍生队。1920年升入保定陆军军官学校第九期工科班。1922年加入中国社会主义青年团，后在北京经邓中夏介绍，转为中共党员。1923年7月军校毕业后，到上海工作，跟林伯渠、赵醒侬、邵力子等人一道编在第三组（西门）[①]。1924年春受组织派遣，经廖仲恺推荐参加黄埔军校的筹建工作，受任为黄埔军校第一期学生队第二队队长。茅延桢在第二队学生中积极培养和发展党员，在半年内就有20多人加入中国共产党，成为全校共产党员最多的大队。

1924年11月底，黄埔军校以一些教职员和第一期毕业的部分学生为骨干，组建两个教导团，茅延桢任第一团第二营党（国民党）代表。茅延桢与周逸群、王一飞、金佛庄、李之龙等人发起组织“青年军人联合会”，出版刊物《中国军人》，对军人进行革命启蒙教育，支持日益高涨的工农运动同国民党右派进行斗争。1925年参加东征，任

①上海、江苏、浙江中共党史资料征集委员会和档案馆:《一九二一年至一九二七年上海、江苏、浙江党组织发展概况》,《中共党史资料》(第10辑),中共党史资料出版社1984年版,第183页。

黄埔学生军中校参谋和代理参谋处长。6月随军回师广州，任第四团第二营营长。8月，茅延桢奉命到北方各省搞策反工作，被敌诱杀，壮烈牺牲。1989年6月，徐向前元帅为茅延桢烈士题词："革命先烈英名永垂"。

高语罕，寿县人。1925年春从德国回到国内，任上海总工会宣传科主任、国民党党部特派员。12月受周恩来之邀，赴广州任黄埔军校政治教官，讲授政治学概论，被誉为"最受学生欢迎的政治教官"。1926年1月出席国民党二大，任中共党团书记，并当选为国民党第二届中央监察委员、常务委员，兼任广州农民运动讲习所政治训练主任。3月20日，"中山舰事件"发生，蒋介石指斥高语罕、恽代英、邓演达、张治中为"黄埔四凶"，下逮捕令，后撤回成命。1926年9月起任中央军校长沙分校政治教官，武汉国民政府财务委员会委员，国民党安徽省党部执行委员，国民革命军第二十军党代表，第二方面军总指挥秘书长。1927年4月初，高语罕出席在武汉召开的国民党安徽省第一次代表大会，当选为执行委员。会后，在高语罕指导下，揭露蒋介石在安庆反革命行径的《三·二三事变宣传提纲》刊行于世。7月下旬参与南昌起义的联络准备工作，起义后任革命委员会秘书。随起义军南下广东受挫后到香港从事联络工作。曾书面向中共中央汇报南昌起义情况。[①]1948年春病逝。

王逸常，安徽六安人，1896年出生。安徽省立第三甲种农校、芜湖第二甲种农校、上海大学社会学系毕业。1921年由柯庆施介绍加入社会主义青年团，1923年9月加入中国国民党，同年11月由瞿秋白、施存统介绍加入中国共产党。1924年春由中共上海组织选派，经于右任介绍考入黄埔军校第一期，编入第一队。在中共广东区委领导下，

①陈予欢:《黄埔军校将帅录》,广州出版社1998年版。

黄埔军校党支部成立，王逸常任宣传干事。1924年11月，周恩来担任黄埔军校政治部主任后，从黄埔一期毕业生中挑选共产党员王逸常、杨其纲等人到政治部工作。政治部分为指导、编纂、秘书三股，负责对学生进行政治训练。王逸常担任指导股主任。

毕业后留校任职的还有傅维钰、曹蕴真、鲁平阶等中共党员。傅维钰担任黄埔二期政治部编纂股员，曹蕴真担任黄埔三期政治宣传科员，鲁平阶在1927年还安排经费让陈远湘等遭受“清党”迫害的党员离开黄埔岛，转移到武汉。①

三、黄埔军校的安徽籍学生

许继慎，原名绍周，字旦如，安徽六安人，1901年出生。1921年6月参加六二学潮，反对军阀统治。1923年加入社会主义青年团，12月参加安庆建党会议，转为中共党员。1924年5月由安庆党组织选送，经薛子祥和岳相如介绍，考入黄埔军校第一期，编入第二队，任中共黄埔军校特别支部候补干事，参加两次东征和北伐战争。1926年5月起任叶挺独立团第二营营长，武汉中央军校政治科第十四队队长，第四军第二十五师七十三团参谋长，第十一军二十四师七十二团上校团长。1927年5月负重伤往上海医治，并从事秘密工作。7月底参加南昌起义。1930年3月受中央军委派遣进入豫鄂皖革命根据地，历任中共鄂豫皖特委委员、红一军军长、红四军第十一师师长、红十二师师长、皖西军委分会主席等。1931年10月在“肃反”中被害。1945年中共七大追认为革命烈士。1989年被中央军委确定为中国人民解放军军事家。

①罗国明：《黄埔军校大传》，广州出版社2004年版。

彭干臣，安徽英山（1933年后隶属于湖北省）人，1899年出生。1921年4月参与筹建安庆社会主义青年团，6月参与发动六二学潮。1923年12月转为中共党员。1924年5月由安庆党组织选送，经管鹏和强炎介绍，考入黄埔军校第一期，编入第二队，是中共黄埔军校特别支部的重要成员，12月毕业后留校任教导团连级党代表。1925年2月，与连长陈赓率部参加第一次东征，攻占淡水城。10月奉命从上海出发赴苏联，进入东方劳动者共产主义大学学习。1926年提前回国参加北伐，加入叶挺独立团。10月，北伐军攻占武昌后，任武昌卫戍司令部参谋长。1927年3月率一批军事干部参加上海第三次工人武装起义。8月参加南昌起义，并担任南昌卫戍司令兼南昌公安局局长。1928年担任中共中央军委委员，协助周恩来工作。1929年开始，在上海举办三期军事训练班，为各革命根据地培训了一批急需的军事干部。1930年，彭干臣先后担任中共满洲省委军委书记、中共顺直省委军委书记，在东北、天津等地领导武装斗争。1932年5月在赣东北革命根据地工作，任红十军参谋长，担任红军军官学校教育长、校长。1935年1月，彭干臣随方志敏率领红军第十军团北上抗日，在战斗中牺牲。

杨溥泉，原名本祖，别号宗光，改名文渊，安徽六安人，1900年出生。曾就读于安徽省立第一师范学校，任安徽省学联委员。1923年12月参与建立中共安庆支部。1924年5月，经中共安庆地方组织选送，经薛子祥和岳相如介绍，考入黄埔军校第一期，编入第三队。参加“中国青年军人联合会”活动。毕业后任军校教导第一团排长、连党代表。参加第一、二次东征，在攻打惠州城时为奋勇队员立下战功。1925年10月任军校政治部组织科组织员。1926年3月中山舰事件后，奉派汕头任工人纠察队大队长。1927年4月任新编师副团长，随东征讨蒋军到九江。8月参加南昌起义，随军南下潮汕，9月在潮州协助农军打击地主民团战斗中牺牲。

傅维钰，1904年出生，安徽英山县城西河土门潭人。1920年考入安徽省立第一师范学校读书，是安庆学联骨干。1923年加入社会主义青年团，同年加入中国共产党。后因参加学潮遭当局通缉，为避难赴大连后转至上海。经党组织派遣，傅慧初介绍，考入黄埔军校第一期，编入第一队。傅维钰是中共黄埔军校特别支部成员、中国青年军人联合会主要负责人。1925年参加平定滇桂军阀的叛乱，1926年任国民革命军第一军第三师第九团党代表，后调二十五师任团长，参加北伐。四一二反革命政变后，随周恩来到黄石港，将千余人的革命武装编为贺龙第二十军第六团，任团长，参加南昌起义。后到广东，旋被派往苏联莫斯科中山大学学习。1929年回国，1930年夏到上海，任上海民众抗日救国义勇军组织部部长，后接任中共中央军委书记。1932年3月1日，在上海石灰港被国民党特务杀害。

姚光鼐，1903年出生，安徽秋浦人。1919年入安徽省立第一师范学校肄业。因参加省学生总会活动，并联合社会各界惩戒猪仔议员，遭北洋政府安徽省当局通缉辍学。1924年4月10日由柏文蔚（时任北伐讨贼军第二军军长）介绍加入国民党。同月由薛子祥、廖梓英（均为北伐讨贼军第二军驻粤顾问）介绍报考黄埔军校一期，编入第一队。姚光鼐在进入黄埔军校不久即离校，任孙中山韶关行营卫士，北伐时任国民革命军总司令部学兵团政治部组织科长。1927年任国民革命军第四军二十五师政治部组织科长，随部参加南昌起义。

曹　渊，原名新宽，字溥泉，出生于1902年，寿县人。1923年随同乡胡允恭等人进入上海大学社会学系做旁听生。1924年考入黄埔一期后，于同年8月加入中国共产党。毕业后分至军校教导团见习。

1925年初任教导团学兵连党代表，后参加两次东征。1926年3月“中山舰事件”发生后，曹渊退出第一军。4月调任叶挺独立团一营营长。5月率部作为北伐先遣部队进入湖南作战。在醴陵、浏阳、汀泗桥、贺胜桥之战中屡建战功。9月5日凌晨，任独立团敢死队队长，率部进攻武昌。因兵力悬殊，损失惨重，曹渊也头部中弹阵亡。10月10日，北伐军攻克武昌。曹渊葬于武昌洪山，墓碑上刻“精神不死”四字。

唐同德，出生于1900年，合肥人。入黄埔军校前已有7年军旅生涯，所以，当唐同德考入黄埔一期后，即兼任了第一队的分队长，协助教官管理学生。1924年8月，25名农民运动讲习所学员来到黄埔军校，参加为期10天的军事训练，唐同德等奉派担任该班分队长，较好地完成了任务。同月，唐同德加入了中国共产党。毕业后，唐同德分至军校教导第一团学兵连任副连长。1925年2月，唐同德参加第一次东征；3月13日，参加棉湖大战，自早晨战至天黑，身负重伤。伤愈后升任学兵连连长。9月，升任第一军一师三团二营营长。10月，参加第二次东征。24日凌晨，驻海丰的第三团遭敌重兵偷袭，唐同德率部反击，再次身受重伤，延至下午而亡。

吴　展，出生于1899年，舒城人。早在安庆省立一中读书时，即第一批参加社会主义青年团，后又为六二学潮主要领导人。1924年考入黄埔一期后，转为共产党员。毕业后分至军校教官部任特别官佐。1926年夏，任第六届农民运动讲习所军事教官。10月，调任中央军校第五期政治大队军事教官，后北迁武昌。1927年5月，参加反击夏斗寅叛乱之战。7月下旬，调任第二方面军军官教导团第一营营长。此后，随部南下广州。11月，调任黄埔军校特务营营长。12月，参加广州起义。退往潮汕后，任工农革命军第四师第十一团团长，并当选海陆丰革命委员会委员。1929年初赴沪，在中共中央军事部工作，其间曾短暂回皖从事兵运活动。1931年底，奉派至鄂豫皖根据地，任红四军第十师参谋主任，参加鄂豫皖苏区第三、四次反“围剿”战斗。1932年10月，随红四方面军西撤，参与创建川陕革命根据地。1933年2月，任彭杨军事政治学校教育长，6月在“肃反”中被错杀。1945年中共七大上，吴展被追认为革命烈士。

薛卓中，又名薛沧海，1904年出生于安徽寿县。少年时读过私塾、小学和旧制中学。1922年在上海认识胡允恭，在胡处借读《新青年》《狂人日记》等书刊，思想因之一变。两人时常谈论青年的出路与革命，都渴望着找到革命团体，加入共产党，把一生献给革命事业。在无锡做工时，听恽代英演讲，初步理解了什么是马克思主义，十分钦佩、崇敬恽代英。后经胡允恭介绍而进见恽代英，成为恽代英的热心学生之一。1925年，恽代英被派到黄埔军校担任政治教官，薛卓中随他到了黄埔，在政治部做了司书。“军校政治部办有《黄埔潮》周刊，沧海时有文章发表，这是沧海名字的由来。这时他已经加入了中国共产党。”[①]由于胡允恭的文章，薛卓中的共产党员身份得以浮现。薛后赴苏联留学，回国后主编《劳动》月刊，后被捕牺牲。

（廖海业）

①胡允恭:《金陵丛谈》,人民出版社1985年版,第102页。

早期留苏的安徽青年研究

俄国十月革命的胜利，第一次把社会主义从书本上的学说变成活生生的现实。这给予了中国的先进分子以新的启示，从而促进了马克思列宁主义在中国社会的广泛传播。苏联政府为了打破西方资本主义国家的封锁和包围，积极寻求支持，将外交工作的重点转向东方殖民地国家，对中国革命予以各项援助。在苏俄和共产国际的帮助下，中国共产党建立起来，党的二大通过决议，加入共产国际。在党的创建和大革命时期，中国共产党从全国各地选派多批次党、团员前往苏联学习；国民党也派出青年留苏，形成了早期留苏群体。大多数留苏青年回国后积极从事革命工作，担任重要职务，在轰轰烈烈的大革命中发挥重要作用。

一、留学莫斯科东方大学

在中国共产党初创时期，上海早期共产党组织办起了外国语学社，为留苏学生做好必要准备。1920年9月，上海早期党组织的发起人之一杨明斋在上海法租界霞飞路渔阳里6号创办了上海外国语学社，设有俄语班，自任校长并兼授俄语。在此学习的曹靖华后来回忆，“我记得S.Y.大多数来自三个省，一个是浙江省……一个是安徽省，有韦素园（未名社的成员）、蒋光赤（又名侠僧）、柯怪君（柯庆施）、吴葆萼等。……这个班（指外国语学社俄语班）有三四十人，以安徽和湖南的人为多。我们这个班，上课时在渔阳里6号，下课就各自加到三个省的同学住宿处。我在S.Y.读书时，只我一个是河南人，因我是从安徽来的，所以我就住在安徽同学的住处”。①

1920年，蒋光慈、吴葆萼、韦素园等人由高语罕推荐，到上海外国语学社学习俄语，为留苏做准备。1921年春与刘少奇、任弼时、萧劲光、曹靖华等人踏上了赴苏留学之路。他们从上海出发，在海上走了三天，经日本长崎到海参崴后，又往伯力出发，从伯力到莫斯科，足足走了个把月。到了莫斯科已经是六七月，正赶上共产国际第三次代表大会在莫斯科召开，第一次看到各国无产阶级政党相聚在一起的场面，激动不已。蒋光慈被调去大会担任翻译和招待工作，见到了革命导师列宁。大会结束后，蒋光慈、韦素园等被分配到刚刚建立起来的东方劳动者共产主义大学（简称莫斯科东方大学）学习。

莫斯科东方大学于1921年10月正式开学，主要为东方各国的共产党培养人才，也招收同情革命、倾向于共产主义的进步青年入校。校址在莫斯科普希金广场附近，学生由东方各国共产党选送，开学时，来自中国的20多名青年团员编为中国班，罗亦农为这个班的负责人。中国班不久建立了党的组织，组成中共旅莫支部。学校为中国班学员开设的课程有国际共运史、科学社会主义、政治经济学、俄语等。中国班党团活动十分活跃，大家互相帮助和鼓励，努力学好各门功课，提高思想觉悟和革命理论水平，以便回国能更好工作。

从1923年3月到1924年9月，中共旅欧支部成员先后有三批进入东方大学学习。其中有赵世炎、王若飞、刘伯坚、陈延年、陈乔年、

①中共上海市委党史资料征集委员会:《上海共产主义小组》,知识出版社1988年版,第289页。

聂荣臻、李富春、蔡畅、李慰农、尹宽等。据记载，到1927年上半年，在莫斯科东方大学学习的中共党员有100多人。

蒋光慈与韦素园都是霍邱人（现分别隶属金寨和叶集），蒋光慈出生于1901年，长韦素园一岁。在五四运动大潮的冲击下，两位爱国青年走上了革命道路。蒋光慈、韦素园和吴葆萼等由高语罕推荐于1920年到上海外国语学社学习，并加入社会主义青年团。1921年到达莫斯科东方大学后，由于营养短缺和严寒的气候，使体质较弱的韦素园、吴葆萼等人患上了严重的肺病，已经不能坚持学习。1922年初，学校安排曹靖华护送吴葆萼、韦素园提前回国。韦素园回国后进入北京俄文法政专门学校学习，1925年参与创办革命文化团体未名社，具体负责日常管理，与鲁迅关系日益密切。1926年接鲁迅后编《莽原》半月刊，1927年因肺结核病长住北京西山养病，1932年8月1日在北平病逝。鲁迅先生为爱徒亲书墓记："宏才远志，厄于短年。文苑失英，明者永悼。"

吴葆萼，1900年出生于安徽泾县。1922年初因病与韦素园同期回国，在家乡小学任教。1927年在北伐军中从事政治工作，后到上海、安徽从事教育、宣传工作。新中国成立后在芜湖、合肥等地学校任职，曾任芜湖市民盟副主委、市人大代表、市政协委员。1981年3月病逝。

在校期间，蒋光慈由青年团员转为中共党员。当时的苏联经济相当困难，中国留学生是最高待遇，每天仍只能分到一块黑面包和几个土豆。1922年7月，蒋光慈在《西来意》诗中，讲述了他的内心所思：

中土阴沉，
我们负了取经的使命；
将来东方普照的红光，

能不能成为今日取经人的心影？
我们不要中辍啊！
努力罢！——那是我们的荣幸。
我们应当坚信啊！
勇进罢！——前路有自由美丽之神。

蒋光慈忍受恶劣的自然环境和贫乏的物质生活，怀着乐观的心情和必胜的信念，如饥似渴地学习，不负“取经”的使命，换取将来东方普照的红光。1924年夏，蒋光慈离开苏联回国。在短暂回乡之机，他的小学老师詹谷堂受其影响，坚定了共产主义信仰，毅然加入了中国共产党，在皖西大地撒下革命火种。由瞿秋白推荐，蒋光慈受聘到上海大学任教，为《新青年》撰稿，并积极从事文学创作，参与创立了左联。1930年10月，受极“左”路线的迫害，蒋光慈被开除党籍。1931年8月31日在上海病逝。1957年被追认为革命烈士。

二、留学莫斯科中山大学

1924年1月，国共两党合作的革命统一战线正式形成。为了大量培养革命干部，苏联顾问鲍罗廷积极主张在莫斯科建立孙中山中国劳动者大学（简称中山大学），并得到共产国际的批准。该校于1924年开始筹备，1925年10月正式宣布成立。该校既招收国民党员，也招收共产党员、共青团员。

1925年春，经陈独秀提议，中共中央要求安徽省选派10名进步青年赴苏学习，安庆、芜湖各5名。6月9日，安庆党组织将“送莫学生报名表两张（共五名：彭干臣、徐梦秋、濮德治、王同荣、薛卓汉）”报告中央，后因各种原因没有成行。10月，芜湖5人（陈原道、汪菊农、廖麟、陈维琪、贾斯干）启程先到达上海，在亚东图书馆稍事休息。陈独秀以党务纷繁，无暇顾及，乃委托高语罕代理执行。芜湖5人即往上海大学高语罕处报到，由高语罕办好一切出国手续。据汪菊农回忆：“高老师要我到某街照相三张，指定我到某医生处检查身体，取得证明。”

据廖麟回忆，“我们由芜湖坐船到上海后，就秘密地分散住了，因为上海当时是军阀孙传芳的势力，对革命党是镇压的。我住在上海大学教授高语罕（共产党员）家中。两三天后苏联的货船由广州方向开过来，晚上我们分别偷偷地上了苏联货船。到了船上，才知道同船的还有李立三、周恩来，他们是去苏联出席国际职工会议的中国代表。另外还有二三百青年学生，都是共产党员或共青团员。陈绍禹（王明）也是其中的一个，我也是这时候开始认识他的。……轮船第二天早上启航，经过日本的门司停留一天，后就直开海参崴了。……船抵海参崴，我们下了船，换乘第三国际早已为我们准备好的火车去莫斯科。……火车走了一个星期左右，在九月底或十月初我们抵达莫斯科，当晚我们就被送到了中山大学。”①经上海大学党组织选送的王稼祥、陶淮等人，由湖北党组织选送的王明等人也同期到达。

10月28日，陈独秀在《给中共莫斯科区委的信》中介绍了中共送往中山大学108名学员的政治身份，并提出，“他们到达莫斯科后应加入区委”，另外，“旅行期间，中央指定以下同志为领导人：俞秀松同志（临时委员会书记）、胡彦彬同志、刘铭勋同志、朱务善同志和张琴秋同志。这些同志将在中山大学学习，同你们编在一个区委。中山大学要成立支部。我们指定下列同志为中山大学学生中的领导人：俞秀

①廖麟：《风雨沧桑六十秋》，《淮南文史资料》（第8辑），1987年，第65页。

松、张琴秋、朱务善、刘铭勋、陶淮、董亦湘、李沛泽、郑子瑜共计8人。你们还要指定两人，所以共计10人，他们将领导学生工作。”①

1926年1月，邓小平、傅钟、邓绍圣等一行21人受中共旅欧支部执委会的委派前往苏联学习，先入东方大学，不久转入中山大学学习。从1925年底到1926年，共有三批中国学生进入中山大学，组成第一期，共有学员300余名。到1927年，共举办了两期，共有学员600余名。国民党方面选派的学员占多数，包括蒋经国、谷正纲、康泽等人。大革命失败后，国民党与苏共的关系破裂，此后去往苏联十分困难。据档案显示，1929年至1930年莫斯科中山大学在校学生中，安徽籍青年有胡锡光、孟宣山、王傅银、林万选、曹根源、李桂林、袁孟庭、范仲彬、夏霆、戈力、黎丽、徐梦秋、化文魁、胡冲谷、彭颖天、高荣玖、孙渠芳、潘在易、戴奎元、洪一鹤、徐凤山、龚德元、傅维钰、李启根、廖星、周志华、容丽、李次白、洪美舟等人。他们中的中国共产党占绝大多数。1930年，莫斯科中山大学突然关闭，标志着20世纪20年代颇具规模的中国留俄（苏）教育运动结束。

三、留苏安徽进步青年

柯庆施，又名柯怪君，1902年出生于安徽歙县。1920年冬，柯庆施进入上海外国语学社学习，为赴苏学习做准备。1921年5月，柯庆施、许之桢等从上海乘客轮启航，前往海参崴，准备转乘火车前往莫斯科。到达海参崴时，海参崴先一日已为白党所占领，邻近地区正发生战争。一行人乘火车在斯巴斯留停数日，始终无法前往，他们不得

①《联共(布)、共产国际与中国国民革命运动(1920—1925)》，北京图书馆出版社1997年版，第728—729页。

不返回海参崴，辗转回到上海。回到上海不久，柯庆施再次赴苏。1921年10月中旬，共产国际通知中共中央局，为推动、促进远东各国人民的民族解放事业，抵制、对抗以美国为首的帝国主义瓜分远东特别是中国的华盛顿会议，决定于1921年11月在伊尔库茨克召开远东弱小民族代表会议，邀请中国派工、农、学、商代表赴苏联出席会议。据柯庆施回忆："到上海又遇到共产国际在莫斯科召开远东劳动会议及远东青年会议，张国焘要我代表南京团去参加这次会议，并藉此留莫学习。故不久即重由上海经哈尔滨、满洲里转赴莫斯科，在莫斯科居留数日。"①中国代表团由39人组成，中共代表张国焘，国民党代表张秋白，柯庆施作为南京团代表参加。年底，中国代表团到达伊尔库茨克后，一边等其他国家代表团，一边进行了参观学习，参加当地的苏维埃大会、共产主义星期六义务劳动等。1922年1月初，共产国际和俄共中央决定将会议移到莫斯科举行，派出专列将远东各国代表接到莫斯科。1月21日，远东各国共产党和民族革命团体第一次代表大会（亦称远东劳动人民大会）在克里姆林宫维尔德洛夫大厅隆重开幕。会议表决通过了《华盛顿会议的结果及远东形势》的决议。斯大林、托洛茨基等出席会议。列宁虽未出席大会，但仍接见张国焘、柯庆施等人，详细询问了中国的情况，对中国革命提出了意见。会后，各国代表们受邀到彼得格勒、基辅、莫斯科参观访问。柯庆施要求留下赴东方大学学习，张国焘未准。1922年夏季，代表团一行人返回国内。1924年10月，柯庆施第三次到苏联，在海参崴做华侨工作，1926年春回到安徽。

陈原道，1902年出生于安徽巢县。1925年加入中国共产党，10月受党派遣到苏联莫斯科中山大学学习。1929年初回国后，先后任中共

①柯六六：《柯庆施就读上海外国语学社前后》，《江淮文史》2008年第6期，第128页。

河南省委组织部部长兼秘书长、中共河北省委组织部部长、中共江苏省委常委兼上海革命工会党团书记。他两次被敌人逮捕入狱，经受住了严峻的考验，1933年4月在南京雨花台英勇就义。

王稼祥，同期前往。行前，侯绍裘代表党组织找王稼祥谈话，征询王稼祥本人的意见，并告诉王稼祥苏联留学的生活将会很艰苦，要做好充分的思想准备。这次谈话，给王稼祥留下了深刻的印象，也对他今后的革命生涯产生了积极的影响。1925年10月，王稼祥搭乘苏联货船，从上海出发到达海参崴，又换乘火车抵莫斯科。他入莫斯科中山大学后，由于英语基础好，即同张闻天、沈泽民、吴亮平等11人编入英文班，直接听外语讲课。王稼祥学习十分勤奋，每晚自修回宿舍后至少还要加班两个小时，认真阅读英文或俄文的理论书籍。经过一年多刻苦努力，他已经熟练地掌握了英、俄两门外语，开始担任英文和俄文翻译。1928年，王稼祥加入中国共产党，同张闻天、沈泽民等人经过严格考试后，进入红色教授学院深造；同时又在中山大学教“中国问题”课程。1930年，王稼祥回国，后在中央苏区担任苏区中央局委员、红军总政治部主任等重要职务。1934年随中央红军长征，开始反对“左”倾教条主义。1935年在遵义会议“投了关键一票”。1937年11月辗转赴苏治疗伤病，同时接任中共驻共产国际代表的职务。1938年8月回到延安，传达共产国际指示和意见，为党的六届六中全会胜利召开发挥重要作用。新中国刚刚成立后，即被任命为第一任驻苏联大使，1951年担任中共中央对外联络部部长，多次赴苏参加重要外事活动。后在“文化大革命”中受到迫害。1974年1月在北京逝世。

王明，1904年5月出生，原名陈绍禹。1925年6月在武昌加入中国共产主义青年团，随后加入中国共产党。10月进入莫斯科中山大学学习。1927年作为米夫的翻译，回国参加中共五大。大革命失败后去苏联，曾任莫斯科中山大学党支部局书记。1930年回国，1931年1月在党的六届四中全会上把持了中央的领导权，10月去苏联任中共驻共产国际代表。1935年1月，党中央在长征途中召开遵义会议，结束了王明“左”倾教条主义的统治。1937年11月回国，提出右倾机会主义口号，致使革命力量受到损失。1938年10月，党的六届六中全会批判并纠正了王明右倾投降主义。新中国成立后，曾任中央人民政府政务院法律委员会副主任等。1956年去苏联就医，1974年3月病逝于莫斯科。

龚德元，1903年出生于安徽，1924年参加芜湖铜业工会并担任工会委员。1926年8月加入中国共产党。1927年1月担任中共芜湖八间房支部书记。1928年3月至1929年1月任中共安徽省临时委员会委员、芜湖第一区区委委员、书记，负责省临委事务工作。1928年6月至7月作为安徽代表，参加中国共产党第六次全国代表大会。会议期间代号为118号。参加大会的政治委员会、组织委员会、职工运动委员会、农民土地问题委员会、苏维埃委员会、军事委员会、宣传委员会、青年委员会、妇女运动委员会、财政审查委员会、湖南委员会、湖北委员会、南昌暴动问题委员会、广州暴动问题委员会。6月25日，讨论政治报告时作大会发言。大会结束后曾到苏联各地参观。回国后向安徽党组织传达六大精神。1929年2月又赴莫斯科，进莫斯科中山大学学习。学习回国后，1931年1月至2月担任中共河北省唐山市委书记。不久被逮捕关押。1937年8月出狱返回家乡。后在新四军驻巢湖地区某团做民运工作。1940年脱离革命，1989年在安徽病逝。

安徽留苏青年在苏联学习生活是十分艰苦的，他们不仅学习了马列主义理论，提高革命觉悟，同时参加生产劳动，感受十月革命圣地建设热潮，回国后大多担任了中共和共青团的领导工作，战斗在革命斗争前线，成为坚定的共产主义战士，为中国革命作出重大贡献，甚至献出宝贵生命。

（廖海业）

早期留日的安徽进步青年

中国学生前往日本留学，始于甲午战争后的1896年。从甲午战争的刺激中，国内有识之士意识到，日本通过明治维新强大起来，中国自强势必要走变法维新之路。大批青年学子纷纷东渡扶桑，形成留日的潮流。据统计，1903年中国留日学生有1300人，1906年达12000余人。众多留日学生中包括后来成长为坚定的马克思主义者的李大钊、陈独秀、李汉俊、陈望道等人。

一、安徽青年分两批赴日留学

1919年五四运动爆发，高举起爱国主义的伟大旗帜，鼓动了中国人民和中华民族实现民族复兴的志向和信心。受五四运动影响，1922年和1925年，安庆、芜湖等地爆发了大规模学生运动，得到了社会各界的积极响应，青年团组织和中共组织相继建立，威胁到军阀当局的反动统治。为平息学潮，安徽军阀当局统一选派学运骨干赴日留学。在党、团组织的领导下，舒传贤、王步文、翟宗文、童长荣、祖晨、童汉章等进步青年经过反帝反封建的斗争成长起来，先后赴日留学，形成两批人数较多的留日安徽青年群体。他们在日本留学期间，不断发展进步力量，建立中国共产党和国民党左派组织，开展反日爱国运动，揭露帝国主义和反动军阀剥削压迫中国人民的罪行，在国内外产生了重要影响。

第一批是1922年。1921年安庆爆发六二学潮和反对省三届议员贿选的斗争，两次斗争的主要力量都是学生，斗争中涌现了舒传贤、周新民、童正常等学生运动骨干。到1922年，省长许世英、教育厅长江彤侯惧怕学生继续闹事，就将这批学生骨干公派日本留学，共有30多人。从安庆出发的有汤志先、周新民、储应时、朱子帆、常万远、房硕民、王先强、陈访先、童正常。从芜湖出发的有俞学俊、翟宗文、马寅寿、胡浩川、吴觉农、方金銮、洪兴荫、吴企云、舒传贤、宋伟年、方洛舟等。

第二批是1925年。1923年10月，芜湖、安庆相继爆发反对曹锟贿选总统及惩戒“猪仔议员”斗争以及支持教职员讨薪和争取教育经费的斗争。安庆、芜湖的中共组织和青年团组织带领学生走在斗争的前列，在游行中与军警发生流血冲突。到年底，安徽政治形势恶化，学生运动的骨干遭到军阀当局通缉，纷纷流亡各地。1924年底，安徽反动军阀马联甲被解职，政治形势好转。随后，当局以官费将学生运动骨干派往日本留学。1925年7月中旬，安庆党、团组织向中央报告：“关于本知校留日同学，到日后即须向该地棣芳报到；如彼处无组织，可通知钟菊[①]另组支部。”[②]这批留日学生有：王步文、王同荣、苗树德、史谦、郑鼎、余鉴民、刘雯友、刘培寿、金铎、谢嗣、唐道海、濮德治、黄新富、邵凤朝、李凤威、江完白、童长荣、操演、路锡祉、葛晓东、方治、葛文宗、方启坤（女）等。

①该报告中有“知校”“地棣芳”“钟菊”是党组织的代号，分别指党支部、党的地方组织和党中央。
②《李竹声给团中央局的报告》，中央档案馆、安徽省档案馆：《安徽革命历史文件汇集》（第一册），1987年，第23页。

此外，早期留学日本的皖籍青年还有高一涵、方孝岳、唐哲明等多人。

二、安徽留日学生政治倾向和革命斗争

1925年7月，王步文受组织派遣留学日本。王步文、童长荣等人领导建立起中共东京支部，帮助成立了国民党东京总支部，并改造为左派革命组织，得到国民党中央执委会承认。他们利用国民党员的合法身份，争取中间派，壮大进步力量。安徽留日学生中的进步派占百分之十强，以官费或津贴留学生为主，经济条件受国内政局变化影响较大，时断时续，生活没有保障，不能安心读书，经常以做工赚钱维持学业，天然接近劳动人民。他们非常关心政治，经常看革命书报，思想倾向革命，大多加入了中国共产党或国民党左派，如安徽留学生童长荣、王步文、濮德治、舒传贤、郑汉先、何恐等。

留学生中顽固派占百分之十弱，大多是军阀官僚的子弟，进士官学校多，留学目的是经过士官学校“镀金”，想在回国后依仗军阀的势力当候补军阀，做“土皇帝”，把日本帝国主义当靠山。如安徽留学生陈访先、汤志先、路锡祉、葛晓东等。他们组织了国民党右派，机构设在西巢鸭区，被称为“西巢鸭派”。其在政治上秉承西山会议派的反动观点，思想十分反动。

在进步派和顽固派之外的就是中间派，约占百分之八十。他们多半是民族资产阶级和上层小资产阶级的子弟，多数进文学堂。这部分人只读书，不问政治，但有爱国的思想倾向，学工的主张工业救国，学科技的主张科学救国，学教育的主张教育救国，其他如学医、学农、农文的都有各种学术救国的主张。这些人成为各派争取拉拢的对

象。其中很多人被大革命浪潮推进革命阵营。

在中共东京支部的领导和帮助下，安徽留日学生中的国民党左派坚决拥护孙中山制定的联俄、联共、扶助农工的三大政策。国民党东京支部联合大阪、横滨、京都、名古屋、神户和长崎各支部，组成国民党驻日总支部，王步文任总支部常委、书记。总支部重新登记党员，规定党员要参加会议并担任一定的工作，确立了对各个支部的领导，在留学生、华侨小商人、华工中发展党员、开展工作，使国民党左派从涣散中转变过来。

1926年1月，围绕国民党二大代表选举问题，左派与西巢鸭派展开了激烈的斗争。选举会召开当天，王步文首先阐明了推选代表回国的意义，并揭露西巢鸭派的反动言行名为革命，实是对新三民主义的背叛。他的发言，博得了到会多数党员的赞同，赢得了热烈的掌声。右派分子眼见大势已去，就使出流氓手段，扰乱会场。汤志先手持短刀，趁王步文走下讲台，迎面刺去，企图制造流血事件。不料王步文懂得拳术，早有警惕，举手之间将汤志先摔倒当场。最后，会议选举王步文为代表（因错过会期，未能回国出席）。

1926年，中共东京支部通过国民党左派在5月9日组织了“国耻纪念会”，爱国留学生和爱国华侨华工等上千人参加。会上高呼“打倒日本帝国主义”“废除不平等条约”等口号，揭露和谴责日本帝国主义侵华的阴谋和罪行。会后，冲破日本警察的阻拦，举行游行示威，向日本外务省提出抗议。在国内北伐战争顺利进行的时候，是年冬，蒋介石派戴季陶访日，策划投靠帝国主义的反革命勾当。王步文、童长荣等领导国民党东京总支部进行了有理有节的斗争。在得知戴季陶即将与日本帝国主义分子秘密勾结，即将签订密约后，王步文等公开揭露他们的卖国行径，逼迫戴季陶回国。

1927年四一二反革命政变后，右派拉拢左派中的不坚定分子，组织打手袭击左派，与日本警视厅勾结迫害左派，使左派力量受到削弱，不得不把总支部迁移到大阪。7月宁、汉合流后，迁到大阪的国民党总支部坚持三个月后解散，其使命也随之结束。

三、留日安徽进步青年：陈独秀、舒传贤、王步文、童长荣、祖晨、翟宗文

陈独秀，1879年出生于安徽怀宁。从1901年至1914年，曾五次东渡日本，寻求救国救民的道路。1901年10月，陈独秀第一次东渡日本，半年后回国。其间，进入东京（专门）学校进修日语，并在高等师范学校就读，积极融入留日中国学生的爱国运动中，曾加入“励志社”，思想上开始由“改良”转向“革命”。1902年9月，陈独秀第二次赴日留学，半年后因遭受迫害被迫回国。其间，进入当时中国留学生热门的军事学校——成诚学校，结识了蒋百里、冯自由、邹容、章太炎等志同道合的朋友，以“民族主义为宗旨，以破坏主义为目的”，发起成立了“青年会”。1907年春，陈独秀因联络革命党而被追捕，第三次逃亡日本，次年秋回国，年底第四次东渡日本，1909年9月回国。1914年7月，陈独秀受章士钊之约第五次东渡日本。其间，结识了李大钊、高一涵和易白沙等人，在《甲寅》上发表《爱国心与自觉心》，提出中国的出路在于提高国民的“自觉心”，而不在于“建设共和”还是“君主立宪”，其新文化启蒙运动的思想开始萌芽。1915年6月回国后，陈独秀在上海创办《青年杂志》（次年改为《新青年》），高举民主、科学的旗帜，掀起新文化运动，走上了救国救民的新道路。

舒传贤，1899年出生于安徽霍山。1922年夏，因在安庆领导反对军阀的斗争，被反动当局通缉，离开安庆。是年冬，由安徽教育界进

步人士推荐，舒传贤获准官费留学日本，考入东京高等工业学校，同行的有周新民、宋伟年等30多人。留日期间，舒传贤大量阅读马克思的著作，研究俄国十月革命，坚定革命的信念。在东京重新加入青年团，并担任中国、朝鲜留学生青年团特支书记兼留学生总会交际部部长。1925年6月，经王步文介绍，舒传贤以个人身份加入国民党，后协助王步文组建中共东京特别支部，改组国民党东京总支部，参与中国留日学生进行爱国斗争，逐渐成为留日学生运动中的骨干分子。1926年3月，舒传贤任留学生讨张（作霖）反日归国代表团党团书记，率团回到北京参加斗争，其间转为中共党员。此后，投入到北伐战争和土地革命战争之中，领导了皖西革命根据地的斗争。

王步文，1898年出生于安徽岳西。1919年五四运动爆发后，他积极投入反帝爱国斗争，受到进步思想的影响和革命斗争的锻炼。1923年加入中国社会主义青年团，不久加入中国共产党。1924年进入上海大学社会系学习，并在上海从事工人运动。同年，他不顾军阀的通缉，冒着生命危险回到安庆，组织力量，开展党的统一战线工作。1925年赴日本留学，领导成立中共东京支部、国民党东京总支部等进步组织。1927年2月回国后，担任国民党上海特别市党部组织部部长等。四一二反革命政变后，王步文与柯庆施等人受命组建了中共安徽省委临时委员会，回到安庆重建党的组织，开展农民运动，发动武装起义。1929年在皖西巡视工作，指导各地党的建设和武装斗争，点燃了皖西地区工农武装暴动的烈火。1931年2月，中共安徽省委成立，王步文任代理书记、书记等，在白色恐怖的环境里，先后发出多项决议案，指导皖西、芜湖及全省工运、妇运、兵运等各项工作紧张有序地开展。4月，由于叛徒告密，王步文在主持省委工作会议时被捕。5月31日，王步文高唱《国际歌》慷慨就义，把他33个春秋献给了中国人民解放事业。

祖晨，又名祖茂林，1901年10月出生于安徽省宣城县。1918年考入位于芜湖的安徽省立第五中学，受刘希平、高语罕的影响，阅读进步书刊，声援五四运动，积极参加抵制日货等反帝爱国活动，革命觉悟不断提高。1925年暑假，祖辰在宣城联络进步学生，查禁、销毁英、日货物，声援五卅运动，并加入了共青团。8月东渡日本，进长崎医科大学读书，后加入了中国共产党。

童长荣，1907年出生于安徽湖东（今枞阳）人。1921年加入中国社会主义青年团。1923年参与组织了反曹锟贿选、惩戒“猪仔议员”的斗争，后遭军阀当局通缉，避居上海，参与组织“安徽流亡学生反对贿选团”。1925年，童长荣等在安庆组织学生罢课示威，纪念六二惨案，声援上海五卅运动。7月，和王步文、余大化等东渡日本，考入东京帝国大学第一高等学校。他与王步文、王树声等同志一起，建立中共东京特别支部，童长荣具体负责共青团工作，成为青年学生运动的骨干和先锋。1928年5月，济南惨案的消息传到东京后，童长荣等组织中国留日各界反日出兵大同盟和留日学生归国团，掀起了声势浩大的反日爱国斗争，遭日本当局逮捕入狱，两个月被驱逐，离开日本。回国后，童长荣在上海组织反帝爱国运动，参与筹建左翼作家联盟，先后任中共上海沪中区委书记、河南省委书记、大连市委书记。1931年九一八事变后，童长荣调往东北，领导抗联，建立武装，历任中共满洲省委委员、东满特委书记等，极其艰苦的环境摧残了他的身体，身负重伤，仍坚持战斗，1934年3月牺牲在抗日战场上。

翟宗文，1900年出生于安徽巢县柘皋乡。1919年五四运动爆发，在芜湖五中读书的翟宗文积极响应，参加全市学生游行示威，通电声援北京学生五四运动，被选为芜湖学联副会长。1921年安庆六二惨案发生后，社会各界纷纷支援，翟宗文同钱杏邨等用竹竿挑着死伤学生的血衣前往怀宁法院质问，为死难烈士申冤。由于他敢于斗争，不怕牺牲，被人称为“翟大炮”。1923年，翟宗文在萃文中学毕业后前往日本留学，就读于明治大学。他与左派学生站在一起，反帝、反军阀毫不妥协，同右派学生展开斗争。1929年秋，翟宗文偕妻石锦昭子由东京回到上海。积极参加反对蒋介石和国民党反动统治的地下工作。全面抗战爆发后，翟宗文夫妻二人共赴六安，参加安徽省民众总动员委员会工作，后担任庐江县长，与当地中共组织密切合作，为统战工作作出积极贡献。新中国成立后，翟宗文拥护党的领导，参加了土改、镇反等工作，先后担任了安徽省人民委员会委员、省民政厅副厅长等。1957年因病逝世。石锦昭子被选为安徽省政协第四、五届委员。1985年在合肥病逝。

（廖海业）

早期留法的安徽进步青年

近代以来，西方列强用坚船利炮打开中国国门，国内有识之士被迫开始“睁眼看世界”，选派留学生也是其中的一项重要内容，19世纪70年代开始“选募学生出洋肄业西学”。李石曾、吴稚晖、张静江、蔡元培、吴玉章等一批有留法经历且颇有社会影响的在野人士大力倡导，以“勤于做工，俭于求学，以进劳动者之智识”为宗旨，发起创办勤工俭学会。1916年，在巴黎成立了中法文化交流总机关华法教育会。经过多年的宣传和组织，留法勤工俭学运动在社会各界引起巨大反响，终于在1919年、1920年迎来高潮。自1919年3月17日89名首届赴法勤工俭学生启程离沪，前往法国留学，至1920年12月15日最后一批勤工俭学生前往法国，前后共有20批中国留学生集体前往法国，加上一些自行零星分散前往法国留学的学生，中国赴法勤工俭学生的总人数接近2000人[①]。直至1920年底法国发生经济危机之前，留法勤工俭学生在华法教育会的帮助之下大多得到妥善的安排。安徽学生留法勤工俭学在此背景下开始兴起。

---

① 按：有关中国赴法勤工俭学生的总人数，按照不同的统计口径数量有差异。据专门负责中国留法学生事宜的法国外交部中国留法学生监督巴拉迪埃在1922年2月16日的备忘录中就指出当时的中国留法学生总数为2000人，勤工俭学运动中方领导人之一的李石曾以及实际负责里昂中法大学教育工作的法国学者古恒在谈到里大的创办与勤工俭学生的关系时，也都提到留学生的总人数为2000人。

一、安徽青年留法勤工俭学

皖系反动军阀倪嗣冲等统治安徽期间，极力扼杀教育，挪用教育经费以扩充军队，进行军阀混战，造成学生无校可上、无书可读。安徽教育事业凋敝不堪，社会氛围极端压抑，青年学子不得不想方设法寻找读书门径。一批青年学生选择了远渡重洋，前往法国勤工俭学。

安徽勤工俭学学生赴法留学主要有考试和保送两种途径。华法教育会在社会各方的支持下，1919年安徽省教育厅专门制定津贴留法勤工俭学生章程，规定本省每年选送10名勤工俭学生，由政府一次性津贴每名学生400元；1920年再增加10个名额，补助办法及数额不变。[①]华法教育会还在安庆省立一中附设留法预备科，为有志赴法留学生提供必要的培训。1919年秋，李慰农在华法教育会组织的考试中获得全省第二名的优异成绩被录取，赴法国勤工俭学。另外，通过教育界相关人士推荐也可以获得赴法留学的机会。如吴玉章为四川学生赴法事致电，吴稚晖为陈延年、陈乔年赴法事三次致函，河南旅沪学会致函等，安徽省教育厅为安庆六邑中学校学生朱子清、夏葵如、敬树诚、朱宽、朱伯林、王国梁等致函华法教育会上海分会，安徽省教育厅数次致函上海华法教育会，介绍邓穆、陈坦夫、张绍康等人赴法勤工俭学。

1919年3月至1920年11月，赴法安徽学生在做好了法语、知识技能、经费和订购船票等各项准备工作以后，分多批与其他各省学生一起前往法国，共计58人以上，有学者认为有名可查的达78人。据周恩来《勤工俭学生在法之命运》一文中统计，留法勤工俭学生总数1579

① 葛夫平:《中法教育合作事业研究(1912–1949)》,上海书店出版社 2011年版,第14页。

人，其中安徽40人。据1921年第44期《安徽教育月刊》刊载的第171号公函所称：民国十年（1921）八月二十五，“敝省留法勤工俭学生先后来厅请给津贴者共计五十八名。……内有邓穆等十名系前核准津贴三年者，……此外，自费生四十八名”，并附名单。58人只是皖籍留法勤工俭学生请求安徽省政府给予经济资助的人数，并不是该省留法勤工俭学生的总人数，有的勤工俭学生到了法国之后，争取到安徽省政府的经济资助，如沈宜甲；有的考取了官费生，如王若怡；还有的在1921年初或稍后回国，如刘文。从届次来看，1919年3月17日第一届有沈宜甲，8月第四届有曹强，10月的第五届有邓同庚、阮学源，11月22日第七届有汪煦昌、张其浚，12月25日第九届有陈延年、陈乔年、李慰农、尹宽等。1920年4月1日第十届有鲍冠儒、戴占奎、黄毅等7人，11月7日的第十五届有邓穆、王若怡、董桂阳等20人。有些赴法安徽留学生届别暂无据可查。

二、参加留法勤工俭学生的斗争

法国在第一次世界大战结束后自身面临的经济危机日益严重，工厂歇工、工人失业、工潮迭起。留法勤工俭学运动在1921年迎来了波澜迭起、斗争激烈的一年，勤工俭学生历经磨难，备尝艰辛，勤工困难、俭学不易，能入工厂者不到一半。学生们的革命倾向，引起中法当局及反动势力不满，横加阻挠或限制，迫害勤工俭学生。北洋军阀政府借口“国库奇绌”，指使驻法公使将在法无工无学的学生遣送回国。华法教育会此时也趁机通知勤工俭学学生停止发放维持费。学生们同北京军阀政府和法国当局进行了坚决的斗争。安徽籍勤工俭学生勇敢地参加了这一年发生的三次斗争。

第一次是二二八运动。1921年1月26日，各校各厂的中国留学生举代表齐集巴黎，议决组织勤工俭学学生会。各代表在巴黎住了两天就待不下去，于是公推安徽青年尹宽和钟巍、汪泽楷、方敦元、张子怙、张宗文等6人为总代表，继续留巴黎办理一切交涉。2月28日，在交涉无果的情况下，蔡和森、向警予等领导400多名勤工俭学生向中国驻法公使馆请愿示威，提出了“要吃饭权、工作权和求学权”的口号。史称为二二八运动。但是，他们的正义行动却遭到了中法当局的镇压，中国驻法公使勾结法国政府，出动军警，用枪托和警棍殴打学生。学生不畏强暴，进行了英勇的斗争。经过斗争，迫使驻法公使馆延长发放三个月每人每日五法郎的救济费，华法教育会也答应继续为失工学生找工作。

第二次是拒款斗争。1921年6月，北洋军阀政府为扩大内战，企图以出卖中国的印花税、滇渝铁路建筑权为条件，向法国秘密借款购买军火。留法勤工俭学生得知这一消息后，无不义愤填膺，强烈反对，掀起拒款浪潮。安徽青年李慰农和王若飞、张增益等23人联合签名，散发了拒款的传单，揭露北洋军阀政府的罪行，动员旅法华人行动起来，作坚决斗争。由周恩来、蔡和森、赵世炎等发起，联合巴黎华侨各团体，组织了拒款委员会，后又举行了拒款大会。法国政府担心事态扩大，不得不宣布“暂缓借款”。拒款斗争取得了胜利。

第三次是争取开放里昂中法大学的斗争。里昂中法大学是华法教育会为解决勤工俭学生入学问题，向各方筹集经费所办的学校。1921年夏，吴稚晖以里昂中法大学名义公开在国内招生，而将在法勤工俭学生排除在外，并决定9月25日正式开学。这进一步激化了勤工俭学生同华法教育会的矛盾。留法勤工俭学生对此异常愤怒，誓死争取上大学的权利。巴黎、圣日耳曼等处的留法勤工俭学生组成代表队，掀起斗争高潮。尹宽、汪腾因、叶振均、徐守楷、周秀芳、王顾宁、朱瑗、徐守模等安徽学子均为代表队成员。李慰农和向警予等人留在巴黎负责宣传工作。他们卓有成效的宣传，取得了法国人民的同情和进步舆论界的支持。9月17日，各地勤工俭学生代表齐聚巴黎，成立了各地勤工俭学联合委员会，要求开放里昂中法大学。9月21日，勤工俭学生100多人占领里大。但遭到中法反动势力的镇压，把这些学生都押到兵营里，没收了居留证，学生派代表交涉无果。10月10日，被拘在兵营中的队员集体绝食，但未能引起各方面的关注。13日下午，法国外交部代表、里昂市长、警察局长率大队武装军警，将中国勤工俭学生押上汽车至火车站。14日，安徽青年汪腾因、叶振均、徐守楷、周秀芳、王顾宁、朱瑗、徐守模等104名勤工俭学生遭驱逐，离开法国。斗争宣告失败。

三、参与旅欧党、团建设

1921年底至1922年初，留法勤工俭学的赵世炎、周恩来、陈延年、李维汉等人经酝酿筹备，于1922年6月下旬在法国巴黎召开了第一次代表大会。陈延年、李慰农、尹宽等参加了这次大会。大会决议将组织定名为“旅欧中国少年共产党”，后加入中国社会主义青年团，1923年2月改名为“旅欧中国共产主义青年团”（中国社会主义青年团旅欧总支部），选举了新的执行委员，周恩来任书记，尹宽负责共产主义研究会。

旅欧党、团组织十分注意对党团员的思想教育和对反马克思主义思潮的批判斗争。就把内部训练作为共产主义研究会的主要任务，由主管研究会工作的尹宽负责。研究会内部出版了《共产主义研究会通信集》（以下简称《通信集》）。在《通信集》中，李慰农发表了《共产主义革命将怎样在中国实行?》，尹宽发表了《复李慰农〈共产主义革命将怎样在中国实行?〉信》，相互磋商。与此同时，旅欧中国共产主义青年团还创办了机关刊物《少年》月刊，由陈延年编辑并刻写蜡版。尹宽等在该刊上发表了一些文章，阐述马克思主义观点，批判无政府主义等错误的、反动的思潮。

安徽赴法学生还参加了旅欧党团组织的统一战线工作和反对列强蓄谋共管中国铁路的斗争。1923年6月16日，尹宽和周恩来、林蔚一起，代表旅欧中国共产主义青年团到达里昂，同国民党代表、旅欧分部筹组人会谈达成协议，80余名团员全以个人名义加入国民党①。王京岐报告孙中山和国民党中央总务部、党务部，委周恩来、尹宽为国民党分部筹备员。几个月后在里昂成立了国民党旅欧支部。1923年7月2日《巴黎时报》透露，大多数列强已同意在中国设立万国警察共同管理中国铁路之议，不日即见诸实行。留法华人闻讯后，立即采取行动，表示抗议。7月8日，旅法各团体派代表举行会议，成立旅法各团体联合会，组成临时委员会。江世义为安徽学生会代表，尹宽为《少年》杂志代表之一，参加会议，讨论了行动措施。安徽学生会作为28个中国旅法团体之一，参与署名发表了《致英美诸国华侨书》和《旅法各团体敬告国人书》，呼吁国内外各界反对列强的侵略和行径。

根据中共中央的决定，由中共旅欧支部派遣，一部分勤工俭学生从1923年3月开始分期分批离开法国，前往莫斯科东方劳动大学学习。陈延年、陈乔年和尹宽、李慰农先后于3月和12月离开法国，前去苏联学习。1925年下半年，由于国内轰轰烈烈的大革命的需要，中

①《安徽学生留法勤工俭学》，《中共安徽党史专题研究集》（一），安徽人民出版社1993年版，第7—8页。

共旅欧支部负责人和大批勤工俭学生陆续回国，勤工俭学运动遂告结束。

四、留法安徽青年：陈延年、陈乔年、李慰农、沈宜平、常宗会

陈延年，1898年出生在安庆的陈家大院，自幼聪明，博览群书，与小他4岁的胞弟陈乔年感情笃深，后两兄弟双双考上了复旦大学。1919年12月下旬，陈延年兄弟和一批热血青年赴法勤工俭学。初到法国时，依然信仰无政府主义，他们曾编辑过留法无政府主义派的刊物《工余》，还同法国早期的无政府主义代表人物格拉儒有过来往。从1921年起，他对资本主义的腐朽性有了进一步认识，逐步看到无政府主义不但不能治愈资本主义社会的弊病，而且会成为资本主义的辩护士和阻碍无产阶级革命斗争的绊脚石。尤其是在同北洋军阀政府和法国反动当局的实际斗争中，经受了严峻考验，从而促使他对无政府主义的怀疑，对马克思主义产生浓厚的研究兴趣。1922年6月，陈延年、陈乔年以崭新的战斗姿态参加了旅欧中国少年共产党的筹建活动，参加成立大会，被选为少共中央执行委员。8月，陈延年、陈乔年加入了法国共产党，随后得到中共中央正式承认，为中共党员，陈延年被选为旅欧支部的领导成员。1923年春，陈延年、陈乔年等12人转往苏联，进入东方劳动者共产主义大学学习。1924年9月后，陈延年、陈乔年相继回国。兄弟二人分赴祖国南北，投入大革命的洪流之中。陈延年到广东区工作，历任中共广东区执行委员会委员、秘书、书记等，参与领导省港大罢工；陈乔年赴北方区工作，历任中共北京区执委兼地执委书记、中共北方区执委、组织部长等职。在1927年中共五大上，兄弟二人均当选为中央委员。在蒋介石、汪精卫相继背叛

革命后，陈延年、陈乔年坚定立场，奋起抗争。四一二反革命政变后，陈延年立即和周恩来、赵世炎等人致电中共中央，建议武汉迅速出兵讨伐蒋介石，4月赴任中共上海区执委代理书记，6月任中共江苏省委兼上海市委书记，在危急关头重建组织，6月23日被捕，7月4日就义于上海龙华。七一五反革命政变后，陈乔年紧急赶赴武汉，任中共湖北省委常委、书记，中共中央长江局委员等，1928年1月赴上海，任中共江苏省委兼上海市委常委、组织部部长等，2月被捕，6月在上海龙华就义。为了子孙后代的幸福和中华民族的复兴，陈延年、陈乔年等革命先烈披荆斩棘、英勇牺牲。

李慰农，1895年出生在安徽省巢县油坊郑村一个农民家庭里。1919年秋，李慰农以优异成绩被华法教育会录取，年底和尹宽等人赴法国勤工俭学。1920年2月，李慰农联络皖籍同学组织“工学励进会”，8月改名为“工学世界社”，发展到30多人。大多数社员赞成以“信仰马克思主义和实行俄国式的社会革命”为宗旨。1921年3月，李慰农参加了旅欧共产主义小组的筹备工作。6月，参加了旅欧中国少年共产党成立大会，并得到了中共中央的承认，成为中共党员。李慰农积极参加中国留法勤工俭学生进占里昂中法大学的斗争，为被遣送回国同学募捐。1923年底，李慰农按照党的指示，离法赴苏，进入莫斯科劳动者共产主义大学学习。1925年春回国，到山东青岛领导工人运动，后担任中共青岛市委书记，领导青岛工人进行罢工斗争，并取得胜利。5月底“青岛惨案”和上海五卅惨案发生后，李慰农领导成立了“沪青惨案后援会”，并发动青岛各厂工人罢工，举行雪耻大会，成立了青岛各界联合会和青岛市总工会，组织宣传队到郊区农村宣传，激发农民的爱国热情，发动农民参加反帝斗争。日本帝国主义与国内反动军阀相勾结，疯狂破坏工人运动，四处搜捕李慰农等工运领袖。李慰农为保卫工会冒着危险坚持工作，不幸被捕。在监狱中受尽折磨，坚贞不屈，7月29日被敌人秘密杀害。在李慰农牺牲后，中共中央号召学习宣传他的事迹，推动伟大的反帝运动。

在留法勤工俭学的三派学生之外，很多人并没有固定的政治立场，只是想以实业和教育“救中国”。如第一届沈宜甲，第五届常宗会就是其代表。沈宜甲，安徽舒城人。1918年在国立北京工业专门学校机械系毕业后赴法国勤工俭学，并专攻数理。1919年10月，他给安徽省长公署寄了《第一次报告书》并附《意见书》，“试观我省，除皖南徽州等处，有稍从事工商业者，其余则不出官僚、政客、军人、当差使者之数途，前辈往者如斯，后辈来者亦然。故凡青年学生所学者，亦不出法律、政治、文学、陆军等类，预备步前者之足迹，而学实业者，几乎绝迹。……长此以往，不惟中国人无以立于世界，安徽人何以立于中国。”渗透着浓厚的“科学救国”的思想。1928年在法国国立矿冶大学毕业后回国工作，两年后再度赴欧，不久定居比利时，一心从事科学研究。抗日战争爆发后，曾回国在桂林开办工厂，支援抗战。其间，发明了用无烟煤气代替汽油，并在桂林创建了一家无烟煤气机制造厂。1957年重返比利时，继续进行科学研究工作，先后获得30多项发明专利。

常宗会，安徽全椒人。1919年12月，经孙中山推荐，赴法勤工俭学，经过5年学习，获得法国南锡大学农学工程师、理科博士学位。回国后先后担任东南大学、中央大学教授，中山大学和云南大学蚕桑系主任，从事农业、蚕桑方面的教学、科研与生产工作，为国家培养了一批高级农牧业专业人才。新中国成立后，常宗会投身于新中国的建设事业。1950年起，先后任哈尔滨农学院教授、南京农业专科学校教授、南京市畜牧兽医站顾问、江苏省畜牧兽医协会理事等。

留法安徽学生在勤工俭学中，对于反对国内的封建军阀思想，对于学习欧洲的先进科学文化知识，对于马克思列宁主义在中国的传播以及早期的建党建团工作，都起了重要作用。陈延年、陈乔年、尹宽、李慰农等经过勤工俭学运动的洗礼和留苏学习，锻炼和造就成了坚强的无产阶级革命者，回国后投入大革命的洪流之中，成为主要骨干。常宗会等在留法勤工俭学中学习掌握了欧洲的先进技术知识，回国以后，无论在旧中国为发展实业，还是在新中国建立以后为社会主义建设事业，都发挥了一定作用。

（廖海业）

安徽省临时工作委员会的成立及其活动

1927年，蒋介石先后制造安庆三二三反革命事变、芜湖四一八反革命事变等一系列事变，公开叛变革命，致使全国的政治形势日愈恶化。

安庆三二三反革命事变发生后，蒋介石即令国民革命军第十军王天培部集中安庆，重兵驻守。国民党右派与王天培部勾结，又制造了一系列反革命事件。1927年4月，安庆绸布业店员工会成立不久，有组织地开展活动，深受会员拥护。右派分子唐强淇即与国民军第十军便衣队200余人，携带刀棍前往工会，遇人即打，遇物即毁。店员工友江益裕身受重伤。为反对英日帝国主义和援助沪汉宁受难工友，安庆各校代表在百花亭一女师校内召开会议，筹备举行全市性援助活动，会议却遭到第十军手枪队破坏而解散。由于安徽临时政治工作委员会在事变之后组织开展了一系列卓有成效的反击活动，不为右派分子所容。4月10日，第十军政治部主任兼副军长高冠吾称奉蒋总司令命，即日解散安徽临时政治工作委员会，查办办事人，通缉共产党人。共产党人和国民党左派不得不离开安庆，远走他乡。

芜湖国民党右派分子在反革命事变之后成立工农商学妇女联合办事处，并发表所谓宣言，"拥护劳苦功高之蒋总司令"。为限制、约束工人斗争，右派芜湖总工会发出通告，禁止工会上街示威游行，违令者“必当严行取缔”。7月20日，国民党芜湖市、县“清党”委员会成立，公开叫嚣“肃清”跨党分子，驱逐投机分子，铲除共产党，拥护南京国民政府。反革命的面目暴露无遗。

各地区“清党”之后，国民党左派省市党部被改组，工会和农民协会被解散，共产党员和革命群众遭到残酷的屠杀，工人纠察队武装被缴械，共产党员转入地下活动。

在中共组织遭破坏、中共党员遭通缉迫害，革命处于历史的紧要关头，迫切需要恢复各地党组织和建立全省统一的党的领导机构。1927年4月27日至5月9日，中国共产党在武昌召开第五次全国代表大会会议期间，中共中央政治局候补委员陈延年指示参加会议的安徽代表柯庆施、周范文研究并向中央提出成立中共安徽省临时委员会的组成名单。柯庆施、周范文根据当时安徽的实际情况提出柯庆施、王坦甫、王心臬、李宜春、郭士杰、周范文、王步文7人为省临委委员。中共中央批准了这一组成名单，任命柯庆施为临委书记。中共安徽省临时委员会正式在武汉成立。5月下旬，安徽省临委在武汉法租界大智门和平里召开第一次全体委员会议，会议传达了中央指示，讨论恢复安徽省各级党的组织，发展工农运动和创造条件回安徽开展工作等问题。会议认为当前最要紧的工作是调查安徽的组织状况，联系在武汉的安徽同志，并进行登记，重建组织。

1927年7月15日，汪精卫公开叛变革命，武汉国民政府和南京国民政府合流，至此，国共合作破裂，轰轰烈烈的大革命宣告失败。8月初，省临委部分委员由武汉返回安徽，以芜湖市为省临委驻地，建立省委机关。机关设在距芜湖市区十余里的澛港镇新民中学内。省临委迁到芜湖后，在执行委员会中设立常委会。执行委员会由王心臬、王步文、柯庆施、王坦甫、李宜春、周范文组成。由柯庆施、王步文、王心臬3人组成常务委员会，柯庆施任书记，王步文负责组织，王心臬负责宣传。省临委刚到芜湖时，只到了柯庆施、王步文、王心臬3人。9月以后，周范文、郭士杰、李宜春相继到芜湖，省临委机构才基本健全。省临委对各委员工作重新进行分配，郭士杰任组织部部长、王心臬任宣传部部长、周范文负责民运兼农运、柯庆施任秘书（书记）兼工委书记。李宜春为皖北特派员（驻寿县）、王步文为皖中特派员（驻安庆）。

省临委成立后，按照中共中央指示，恢复党的组织，发展工人、农民运动，组织武装暴动，同国民党反动派进行武装斗争。

一、恢复和发展党的组织方面

1927年5月下旬省临委第一次全体会议召开后，省临委即派出部分同志先期回到安徽各地，在农村开展恢复组织，发展农运工作。在城市的主要任务则是领导工人和店员进行增加工资和改善待遇的斗争。同时联系安徽当时在武汉的同志，着手重建全省各地党的组织。在省临委迁芜前夕，又派出在武汉的安徽党务培训班学习的22人先期赴全省各地，寻找党的线索，审查党员，进行党员登记和组织整改。

8月上旬，省临委从武汉迁到芜湖后，党组织的恢复发展工作得以进一步加强和推动。省临委首先成立了中共芜湖县委，芜湖一区由省临委直接指挥。据1927年8月18日《安徽省临委关于最近党务和组织概况及经费问题给中央的报告》中的“各地组织”情况，省临委已在芜湖建立正式县委，在宿县、寿县、六安3县成立了临时县委，在泗县、霍邱、庐江、安庆、南陵、旌德、凤阳、无为等县建立8个特别支部，在凤台、和县、宣城、郎溪4县设立了通讯处。

1927年10月1日，中共中央决定组建中共中央长江局，代行中央职权，指导湖北、湖南、河南、安徽、江西、四川、陕西7省的革命活动与党务。10月间，省临委书记柯庆施赴武汉向中共中央长江局汇报工作时，安徽各地党组织又有了发展变化。省临委之下有了一个芜湖市委，安庆（又称“怀宁”）、宿县、寿县3个临时县委，六安、无为2个特别区委，泗县、霍邱、庐江、南陵、旌德、郎溪、凤阳、潜山8个特别支部，凤台、和县、宣城、桐城、英山、繁昌6个通讯处。不包括寿县、桐城、庐江，全省共有党员252人，其中工人党员27人、农民党员11人、知识分子党员214人。长江局在听取柯庆施的报告后，制定并通过了《安徽临委今后工作计划决议案（十、十一、十二月）》(以下简称《决议》)。《决议》要求安徽省临委立即在工农群众中发展组织，同时必须在3个月内将党员发展到1000人以上。《决议》同时规定，省临委要在两个月内，在芜湖、六安、安庆、寿县、宿县、旌德等地成立正式县委，在安庆成立皖中特别委员会，在寿县成立皖北特别委员会，各应有省临委委员一人以上参加。①

根据长江局的决议，省临委发出《安徽省临委通告第8号》，统一安徽党内的思想，规定了全省各地党组织在3个月内发展党员人数的具体数字。同时对组织系统进行变更，成立了皖中特别委员会，指导六安、英山、霍山、霍邱、寿县的暴动和党务；怀宁县临委兼指导桐城、庐江、潜山3县；寿县临委兼指导凤台、合肥、霍邱3县；宿县临委兼指导泗县、凤阳、蚌埠、怀远4县。

10月25日，省临委召开第二次执行委员会会议，进一步贯彻长江局决议的有关要求。会议决议将全省分为安庆、六安、寿县、宿县4

①中共安徽省委党史工作委员会:《安徽现代革命史资料长编》(第二卷),安徽人民出版社1991年版,第16、17页。

个中心区域，由中心区的县委指导邻近各县工作，以加强对各县工作的指导。成立皖中特别委员会于六安，指导六安、英山、霍山、霍邱、寿县的党务，由省执委周范文任书记；在安庆中心区成立中共怀宁临时县委（原安庆特区委），指导桐城、庐江、潜山3县党务，由省执委王步文任书记；在寿县中心区成立中共寿县临时县委，指导凤台、合肥、霍邱3县党务；在宿县中心区成立中共宿县临时县委，指导泗县、凤阳、怀远、蚌埠3县1市的党务，省执委李宜春为皖北特派员，指导该区工作。[①]

二、宣传发动工农运动方面

省临委成立后，立即派人回到安徽农村地区，开展恢复党的组织，重新发展农民运动的工作。省临委迁到芜湖后，还指导芜湖的党组织发动工人运动，并在其他有条件的地方将工人秘密组织起来，开展工人运动。

为了在革命的低潮时期重振工人农民的斗争信心，省临委加强了宣传工作，提高革命群众的思想认识和斗争能力，争取更多的人加入革命运动中来。在宣传工作方面，省临委在《关于安徽三个月工作计划纲要》（以下简称《纲要》）中规定，要求努力揭破国民党右派的种种反革命骗局，宣传要深入群众，使一般民众不为他们欺骗。在具体的举措上，要结合重大政治事件和本地的一般性事件及时制定宣传大纲，分发各地党组织做普遍的宣传；省临委筹备出版《每周通讯》，为3日刊小报，以刊载讨论党的政策文字为主；在必要时组织宣传委员

①中共安徽省委党史研究院:《中国共产党安徽历史(1923—1949)》(第一卷),中共党史出版社2021年版,第85页。

会。根据《纲要》的具体要求，省临委随后创办了《每周通讯》，并于9月25日发表了对时局的宣言。《宣言》揭露了国民党宁汉军阀及其发动战争的本质以及祸害安徽人民的种种罪行，号召工农群众起来抗争，跟着共产党从奋斗中杀出一条光明的血路。此后，省临委根据长江局的指示，进一步加强了宣传训练工作，在省临委专设宣传干事一人，对《每周通讯》的内容进行充实，编写了供宣传训练用的《农协与土地革命》《苏维埃的意义》等一批小册子。1927年10月26日，省临委又发出了《安徽省临委为反对宁汉军阀战争告安徽民众书》。省临委对宣传工作的重视，为发动工人农民参加革命斗争发挥了重要作用。

在工人运动方面，省临委在《关于安徽三个月工作计划纲要》中规定："在此三个月之中，我们用全力注意芜湖、安庆、大通、荻港等处工人运动，尤宜先将芜湖、安庆之产业工人、交通工人（车夫、搬运夫等）及电灯、电话、邮政等工人及荻港等处之矿工秘密组织起来！"同时对工会的性质、斗争的方法和目标提出了具体的要求。首先在芜湖秘密成立了工会联合会，有11个行业工会组织脱离被国民党控制的市总工会加入其中。在这个基础上，省临委决定进一步开展扩大反芜湖市总工会的斗争，提出工会机关应由工人群众选举，引导工人与反工人利益的国民党进行斗争，使工会真正成为革命工人组织。中共中央也对芜湖的工运作出了具体指示，指出：仅仅扩大反伪总的斗争是不够的，要加强领导工人进行经济斗争。①经过党组织的努力，一度沉寂的芜湖工人运动重现生机，芜湖各行各业的工人开始举行罢工，党组织积极派人参与指导，为工人争取了部分经济利益。经济斗争的胜利，也为发展工人党员创造了条件。其中在芜湖火柴厂工人经

①中共芜湖市委党史研究室：《中国共产党芜湖历史》（第一卷），安徽人民出版社2008年版，第167页。

济斗争取得胜利后，工人入党的有20多人。在安徽其他一些地方党组织，虽然缺少开展工运的基础，也根据地方条件开展工人运动，如“六安有烟业工人五百余人，最近曾作了一次胜利的经济斗争，有变相的工会的组织”。①

在农民运动方面，根据八七会议的精神，省临委提出：“土地革命和建立农村中之农民政权为彻底的民权革命的唯一保障，故各地党部应积极努力农运，并督促乡村中同志加倍努力去干！”②在1927年11月23日省临委给中央报告中，省临委在关于今后的工作计划也提出：“目前的中心问题是赶快发动农运……不过现在以我们的能力，要想就特委所管辖地方普遍发展是空想，必须注意几个中心地——如芜湖、安庆四郊、旌德、荻港等交通中心的地方，我们把这几个重要地方农运发展起来，党的工作就开展了。”省临委到达芜湖后，由于国民党右派势力还没有能力完全控制芜湖的农村地区，部分农协组织得以保存下来，有会员数百人。但是，由于芜湖农民协会不复存在，芜湖各地的农协失去了统一指挥，因此组织较为松散，没有开展实际的活动。为了重新启动芜湖的农民运动，1927年10月，省临委将派到皖北地区做农运工作的胡济调回芜湖，重新组建芜湖农民协会。为了加强党对农民运动的直接领导，省临委委员、芜湖县委书记郭士杰等人深入农村，大力发展党员，先后在万春圩、白沙圩、澛港、湾沚等地建立了党的组织。但是，由于农村地区反动势力强大、农民自身的保守性以及党组织个别负责人对农村工作的急躁情绪，致使农运工作开展得十分困难。

①中共安徽省委党史工作委员会：《安徽现代革命史资料长编》（第二卷），安徽人民出版社1991年版，第28页。

②中共安徽省临委：《关于安徽三个月工作计划纲要》（1927年9月6日），原件存于中央档案馆。

省临委在1927年11月23日给中央的报告中说："安徽农民工作以我们现在的能力，要想在特委所管辖地方普遍发展是空想……"这个特委就是皖中特别委员会，是省临委原来计划做重点发展农运的地区，也是大革命时期农运开展得比较突出的地区，可见当时已很难发动。安徽的农运发展不利的情况，随着党集中更大的力量在农村地区组织发动农民举行武装暴动，得到了一定的改进。

三、组织开展武装暴动方面

在安徽各地组织发动武装起义，始终是省临委一项非常重要的中心任务。在八七会议之前，省临委为武装暴动的准备，主要是利用大革命时期在国民党军队中建立的关系，派人到国民党军队中做军运工作，争取掌握这些军队做武装起义。后根据八七会议提出的要求，关于武装起义，党的现实最主要的任务是有系统、有计划、尽可能地在广大区域内准备农民总暴动，省临委开始将组织开展武装暴动的重点放到农村地区。

在军运工作方面，省临委成立后，就派省临委委员王坦甫到国民党三十三军柏文蔚部开展秘密军运工作。王坦甫是柏文蔚的外甥，曾担任芜湖团地委委员长，1925年加入中国共产党，公开职业是芜湖职业学校金工部主任。其后，孙中一、廖运周等一批中共党员也被派往柏文蔚部，协助其开学兵团训练青年军官，从事兵运。1927年10月下旬，省临委决定任命苏先骏为军事特派员，负责全省的军运工作。[①]其后，据苏先骏在1927年12月5日《安徽军事工作报告》中称："1. 六军：六军有许多同志，两个月没有同团体发生关系。我到芜湖后，才

①《省临委第二次执行委员会会议决议》(1927年10月25日)，原件存于中央档案馆。

开始调查组织，成立一特别支部。2.十三军：在芜湖时仅一部分发生关系。3.三十三军：该军约有几个同志，但因交通阻隔，至今没有发生关系。”①

八七会议精神在安徽传达后，省临委根据会议提出的要求，开始逐步调整组织发动武装暴动的工作思路、策略和方法，把武装暴动的中心从城市转移到农村，从以发动城市工人为举行暴动的主要力量转变到农村大力开展农运，发动农民为暴动的主要力量。1927年10月下旬，省临委连续召开了第二十二次、二十三次常委会和第二次执行委员会会议，传达贯彻中央长江局《安徽临委今后工作计划决议案》，讨论了省临委的各项工作，并在第二次执行委员会会议上形成了决议。会议认为，安徽的农民暴动应远离中心城市，在农运基础较好、县内反革命统治相对较弱，具有境内多山的地理优势的地方进行。因此，决定六安、英山、霍山、霍邱、寿县五县为安徽第一暴动区域，在此区域成立皖中特别委员会，指导第一暴动区域的暴动和党务。具体要求尽可能在六安夺取300支枪，秘密组织工农武装，即刻发起零星暴动，并在两三个月内发生大暴动。

10月24日，长江局致信省临委。省临委收到来信后，又召开了第二十四次常委会，形成会议决议，决定在已划定的第一暴动区域外，在沿江的怀宁、桐城、潜山也应利用国民党军队之间的火并造成的溃退和政权动摇之机，扩大农民暴动，在桐城谋取300支枪武装农民，同时号召土匪武装参与暴动；派人去潜山当队长领导农民武装，发起潜山暴动，如果失败即退到六安；下令各地党部领导暴动，同时命令第一暴动区域发动暴动，与潜山暴动相衔接。②同时，由江苏省委派尹

①《中共芜湖市、县党史资料汇编》(第2辑)，第25页。

②《安徽省写给长江局报告》(1927年10月23日)，原件存于中央档案馆。

宽在芜湖成立的中共长江特委也提出了由芜湖白沙圩、方村、万顷湖（万春圩），经宣城油渣沟至南陵区域的暴动计划，并直接指挥省临委和芜湖县委的同志在芜湖县和南陵县两县交界地区组织发动农民暴动，成立了由王心臬、郭士杰、胡济等5人组成的农民武装暴动委员会，并制订了暴动计划，成立了南芜边区农民赤卫队。就在暴动举行前夕，暴动消息泄露，时任安徽省政府主席陈调元得到芜湖、南陵两县政府联合电呈。陈调元立即电令驻芜二十七军军长王普派兵镇压，把南芜边区农民暴动扼杀了。[①]

安徽省临委的建立，第一次为全省确立了党的领导核心。在革命遭受严重挫折的历史关头，它将切实贯彻中共中央在新的历史时期制定的各项方针、路线，领导安徽人民在艰难的环境中开展土地革命，作为奋斗的目标。

1927年11月11日，中共中央决定撤销长江局，省临委重属中央直接管理。12月6日，中央决定暂时解散省临委。12月8日，中央将这一决定正式通知省临委。省临委从1927年5月成立，到12月上旬被撤销，在恢复发展全省党组织的工作方面取得了一定的成绩。省临委第一次建立了全省党的组织系统；各地原有的党组织不仅得到恢复，还有了提高和加强；在一些地方新建了党的组织。在发展党员方面，到1928年春，安徽已有中共党员2000余人，其中相当一部分是在一届省临委时期发展入党的。

（胡　北）

①中共芜湖市委党史研究室:《中国共产党芜湖历史》(第一卷),安徽人民出版社2008年版,第177页。

安庆、芜湖、阜阳、六安中心县委成立

1928年，安徽省临委成立后，虽然做了一些工作，但是由于工作指导上存在着严重的错误，以致工作没有开展起来，受到党内同志及中央的批评。1929年3月和5月，中央在上海召开两次安徽工作会议，决定取消省临委。5月24日，中央给安徽各县委、各特区委发出指示信。信中指示，暂时取消省委，由中央直接指导各重要区域的工作；将安徽全省划分为芜湖、安庆、六安、阜阳4个中心区，在中心区内建立地方党部，以指导并帮助各县工作的开展。[①]

一、安庆中心县委成立

1929年6月1日，安庆中心县委在安庆成立。县委设执委5人，常委内设书记、组织、宣传、军事、秘书。在安庆城区有党支部6个，党员55人，知识分子占2/3，赵凫任中心县委书记，委员有王介甫（负责宣传）、汪有晋（任秘书）、徐寿如、杨自丹。安庆中心县委除了直接领导安庆城区党组织外，还负责指导怀宁、桐城、潜山、太湖、望江、宿松、庐江、贵池等县委或区委的工作。随着安庆中心县委的成立，怀宁县委同时撤销。

①中共安庆市委党史研究室：《中国共产党安庆地方史》，中共党史出版社2001年版，第123页。

1929年10月，中共中央派刘湃西到安庆接任中心县委书记[①]，凫改任安庆互济会工作。刘湃西到安庆后，对中心县委领导机构进行了调整，设县委委员5人，常委3人。曹逸心负责组织，邹同礽负责宣传和秘书，汪有晋、刘庆云（化名卢明）负责工运。10月23日，安庆中心县委分别就宣传工作、组织工作、农民运动和职工运动作出了决议，制定了《安庆宣传工作计划大纲》《安庆农民运动草案》《安庆职工运动草案》《安庆组织计划决议案》等文件，确定了各项工作的方向和任务。为了把党的政治口号深入到群众中去，使群众团结在党的周围，中心县委要求大力扩大党的组织，扩大党在群众中的政治影响，并对基层组织进行了整顿，同时加强了同各县党组织的联系，中心县委本身的各项工作程序也健全起来，安庆党的工作有了明显起色。11月，安庆市区有党员43人，支部11个。所辖各县的党组织有桐城县委、潜山县委、太湖区委、高河区委、贵池特支、庐江特区委。

安庆中心县委成立后，多次发函或派巡视员到各县检查指导工作。1929年10月23日，安庆中心县委作出《安庆农民运动草案》等决定，要求各县、区委充分认识到由于连年军阀混战、拉夫、拉差，连年水旱灾害不断，地主豪绅对农民剥削日益加重，以及土匪横行的社会状况，将土地革命政纲通俗化向农民宣传，尽一切可能发动抗租、抗捐、抗差、抗夫的不拘大小的斗争，提高农民政治意识，组织革命的农民协会，特别要吸收妇女参加农民协会，参加土地革命。1929年冬，中心县委指示潜山县委，要从贫苦农民的实际需要出发提出斗争策略。年关农民缺吃少穿，特别是需要大米，因此应提出反对地主屯米的斗争口号，号召农民去地主家扒粮，从而壮大农协力量。在中心县委的直接指导下，潜山、桐城、太湖党组织和农民协会都有很大发

①《安庆中心县委第二号工作报告》，1929年11月8日。

展。1929年秋，桐城县党员发展到275人，农民协会会员达1250人。潜山县有党员130多人。1930年2月4日，在中心县委指导下，潜山县委发动了潜山请水寨农民武装起义，建立了工农红军武装力量，创建了苏维埃区域。中心县委还指导桐城县委发动了欧家岭农民武装暴动和太湖县委发动了大石岭农民武装暴动以及怀宁高河埠饥民抢米斗争和贵池馒头山煤矿工人罢工斗争。

不幸的是，1930年2月26日，霍山籍的刘淠西在安庆被从霍山苏区逃到省城的地主分子跟踪告密，在安庆姚家口遭国民党军警逮捕，紧接着中心县委委员曹逸心及党员郭诚淑等人也相继被捕，县委机关遭到严密搜查。刘淠西被捕后不久即壮烈牺牲。此后，安庆中心县委的工作由汪有晋、刘庆云等人负责。

1930年4月29日至5月4日，安庆中心县委在桐城会宫（现属枞阳县）召开了安庆地区各县联席会议（又称桐城会宫会议），党中央派代表李翔梧主持了会议。会议号召广大工农群众行动起来大力开展武装斗争。但这次会议贯彻执行了李立三“左”倾冒险主义路线，认为“全国的革命有日益走向直接革命的形势，安庆居于长江中游，是保障争取以武汉为中心夺取一省或数省首先胜利的前提”。为与全国的革命形势相配合，会议要求潜山、桐城、太湖、望江等县扩大游击战争，加强发动城市工人斗争，并把工人斗争、士兵斗争和农民的武装斗争相结合，首先夺取一个或几个城市，建立苏维埃政权，向安庆方向发展。在这种“左”倾错误路线的影响下，安庆中心县委的领导人亦认为:革命新的高潮已经到来，党的中心任务是组织成千成万的群众，实行全面总暴动。5月1日，安庆党、团组织及安庆互济会等一些群众团体共同组成了一个行动委员会——皖北特别行动委员会，统一指挥工运、农运、学运和兵运。要求安庆市内及县城乡镇的党、团员和工会会员公开到街上举行飞行集会，举红旗、呼口号、游行示威等，并强令工人罢工、学生罢课，在条件还不成熟的地区也要求发动农民暴动。以致过早地暴露了党的组织，消耗了革命力量，安庆中心县委设在三官塘的机关也遭到破坏。

10月，中共江南省委在上海召开会议，决定改安庆中心县委为中共皖北特委。11月皖北特别行动委员会撤销，成立中共皖北特委。中共皖北特委主要活动在安庆，因此又称安庆特委。张照明（又名张国威）任书记，隶属中共江南省委。

1931年1月，中共六届四中全会后，中央决定将中共江南省委改为江苏省委，并决定在安徽成立省委机构。1月31日，中央召集安徽有关人员在上海开会，对组建安徽省委问题作了专门研究。2月15日，中共安徽省委在芜湖成立，王步文代理省委书记。同月，正在组建中的中共安徽省委决定改皖北特委为中共安庆中心县委，负责指导怀宁、潜山、桐城、贵池、庐江、太湖、宿松、望江、东流、秋浦（今属东至县）等县工作。省委派张照明到安庆巡视并负责筹建新的安庆中心县委。此时安庆中心县委下属党组织有：太湖、贵池、新桐（今枞阳县）、庐江四县县委；望江、宿松、青阳、旧桐（今桐城市）区委。太湖有党员120人，贵池有党员150人，新桐有党员50人，庐江有党员180人，旧桐有党员20人，青阳有党员一二十人。这时，安庆市区的工作，由于执行立三路线，党组织受到严重摧残，坚持活动的党员“只有四五人，共青团员只有四人”。针对这种情况，3月30日，安徽省委作出了《关于安庆工作的决议案》（以下简称《决议案》），强调恢复安庆市区内党组织的必要性。《决议案》指出：“安庆是中心，所以首先要恢复起来，其次是外县”。并且派省委秘书长刘静波到安庆，以加强组织领导，重建安庆中心县委领导机构。正在这时，发生了安庆团特委书记高翔（原名朱镜明）叛变事件，接着安庆中心县委负责人张照明也被捕叛变。4月6日，设在芜湖的中共安徽省委机关遭到严重破坏，省委书记王步文等人被捕。国民党反动派大肆搜捕共产党员和共青团员，安庆中心县委遭破坏。①

二、芜湖中心县委成立

土地革命战争的早期，芜湖是安徽一个最重要的中心区域。中共中央在这个中心区域设立过三届中共芜湖中心县委。这个中心区域按其范围可分为两个阶段：第一阶段是在1929年6月至1930年9月，范围包括芜湖、繁昌、南陵、宣城、合肥、无为、广德、旌德、郎溪、巢县、含山，这一阶段成立了第一届中共芜湖中心县委（亦称芜湖特支）、第二届中共芜湖中心县委（又称芜湖市委）；第二阶段是1931年6月至1932年3月，以芜湖为中心的区域扩大至安徽沿江及皖南34个县，这一阶段在芜湖成立了第三届中共芜湖中心县委（临时中心县委）。在中心县委的领导下，这些地区的革命团体与反动政权作坚决的斗争，体现了中国共产党对中国革命道路的探索所经历的艰难历程。

1929年6月，根据中央指示，中共芜湖特别支部成立，特支机关设在芜湖市井儿巷一号。芜湖特支指导无为、巢县、含山、繁昌、南陵、宣城、旌德以及广德等县委或区委工作，对所辖各县亦称芜湖中心县委。首任书记宋士英。同年底，由于国民党在对芜湖全城搜捕中，闯入县委机关，并发现异样，后又返回准备抓捕，中心县委主要负责人被迫撤离芜湖市，中心县委工作一度停顿。

①中共安庆市委党史研究室：《中国共产党安庆地方史》，中共党史出版社2001年版，第123—125页。

1930年3月，中央派史秀峰来芜湖重新组建芜湖市委，史秀峰任书记，对外仍称中心县委，负责指导辖区党务工作[①]。中心县委就无为、南陵的农民运动作了多次指导，使农民运动有较大的发展。1929年冬，无为县委领导农民参加禁止大米外运的禁米运动，中心县委批评县委没有利用这个机会充分发动群众扩大斗争规模，却同当局去法院打官司的错误做法，指示县委要通过禁止大米外运的斗争扩大我们的政治影响，争取广大群众在我们的周围，推进运动深入发展，同抗租、抗债、抗捐税斗争汇合成一个大的群众运动，最终发展到实行土地革命道路上来。1930年5月，中心县委批评南陵县委由于没有建立健全党的基层组织，没有在广大贫苦农民中发动工作，从而在爆发农民抢稻斗争中没有起到领导作用，因而指示南陵县委应健全基层组织，在各村组织农民协会，党的支部要在农协起领导作用，从贫苦农民的切身利益出发发动斗争，将斗争引向深入。到1930年夏，该县党组织有了较大的发展。此外，无为县党员数量100多人，农协会员千余人。宣城县党员200多人。不久，中心县委指导无为县委、宣城县委发动无为六洲农民武装暴动和宣城庙埠农民武装暴动。在此期间，芜湖市委在芜湖裕中纱厂、益新面粉厂、太昌火柴厂组建了赤色工会，开展要求增加工资的罢工斗争。1930年五一国际劳动节期间，裕中纱厂和益新面粉厂赤色工会组织了纪念五一劳动节的飞行集会。

1930年9月，受李立三"左"倾冒险错误影响，根据中央的指示，中共芜湖中心县委与各群众团体合并，成立皖南特别行动委员会（简称皖南特行委），隶属于江苏省总行动委员会领导。中央六届三中全会之后，各地纠正"左"倾盲动错误，各级行动委员会被撤销。10

①《芜湖市委关于第一次扩大会议情况给中央的报告》，1930年5月24日。

月初，中共中央决定成立江南省委，辖江苏、浙江、安徽三省，同时决定在安徽境内建立长淮、皖北、芜湖3个特区委员会。芜湖特区委（简称芜湖特委）又称中共皖南特别委员会，辖无为、宣城、南陵、广德、郎溪、含山、繁昌、铜陵、巢县等地的5个县委和6个区委，王步文任书记，隶属中共江南省委，中共芜湖中心县委活动终止。[①]

三、阜阳中心县委成立

1929年5月，阜阳县临委会遭到破坏，在上海参加中央工作会议的李乐天立即赶到蚌埠，同中央张巡视员商议，在颍上组建中心县委机关，指导阜阳、颍上、太和、凤台、亳县等县的党务工作[②]。6月初，阜阳中心县委在颍上成立，书记李乐天。10月28日，向中央报告，提出阜阳中心县委组成人员：李乐天、刘启元（曾任寿县县委负责人，时任凤台县委书记）、廖敏中（曾任凤台区委负责人，时任凤台县委宣传部部长）。12月，由于阜阳党组织一再遭受破坏，中心县委机关迁到农运基础较好的凤台，解散凤台县委，由中心县委直接领导凤台各区工作。1930年6月，中心县委恢复了凤台县委，中心县委又迁回阜阳，机关设在阜阳南乡的小田集。

阜阳中心县委成立后的首要任务，是立即整顿恢复屡遭破坏的党组织，组织农民协会。在皖北，1928年阜阳四九起义失败，党组织和农民协会遭受严重破坏，几个县的领导机关停止了工作，一些党员失去组织联系。中心县委派巡视员去各县重建领导机关，审查恢复已失

①中共芜湖市委党史研究室：《中国共产党芜湖历史》，安徽人民出版社2008年版，第210、227页。

②《阜阳李乐天给中央的综合报告》，1929年10月28日。

去联系的同志的党籍，发展组织。阜阳中心县委先后辖有中共颍上特支、中共阜阳特支、中共阜阳西区特支（长官店特支）、中共阜城区委、中共阜太边区区委、中共冷寺区委（小田集区委）、中共太和特支、中共凤台县委、中共寿县县委和霍邱县委（寿霍两县于1929年9月以后划归六安中心县委）。

针对皖北地区社会落后，几乎没有受大革命时期农民运动影响的实际，中心县委着重对农民开展土地革命的宣传。将农民悲惨的生活状况编成《穷人歌》《土地歌》在农民夜校中教唱，提高农民对土地的认识和政治觉悟，重新组织农民协会。凤台县的农民协会一度发展到有相当的规模，阜阳也组织了有几千人的"穷人会"。中心县委指导发动了凤台白塘庙农民武装暴动。此外，中心县委还专门派员到淮南煤矿（大通上下窑）矿工中建立支部，组织工会，发动工人参加罢工斗争。

1930年12月，阜阳中心县委同河南新蔡等县党组织建立联系，自行建立了由皖豫边界各县组成的中共豫皖边特委。

1931年4月，豫皖边特委撤销，成立皖北中心县委，划归苏区的皖西北特委指导。8月，中央指示皖北中心县委与皖西（合肥）中心县委合并，成立中共皖西北中心县委，机关驻地设在合肥。

1932年7月10日，中央巡视员张国诚根据临时中央政治局5月30日给寿县县委第8号指示信，在寿县召开会议，宣布撤销皖西北中心县委，恢复中共皖北中心县委，机关驻地在寿县，亦称寿县中心县委，直属中央领导。辖阜阳、太和、颍上、凤台、寿县、霍邱、蒙城、涡阳、亳县9县；至11月1日，又增加了新蔡、息县、沈丘、潢川4县。李乐天不再担任书记，杨守先、宋德渊先后任书记。中共皖北中心县委领导皖北和豫东南地区党的斗争。

四、六安中心县委成立

1929年5月，中央决定成立中共六安中心县委，指导六安、霍山、霍邱、寿县党的工作；中央指定舒传贤、吴宝才为中心县委委员。8月5日，中央巡视员方英在六安、霍山两县边界豪猪（珠）岭召开六安中心县委筹备会议（又称六安县第三次党的代表会议），出席会议的有六安、霍山代表四五十人，寿县致函开幕，霍邱县在会后派人进行了联系。会议酝酿了中心县委人选，上报中央。8月17日，中央指示六安、霍山县委，“现在可依照中央所规定一切工作和任务成立中心县委组织，与中央建立经常的联系”。[①]10月6日，根据中共中央指示，中央巡视员方英在六安县郝家集召开会议，正式成立中共六安中心县委，由舒传贤任书记，指导霍山、霍邱、合肥、寿县、舒城及英山等县委或区委工作[②]。会后，中心县委成员分赴各地，投入全面发动武装起义的紧张工作。

皖西地区1927年10月被省临委确定为第一暴动区后，党的组织和农民协会得到了迅速发展。1929年8月，六安县党员发展到240人，寿县党员发展到360人，霍山县党员增加到230人，霍邱县党员发展到100多人。农民协会会员也有迅猛的增长。1929年春，六安和霍山县委秘密筹措枪支，建立农民革命武装。5月，霍山县委秘密发动诸佛庵民团起义，一支由50多人组成的农民革命武装组建成功。六安县委也于5月19日策动了六安南庄畈六保联络自卫团举行起义，组建了六安

①《中央给六安、霍山县委的指示信(1929年8月17日)》,《六霍起义》编辑委员会:《六霍起义》,中共党史资料出版社1989年版,第20页。
②《六安中心县委给中央的报告》,1929年12月4日。

六区红军游击队。中心县委成立后指导发动了六霍农民武装暴动，创建了一支中国工农红军和皖西苏维埃新区。1930年3月，鄂东、豫南、皖西三块苏维埃区域统一党政军建制，中心县委隶属中共鄂豫皖特委领导。

（胡　北）

中共安徽省委的成立

1930年10月初，中共中央决定成立江南省委，辖江苏、浙江、安徽3省，同时决定在安徽境内建立长淮、皖北、皖南（又称芜湖）3个特区委员会。中共六届四中全会后，中共中央决定改变由一个省委来分管几个省党务工作的情况，将江南省委改为江苏省委，并决定在安徽成立正式的省委。

1931年1月中旬，中共中央决定撤销管辖江苏、浙江、安徽3省的江南省委，改为江苏省委，并决定在安徽正式成立中共安徽省委。1月31日，中共中央在上海召开安徽省委筹备工作会议，王步文、舒传贤、方英等5人参加了会议。陈绍禹（王明）作为中央代表出席了这次会议，并在会上提出了安徽省委组成人员名单为：王步文任书记兼宣传，何昆容（霍锟镛）任组织，张亚青任巡视员，郭学云（郭春华）任工运和兵运。省委委员为CY（无具体提名）、史秀峰、吴宝才。候补委员为张绍（照）明、王以中、吴作民、李俞（女）。以王步文、何昆容、张亚青、郭学云等4人为常委[①]。

会后，王步文等返回芜湖组建省委机关。2月15日，经中共中央批准，安徽省委在芜湖正式成立。经中共中央批准的省委组成人员名单和陈绍禹在上海会议上提出的名单发生了很多调整。省委书记为方

①1931年1月31日《安徽省委会议记录》，原件藏于中央档案馆。

音（方英），由于他未到芜湖，王步文为代理书记兼宣传部部长，霍锟镛任组织部部长兼代职工部长，郭春华任军事委员会书记，刘静波（刘泉）任秘书长，张照明、朱亚清、周景明（周心抚）任省委巡视员。省委由王步文、霍锟镛、郭春华、刘静波4人组成，其中王步文、霍锟镛、郭春华3人任省委常委。这是安徽历史上最早的，在国民党统治区成立的正式中共省级领导机构。同时，成立省委党报委员会，委员由王步文、霍锟镛、刘静波、史秀峰等6人担任，王步文任编辑（主编）[①]，辑省委机关刊物《安徽红旗》，作为指导全省工作的理论刊物，每周出版一次，同时出版了《红旗副刊》。不久，为扩大宣传效果，将《安徽红旗》改为通俗报，将《红旗副刊》改为《群众工作》，同时在芜湖筹建图书馆。[②]此外，省委设立的工作机构还有书记处、组织部、宣传部、秘书处、常委秘书处、交通处、文书处、印刷处和发行处。其中书记处设在芜湖三圣坊30号，秘书处设在柳春园宛宅。3月上旬，省委又成立了妇女运动委员会，书记张亦平。[③]

3月下旬，由于方英被中央正式派到皖西北苏区工作，刘静波去安庆担任中心县委书记，根据中共中央指示，对安徽省委领导人及一些部门的领导人进行了调整，王步文任省委书记兼组织部部长，郭春华兼职工部长，厉石青（厉冰心、何冰心）任宣传部负责人代秘书长。这时，由于中共中央决定在鄂豫皖苏区成立中共中央鄂豫皖分局，皖西北苏区划归分局管辖，津浦路沿线各县沿袭过去的做法，仍属江苏省委管辖，中共安徽省委的管辖范围为江淮地区、沿江地区和皖南各县的中共组织。

①1931年2月23日《安徽省委给中央的报告第一号》，原件藏于中央档案馆。
②《皖省委皖字报告第五号》（1931年4月1日），原件藏于中央档案馆。
③1931年3月13日《安徽省委给中央的报告第二号》，原件藏于中央档案馆。

省委正式成立后，立即着手开展全省重要区域的中心党组织的建设工作，再以中心党组织指导该区域各县的工作。为了推动安徽各地中共组织和党员的发展工作，在3月14日召开的省委会议上，通过了《安徽省委发展组织决议案》，要求党员深入群众之中领导斗争，降低入党门槛，在斗争中广泛吸收工人和劳苦群众入党，发展党的组织；加强对党员特别是新入党同志的培训工作，提高党员政治水平，培养提高党员工作能力。

在省委所在地芜湖，皖南特委时期，由于由于“左”倾冒险主义和“左”倾教条主义引起芜湖党内不同意见的纷争，加上国民党特务机关的破坏，芜湖市区党组织的活动已完全停止。省委成立后，撤销皖南特委，重建芜湖市委，并派省委常委郭春华兼任市委书记，省委常委、组织部长霍锟镛兼任芜湖工会联合会党团书记，开始重建芜湖党组织的工作。同时，省委还决定，暂时不设军委，由芜湖市委成立一个士兵运动委员会，负责士兵运动工作。省委向芜湖市委提出了建立模范支部，创建新的支部，并恢复与市郊各乡镇组织关系的要求。2月底，中共芜湖市委在市区恢复益新面粉厂、裕中纱厂、东门外街道和人力车工人等4个支部，并和万春圩、澛港镇的党组织恢复了组织关系。3月初，又建立了贫民支部和江口街道支部。在恢复党组织的同时，芜湖市委还建立了贫民团、反基督（教）大同盟、妇女问题研究会、劳动童子团等公开群众组织。妇女运动委员会在芜湖市区建立了十几个公开的妇女组织，团特委开办了职业介绍所，公开组织发动群众，参加革命斗争。在纪念三八国际劳动妇女节当天，党、团和妇女组织举行了一次公开的纪念集会。芜湖工会联合会还发动各业工人多次与资本家和国民党当局进行斗争，并取得了胜利。3月，为反对芜湖改组派与取消派勾结，在芜湖市立第一小学成立改组派与取消派联合机关，芜湖党团组织发起反对贿买一小校长的风潮，打破了两派联合的企图。[①]

在以安庆为中心的区域，1931年2月，正在组建中的安徽省委决定改皖北特委为中共安庆中心县委，负责指导怀宁、潜山、桐城、贵池、庐江、太湖、宿松、望江、东流、秋浦等县工作，并派省委秘书长刘静波任中心县委书记。此时，安庆中心县委下属8个党组织，其中太湖、贵池、新桐、庐江四县为县委，望江、宿松、青阳、旧桐为区委，共有党员约500人。中心县委成立时，由于执行立三路线，党组织受到严重摧残，太湖、贵池还有一半支部在活动，新、旧桐党组织的活动基本正常，庐江情况不好，其他地方党的活动都停止了。[②]为了推动安庆地区党的工作，省委派张照明前往巡视，省委也在1931年3月30日专门作出了《安徽省委关于安庆工作的决议案》，在恢复党组织、发展党员、开展日常斗争等方面提出具体要求。但是，由于安庆当时是安徽的政治中心，国民党的势力非常强大，控制严密，中共党组织开展活动十分困难。不久，因为安庆共青团负责人高翔叛变，导致安庆地区大量中共党员和革命群众被捕，党组织遭到严重破坏，安庆中心县委的工作未能取得实际成效。1931年秋后，安庆的中共组织活动停止。

皖南各县是属于省委直辖的地区。在皖南特委领导时期，有无为、宣城、南陵、广德、郎溪等5个县委，还有6个区委，共有党员700多人。省委成立后，建立了繁昌县委。在以屯溪为中心的皖南山区

---

①中共芜湖市委党史研究室:《中国共产党芜湖历史》(第一卷),安徽人民出版社2008年版,第235页。

②中共安徽省委党史工作委员会:《安徽现代革命史资料长编》(第二卷),安徽人民出版社1991年版,第238页。

各县，过去没有建立起党的系统组织指导关系。省委刚成立就派出组织员到徽州各县巡视，为以后皖南山区党组织的发展壮大做了开局工作。

当时的安徽境内，1931年3月下旬还建立了中共寿县（又称皖北）中心县委、中共合肥（又称皖西）中心县委。寿县中心县委指导的区域为凤台、霍邱、颍上、阜阳、太和、蒙城、涡阳和亳县；中共合肥中心县委指导的区域为巢县、庐江、舒城等县。当时中共中央已将这两个毗邻鄂豫皖苏区的地区划给了皖西北特委指导。①所以，安徽省委实际所辖的地方，就是皖南和安庆地区。安庆地区的情况如前所述，党组织的活动很难开展和推进。皖南地区和省委所在地芜湖市区，则在省临委的直接领导下，各方面的工作都取得了一些进展。

在省委直辖的皖南地区，省委多次派人到各地巡视，具体指导各地的工作，在繁昌、巢县建立了县委，在大通成立了党的组织。同时，省委派专人到繁昌矿山开展工人运动。在农民运动方面，2月，由繁昌县党组织发起成立的繁昌三十五都雇工会，发动了声势浩大的反对缴税办民团的斗争，召集了3000余位农民举行抗捐大会和请愿活动，提出了“推翻国民党统治”“为将来繁昌工农苏维埃政权争斗”等口号，迫使繁昌县国民党政府减少附加捐税，缩小民团编制。

省委还派组织员到徽州各县执行省委关于建立以屯溪为中心的党的组织系统的指示，开辟皖南山区的工作，为日后的皖南苏维埃运动奠定了基础。

此外，省委还就组织发展、工运、妇运和兵运工作作出了一系列决议，指导各地党组织开展工作。

①中共安徽省委党史研究室:《中国共产党安徽地方史》(第一卷),安徽人民出版社2000年版,第217、218页。

关于工运和妇运，决议提出反帝运动是民主革命的主要任务之一，与土地革命是分不开的。各地应动员工会、妇委等群众组织建立反帝大同盟性质的反帝组织，揭露帝国主义的真面目，联系劳动群众的切身痛苦，提高人民群众对帝国主义的认识，把反帝斗争同拥护红军、拥护苏维埃运动结合起来。

省委还要求各地党组织把兵运任务列入议程，以组织兄弟会、同乡会和俱乐部等形式，开展对国民党士兵的工作。由于省委是在中共六届四中全会之后成立的，不能不受当时王明"左"倾教条主义的影响。省委第八次常委会通过的《安徽省委关于坚决执行两条路线的斗争，集中火力反对右倾，执行国际路线，反对调和主义，关于拥护四中全会的决议案》，就是执行王明"左"倾教条主义的产物。

正当各地党的工作在省委统一领导下有序地发展时，安徽省委机关遭敌严重破坏，全省工作失去重心。首先是安庆共产主义青年团负责人高翔叛变投敌，带领国民党军警先后逮捕了巡视员张照明和省委代秘书长厉冰心，张照明和厉冰心被捕后叛变。4月6日，省委机关被破坏，省委书记王步文、常委霍锟镛等11人被捕，后被押解到安庆监狱监禁。在监禁中，王步文临危不惧，冒着极大的风险秘密向中央报告省委被破坏原因，使中央及时地切断了同安徽联系的交通站，避免了遭受更大的损失，表现了一个共产党员、党的高级干部对共产主义的坚强信念和对党忠诚、至死不移的革命精神。在狱中，王步文还向探监的妻子方启坤安排了自己所著《社会运动辞典》一书稿费的使用事宜："当（党）用则用，家里少用。"方启坤遵嘱将稿费一部分转交芜湖党组织作为党费，大部分用于救助难友家属。1931年5月31日，王步文、霍锟镛等在安庆英勇就义。

4月7日，省委常委郭春华召集省机关有关部门负责人紧急会议。

组织代省委照常行使省委职能。郭春华代理省委书记兼组织部部长，史秀峰代理宣传部部长，赵凫代理军委书记，汪清如代理秘书。会后，郭春华去上海向中央汇报请示工作。由于中共六届四中全会“左”倾教条主义在各地已产生影响，特别是宗派主义的影响在安徽省委机关内部相当严重，致使代省委没有被中央认可。4月底，由于郭春华没有返回芜湖，代省委的工作活动即自行终止。代省委未被认可的一个重要原因与省委组织部秘书谢节之等4人于4月中旬几次给中央写信，认为代省委中有几个取消派分子担任了领导职务有关。省委机关被敌破坏后，先是省工联秘书刘震，接着是4月18日谢节之、刘震和皖南互济会书记武英等4人联名写信报告中央，并派谢节之直接到上海，认为代省委的一些重要职位被“取消派分子”占据，认定赵凫、汪清如以及王教、王介甫、陶国器等都是“取消派分子”。

4月中旬，省委组织部秘书谢节之带着皖南互济会、芜湖工联、省委组织部等4人的联名信到达上海，先后3次书面向中央汇报安徽省委遭敌破坏情况，并要求中央派巡视员来安徽指导工作。中央决定派正在上海向中央汇报工作的邓小平到芜湖巡视安徽党务，处理安徽省委被破坏后的混乱局面。5月初，邓小平由谢节之陪同到达芜湖。在芜湖工作期间，在邓小平指导下成立了中共安徽省临时工作委员会，重建安徽党的领导核心机构。邓小平在芜湖逗留时间很短，不过一两天。安徽省临时工作委员会由武英（武柏林，皖南互济会书记，后叛变）、刘震（芜湖市工联秘书，后叛变）、谢节之等人组成。①

邓小平是在严重白色恐怖下秘密到达芜湖巡视的，为保护邓小平的安全和省委组织的安全，邓小平巡视芜湖和成立省临时工作委员会

①中共安徽省委党史工作委员会:《中共安徽党史大事记(1919—1949)》,安徽人民出版社1992年版,第92页。

两件事，没有在党内通报，这是正确的。但是由于武英等人带着宗派主义观点对待党内不同意见，先是用宗派主义对待代省委中的几个同志，后又用宗派主义对待皖南县委书记联席会的同志，使党内思想混乱和组织分裂加剧。

5月中旬，皖南5位县委书记从不同渠道得知成立了省临时工作委员会，由于没有得到正式通报，因此也怀疑这是党内的宗派主义小组织，从而自发地组织起皖南县委书记联席会，在各县建立自己的组织工作系统，并向中央报告工作。此时，安徽实际上同时存在着省临时工委和皖南县委书记联席会并行的两个组织系统，并相互指认对方是“取消派”或“第二党组织”。黄格非任联席会主席，周景明任秘书，派任昌举去上海向中央报告工作。因没有找到中央的秘密交通地点，没能同中央直接取得联系。自行成立皖南县委书记联席会，建立自己的组织工作系统，从组织原则角度判定是错误的。但是在当时那个特殊情况下，他们自己则认为这是为了维护党的纯洁，从党的根本利益出发的行为。造成这一局面的根本原因是中共六届四中全会后王明“左”倾教条主义的影响，是政治上的教条主义和组织上的宗派主义在安徽的具体表现。同时表明安徽党内一些不健康因素，特别是造成两届省临委被撤销的不团结因素一直没有从思想上、组织上得到根本解决，一旦有了机会就又在党内表现出来。省临时工作委员会在处理这一问题时抱着宗派主义观点，使问题进一步激化，酿成组织分裂，因而中央6月初就决定撤销省临时工作委员会。

（胡　北）

沪皖早期党组织创建和发展的一体化特征

上海是中国共产党的诞生地和初心始发地，是皖籍党的主要创始人陈独秀早年开展革命活动和创建党组织的地方。由于陈独秀的宣传发动和影响，在早期党组织创建和发展过程中，沪皖两地关联性较强，一体化特征比较明显。

一、受到上海大都市的吸引，一大批安徽籍热血青年前来探求救国救民真理，走上革命道路

上海是中国最早对外开埠的通商口岸，20世纪20年代，上海工商业发展迅速，思想文化非常活跃，成为文明新知的荟萃之所、变革潮流的策源之地，也为中国共产党的成立提供了最适宜的社会环境。早在1903年，安徽怀宁人陈独秀就赴沪协助章士钊创办《国民日日报》，揭露批判国民的劣根性，唤醒国民意识。1915年9月，陈独秀在上海创办《青年杂志》，次年改名《新青年》，拉开了新文化运动的大幕，最终形成一场前所未有的思想启蒙运动和空前深刻的思想解放运动，为马克思主义在中国的传播创造了有利条件。

经过新文化运动和五四运动，安徽进步青年普遍受到教育和锻炼，一大批热血男儿前往上海等先进地区求学，接受新思想的洗礼，

探索救国救民的真理。1915年，陈独秀的两个儿子陈延年、陈乔年从安庆到上海法租界法文补习学校学习，后一起考入上海震旦大学，并参与《进化》月刊编辑工作。

1920年9月，中国共产党上海发起组创办外国语学社，几十名学生主要来自上海、安徽、湖南、浙江等地，他们在学习的同时参加革命实践，后分批赴苏俄留学。安徽金寨人蒋光慈、歙县人柯庆施、霍邱人韦素园、泾县人吴葆萼都曾在此学习。

上海大学是中国共产党创办的第一所高等学校，与黄埔军校并称“文有上大、武有黄埔”。这座“红色学府”汇聚了一大批安徽进步青年。上大110名教师中，安徽籍有10人，其中共产党员4人，党的早期理论家高语罕、旅欧中国少年共产党创建人之一尹宽曾在此担任社会学系教授，无产阶级革命文学的先驱者蒋光慈曾教授俄文和文学，中国社会主义青年团中央执行委员阮永钊教授心理学。1400多名学生中，安徽籍学生有150多人，其中共产党员38人，他们在上大期间积极投身上海的革命实践，深入工厂调查研究，组织工人夜校、平民学校，参与发动工人运动，有力推动了党的创建和革命运动发展。离开上大后，这些革命青年奔赴全国各地，有的投笔从戎，有的赴莫斯科中山大学继续深造，有的返回安徽从事建党活动，有的到其他地方开展革命工作，许多人后来成为中国革命的中坚力量。

据统计，从1921年莫斯科东方大学创办到1930年中山大学停办，安徽籍留学生有89人；黄埔军校1至5期安徽籍学员有207人；5至6期广州农民运动讲习所安徽籍学员有20人。以上学生中，很大一部分都有在上海学习或工作的经历。上海，成为他们走上革命道路的重要起点或转折点。

二、以陈独秀为代表的安徽籍革命者领导和参与了上海党组织的创建与发展

陈独秀是新文化运动的精神领袖、五四运动的总司令、马克思主义的主要传播者和中国共产党的主要创始人、中国共产党早期的主要领导人。1920年5月，陈独秀在上海发起成立马克思主义研究会；8月，上海共产党早期组织正式成立，陈独秀任书记。上海共产党早期组织通过写信联系、派人指导或具体组织等方式，积极推动各地共产党早期组织建立，实际上起到了中国共产党发起组的作用。1921年7月，中国共产党第一次全国代表大会在上海召开，陈独秀在未出席的情况下仍被选举为中央局书记，从党的一大到五大，他一直是党的最高领导人。

在陈独秀等人的带动和影响下，一大批安徽青年投身到党组织创建和发展的革命洪流中。陈独秀的挚友、中共早期党员、寿县人高语罕被誉为“安徽宣传马克思主义第一人”，是新文化运动的积极倡导者，其撰写的《白话书信》于1921年由上海亚东图书馆出版，是安徽最早、最系统宣传马克思主义的通俗读本，两年再版8次，对引导广大青年信仰马克思主义起到重要推进作用。

1920年，18岁的柯庆施在《劳动界》发表《南京人力车夫底工作状况》，在《新青年》发表《劳动专政》，主张推翻资本家后实行无产阶级专政。受陈独秀邀请到上海后加入中国社会主义青年团，后赴莫斯科东方大学学习，1921年10月曾与陈独秀等人一起在上海法租界被捕。

寿县人茅延桢1922年入党，为中共北方区委军事运动工作组主要成员，1923年到上海从事革命活动，为当时上海53名中共党员之一，

1924年受上海党组织派遣到广州参加黄埔军校筹建工作，被誉为“红色拓荒者”。

寿县人孙津川1925年任中共淞沪特支书记。桐城人尹宽1925年任中共上海区执行委员会（江浙区委）第一任书记。桐城（今枞阳）人童长荣1928年任沪中区委书记。六安（今金寨）人陈绍禹（王明）1930年至1931年先后担任中共江南省委书记、中共江苏省委书记。巢湖人陈原道1932年任江苏省委常委兼上海革命工会党团书记。无为人张恺帆曾任中共上海宝山区委书记、沪西区委书记。在党的隐蔽战线，“龙潭三杰”中的安徽人李克农在上海开展了惊心动魄的斗争，在白色恐怖中为保卫位于上海的党中央作出了特殊的贡献。

此外，一些安徽籍非中共人士也为上海党组织的创建和发展提供了间接支持。如陈独秀1920年到上海后就借住在寿县人柏文蔚位于上海法租界老渔阳里2号的寓所，这里也因此成为《新青年》的编辑部和中国共产党发起组成立地。绩溪人汪孟邹1904年与陈独秀一起创办《安徽俗话报》，这是辛亥革命前安徽第一份革命刊物。1913年到上海创立亚东图书馆，印刷出版了大量进步书刊，是五四时期传播新文化、新思想很有影响的出版社，也是《新青年》的发行商，为陈独秀开展建党活动提供了许多帮助。

三、上海党组织对安徽早期党组织创建和发展发挥了重要的指导与推动作用

上海共产党早期组织成立后，陈独秀非常关心安徽建党工作，在安庆、芜湖等地物色青年发起成立社会主义青年团组织，指派高语罕回到安徽开展活动，为建党打下基础。1921年10月，安徽社会主义青年团在安庆成立。1922年5月，中国社会主义青年团第一次全国代表

大会在广州召开，高语罕作为安徽代表出席了会议。党的一大后，中央对发展全国各地党组织作了明确分工，上海党组织主要负责苏、皖、浙等省的组织和发展。

从1920年至1925年，陈独秀先后委派恽代英、萧楚女、张秋人、林育南、沈泽民、董亦湘等中共早期党员到安徽传播马克思主义、指导党团组织创建。1923年春，陈独秀指派柯庆施从上海回到安庆，恢复社会主义青年团，从青年团员中培养骨干、发展党员，积极开展建党活动。同年冬，柯庆施与王步文、许继慎等10人在安庆万安局一号濮家老屋召开会议，成立中共安庆支部，柯庆施任支部书记，这是安徽第一个城市党支部。

与此同时，在上海大学读书并加入中国共产党的薛卓汉、徐梦周等利用放寒假回到家乡寿县，在小甸集小学成立中共小甸集特别支部，曹蕴真任书记，直属党中央领导，这是安徽第一个农村党支部。

随后，安徽各地党组织如星火燎原，纷纷建立起来。1931年1月31日，中共中央在上海召开安徽省委筹备工作会议，根据会议精神，中共安徽省委2月15日在芜湖正式成立，标志着安徽早期党组织建设完成了历史使命。

在安徽早期党组织创建和发展过程中，安徽党组织与上海党组织大多在党的同一组织系统。从1926年上半年开始，中共上海区执行委员会（又称江浙区委）管辖范围在原上海和江苏、浙江两省基础上，又增加安徽省津浦铁路沿线的蚌埠、凤阳、宿州等城市和地区的党组织。1927年6月至1930年7月，设在上海市的中共江苏省委兼上海市委管辖上海、江苏及安徽津浦铁路沿线及皖东北各县的党组织。1930年10月至1931年1月，中共江南省委管辖上海和江苏、浙江、安徽三省党组织。由于上海是中共中央所在地，安徽与上海党组织又在同一组织系统，有利于安徽及时接受领导和指导，推动党组织的创建和发展。

四、安徽革命浪潮与上海革命形势彼此呼应，密切关联，一体化推进革命运动深入发展

安徽与上海同在长三角区域，陆上有京沪铁路相通，水路有长江水道相连，近代以来，沪皖两地联系始终十分紧密，革命形势更是息息相关。特别是建党初期和大革命时期，上海是中国共产党的领导中心，安徽革命运动始终受到上海革命形势的深刻影响。1920年8月，中国第一个社会主义青年团在上海成立后，安徽建团工作也在秘密进行中，参加建团会议的学生骨干于1921年6月2日在安庆领导发动了向军阀政府争取教育经费的学生运动，史称六二学潮，这是在社会主义青年团的旗帜下，安徽学生发起的一次反对封建军阀统治的大规模学生运动，极大鼓舞了青年学生的革命热情，是安徽爱国学生运动的里程碑。陈独秀对安徽学生运动予以高度评价，在上海发表《安徽学界之奋斗》一文，称安徽学界的声势和行动可以成为“全国学界之领袖”。

1925年上海五卅惨案发生后，安徽各界积极响应，支持上海工人，全省各地召开了声势浩大的抗议声援大会，成立五卅惨案安徽后援会和各地后援组织，开展罢工、罢课、罢市和抵制英、日货的斗争，广泛开展募捐活动，掀起了反帝爱国斗争的新高潮。

安徽革命形势发展也对上海产生重大影响。1927年3月23日，蒋介石一手制造了安庆三二三反革命事变，通缉共产党员和国民党左派人士百余人，国共合作在安徽显露出破裂的端倪。安庆三二三事变是大革命在安徽由高潮走向低潮的转折点，是上海四一二反革命政变的预演。时任国民革命军总政治部副主任郭沫若目睹事件全过程，写下讨蒋檄文《试看今日之蒋介石》，并报告中共中央，揭露事变真相。

四一二反革命政变后，陈延年到上海，先后担任中共江浙区委书记、中共江苏省委书记，1927年6月牺牲在上海龙华；陈乔年1927年秋到上海任中共江苏省委组织部部长，积极协助省委书记王若飞开展工作，使被破坏的上海党组织很快得以恢复和发展，1928年6月牺牲在枫林桥畔。

在安徽，国民党右派又接连发动了安庆四一六“清党”、芜湖四一八反革命事变，安徽各地党组织遭到严重破坏，一大批暴露身份的共产党人流亡上海，继续从事革命斗争。无论是革命高潮中还是白色恐怖下，沪皖两地共产党人紧密团结，表现了坚贞不屈的革命意志和大无畏的革命精神。安徽霍邱人王青士曾任北平市委书记、山西特委书记，1931年在上海英勇就义，是龙华24烈士之一。安徽无为人、沪西区委书记张恺帆1933年被捕后曾被囚禁在龙华监狱，写下“龙华千古仰高风，壮士身亡志未穷。墙外桃花墙里血，一般鲜艳一般红”的诗句，成为中国共产党人伟大斗争精神的生动写照。

沪皖两地有着光辉的革命历史、丰富的红色资源。在长三角一体化发展的背景下，加强沪皖早期党组织创建和发展的一体化特征研究，有助于进一步用好用活区域红色资源，为长三角一体化高质量发展提供强大精神动力。

（程中才）

安徽早期党组织地理分布及特点

安徽是一个具有光荣革命传统和深厚革命基础的省份，是马克思主义传播较早的地区，是全国建立党组织较早的省份之一。在党的一大召开前后，陈独秀、高语罕等早期党员就在安徽开展革命工作。1923年冬，中共安庆支部和中共小甸集特支成立，随后其周围多个党支部成立。党的四大后，安徽各地党组织如雨后春笋般蓬勃发展。党的五大时，安徽省临委成立，领导全省革命活动和各级党组织建设。从地理分布角度分析安徽早期党组织创建特点，对于深化研究安徽党组织建设的条件、基础，探究其内在发展规律，具有重要意义。

一、分布情况

从地理分布上看，安徽早期党组织创建和发展从建党之初的两个核心点扩展到大革命时期的三个发展区。建党之初的核心点为安庆和寿县，在1923年冬分别建立了中共安庆支部和中共小甸集特支。这两个核心点的出现背后，是马克思主义在安徽的广泛传播及其与工人运动、学生运动相结合，是安徽沿江、沿淮重要城镇党、团员聚集活动的必然结果。大革命开始后，安徽党组织纷纷建立，可划分为相对独立的三个发展区：一是由安庆、芜湖扩展到长江沿岸及皖南地区，包括今天的安庆、芜湖、宣城、池州、铜陵、马鞍山、黄山等地；二是从淮南、六安扩展到淮河沿岸及皖西（北）地区，包括今天的淮南、六安、阜阳、合肥等地；三是津浦铁路沿线及皖东（北）地区，包括今天的淮北、宿州、亳州（涡阳）、蚌埠、滁州等地。

（一）长江沿岸的安庆、芜湖、宣城等地，很早就有党的活动，较早地建立了党组织。1920年11月至1922年暑假，恽代英、萧楚女先后应聘在宣城的省立四师任教，以教书为掩护，开展革命活动。1921年6月，安庆进步学生反抗军阀统治，爆发了六二学潮，随后建立了安庆社会主义青年团，成为全国最早建立的青年团组织之一。1922年，芜湖、宣城等地社会主义青年团相继成立。1923年，柯庆施受青年团中央和陈独秀委派到安徽工作，恢复成立了安庆、芜湖青年团组织，并建立了中共安庆支部，成为全省最早在城市建立的党支部。由于反动军阀政府的通缉，大部分党、团员被迫转往外地，中共安庆支部于1924年初陷于停顿。1925年党的四大后，中共中央派党员到各地开展革命活动，恢复、新建党的组织。其中，薛卓汉、徐梦秋到安庆，高语罕、张秋人、曹国芸先后到芜湖，梅大栋、曹宣天等人到旌德，刘子丹、刘去非等人到桐城，徐文藻、周绍南等人回到宿松，相继建立了中共旌德三都农民补习学校支部、中共安庆特支、中共芜湖特支、中共南陵特支、中共孔城支部、中共宿松支部等。这些党组织积极发动沿江各地广大城乡群众，为支援北伐，迎接大革命的高潮，发挥了重要作用。

（二）淮河沿岸的寿县、六安等地，近代以来民主革命气氛浓厚，较早有党的活动，并建立起党的组织。寿县处在淮河南岸，在1922年就有“二三同志的组织”。1923年冬，军阀马联甲兼任安徽省长，由蚌埠移驻省会安庆，迫害进步学生。党的活动由沿江城市转移到淮河沿岸及大别山区的广大农村。1923年冬，在上海大学学习的曹蕴真、薛卓汉、徐梦秋等寿县籍中共党员受组织派遣，回到家乡，发展进步青年入党，成立了中共小甸集特支。这是安徽在农村最早建立的党支部。与此同时，蒋光慈从苏联留学回乡，介绍了他的小学老师詹谷堂秘密入党。詹谷堂在大别山深处的笔架山农校，宣传革命思想，秘密发展党员，1924年秋成立了中共笔架山农校小组。在上海求学并加入党组织的胡允恭、王逸常、许继慎、张子珍、王绍虞、周传业、周传鼎、崔筱斋等人，在假期回到家乡宣传革命思想，纷纷建立党的组织。1924年8月和9月，中共淮上中学补习社支部和中共寿县瓦埠小学支部成立；1925年8月中共阜阳小组成立；1925冬中共六安特别支部成立；1926年秋中共合肥北乡支部成立。革命的火种播撒到皖西（北）及大别山的广大农村地区。

（三）津浦线上的宿县、蚌埠、滁县等地，人员流动大，较早接受进步思想影响，相继建立党的组织。党的四大后，党组织加强在津浦铁路工人、两淮煤矿工人中的革命工作，注重发展工人党员，建立基层党组织。在山东读书的中共党员郑子瑜回到家乡濉溪口，1925年1月组织成立中共濉溪临时小组，8月成立支部。与此同时，在徐州读书的中共党员朱务平回到临涣镇，组织成立了中共临涣小组，1926年发展为中共临涣特支、独支，活动范围扩展到宿城，成立中共宿城临支。1926年，在外地读书的中共党员王子玉、朱完白等纷纷回到家乡，开展建党活动，相继成立了中共泗县支部、中共凤城小组等。1925年秋，中共党员苏美一受中共全国铁路总工会党团派遣，由山东济南来到安徽蚌埠，进行恢复铁路工会和建立地方党组织的工作，11月恢复了蚌埠铁路工会，发展党员，于1926年1月成立中共蚌埠特支，7月改称中共蚌埠独支。1925年下半年，滁县铁路工会恢复，建立党支部。1926年5月，中共滁县独支成立。9月，中共凤城支部成立。津浦铁路沿线安徽段党组织在中共南京地方执行委员会领导下得到了快速发展，不仅在工人中开展工作，还进一步扩展到沿线的广大乡村。

大革命失败后，安徽在城市及主要交通要道上的党组织遭受重大损失，1927年8月，中共安徽省临委迁至芜湖，领导全省革命斗争，确定以六安为中心，划六安、霍山、英山、霍邱、寿县5县为安徽第一暴动区。党的活动集中到皖西山区，重点是六安、安庆及周边地区，后发展成为皖西（北）革命根据地。同时，有部分力量转移到闽浙皖赣交界的皖南山区，重点是黄山及周边地区，建立了皖南革命根据地。1927年，中共党员曹凤山利用亲戚关系，来到青阳县北乡，组织农会，发展组织，在1928年秋成立了中共北乡支部。1930年，中共党员刘柏林在请水寨起义后，从潜山辗转来到歙县，秘密发展党员，8月成立了中共小练支部。到1931年，中共安徽省委坚持在芜湖、安庆等沿江城市，领导党组织在白色恐怖条件下同敌人进行顽强斗争。

安徽早期党组织分布一览表（部分）

(1923年冬—1930年8月)

区域	区划	党组织名称	成立时间	统计时间及党员数字
皖江沿岸及皖南山区	安庆	中共安庆支部	1923年冬	1923年冬,10人
	安庆	中共安庆特别支部	1926年1月	1926年5月,20余人
	安庆	中共安徽省地方执行委员会(安庆)	1926年5月	1926年6月,33人

（续表）

区域	区划	党组织名称	成立时间	统计时间及党员数字
皖江沿岸及皖南山区	安庆	中共桐城县孔城支部	1926年8月	1926年8月，7人
	安庆	中共宿松支部	1927年1月	1927年1月，9人
	宣城	中共旌德三都农民补习学校支部	1925年11月	1925年11月，9人；1926年3月，3人
	芜湖	中共芜湖特别支部	1926年4月	1927年4月，33人
	芜湖	中共南陵特别支部	1926年11月	1926年11月，13人
	马鞍山	中共和县支部	1927年4月	
	铜陵	中共桐城直属支部（枞阳）	1928年1月	
	池州	中共北乡支部（青阳）	1928年初秋	
	黄山	中共小练支部（歙县）	1930年8月	1930年8月，12人
淮河沿岸及皖西北地区	淮南	中共寿县小甸集特别支部	1923年冬	1924年上半年，8人
	淮南	中共淮上中学补习社支部	1924年8月	1924年8月，9人
	淮南	中共寿县瓦埠小学支部	1924年9月	1924年底，20人；1925年6月，40余人
	淮南	中共寿县城关支部	1925年6月	1925年6月，40余人
	淮南	中共寿县窑口集特别支部	1926年3月	1926年3月，10余人
	淮南	中共寿县堰口集支部	1926年夏	1926年夏，10余人

（续表）

区域	区划	党组织名称	成立时间	统计时间及党员数字
淮河沿岸及皖西北地区	六安	中共笔架山农校小组	1924年秋	成立时有6人以上
	六安	中共商城南溪特别支部	1925年夏	
	六安	中共六安特别支部	1925年冬	1925年冬,10余人
	六安	中共霍邱乌龙庙特别支部	1926年6月	1926年6月,30余人
	阜阳	中共阜阳小组	1925年8月	
	阜阳	中共阜阳临时支部	1926年12月	1926年12月,35人
	合肥	中共合肥北乡支部	1926年9月	1926年9月,3人
津浦铁路沿线及皖东和皖北地区	淮北	中共濉溪临时小组	1925年1月	
	淮北	中共濉溪支部	1925年8月	1925年8月,12人
	淮北	中共临涣特别(独立)支部、宿县独支	1926年上半年	1926年上半年,12人
	宿州	中共泗县临时小组	1925年7月	1925年成立时有5人

（续表）

区域	区划	党组织名称	成立时间	统计时间及党员数字
淮河沿岸及皖西北地区	宿州	中共宿城临时支部	1926年8月	1926年8月，6人
	宿州	中共泗县支部	1926年冬	1926年冬，8人
	宿州	中共苏湖支部（原属江苏）	1926年12月	1926年12月，12人
	亳州	中共涡阳小组	1926年8月	
	亳州	中共涡阳支部	1926年底	1926年底，8人
	蚌埠	中共蚌埠特别（独立）支部	1926年1月	1926年2月，8人 1926年9月，6人
	蚌埠	中共界沟支部	1927年8月	1927年8月，约10人
	滁州	中共凤城临时小组	1926年2月	1926年2月，4人
	滁州	中共滁县独立支部	1926年5月	1926年5月，3—5人
	滁州	中共凤城支部(独支)	1926年9月	1926年寒假，10人

二、分布特点

（一）安徽早期党组织的建立和发展是沿着水陆交通干线分布的，主要集中在长江沿岸、淮河沿岸和津浦铁路沿线的城市或附近乡村。安徽地处华东腹地，长江、淮河由西向东横贯全境，与京杭大运河相通，形成了安徽直达南京、上海的水上主要通道。1912年，津浦铁路通车运营，从天津出发到南京江北的浦口，由北向南纵贯安徽东北部，经轮渡过长江，与沪宁铁路接通，直达上海，构成了安徽与江浙沪的陆上主要通道。由此形成了一些重要的城市和集镇，如安庆、芜湖、寿县（正阳关）、蚌埠等地，这些地方成为近代安徽经济、政治、文化、教育的中心，聚集了大批有理想抱负的爱国人士和进步青年，为建立青年团组织和共产党组织提供了有利条件。

在这些区域，党的活动和党组织发展不是孤立的，而是相互联系的。中国共产党的主要创始人陈独秀，致力于将安徽各地革命力量聚合起来，传播革命思想，开展革命运动，为安徽革命事业作出了独特的贡献。陈独秀与皖北的革命人士柏文蔚等人交往密切。1904年在芜湖创办安徽公学，吸引了全省各地革命志士和进步青年荟萃于芜湖；1905年暑假，同在安徽公学任教的陈独秀与柏文蔚等人相约访游皖北，先后到怀远、蚌埠、蒙城、涡阳、亳州、太和、阜阳，逗留寿州半个月，深入到正阳关和下塘集一带，联络淮上革命志士，为推翻封建专制统治而聚集力量，随后与柏文蔚、常恒芳等人在芜湖秘密成立革命组织——岳王会，扩展到安庆、南京等地，1908年11月一举发动安庆马炮营起义。1920年8月，陈独秀在上海发起成立中国共产党早期组织，指派寿县籍中共党员高语罕作为安徽建党联络人，并从各地挑选进步青年柯庆施、蒋光慈等到上海外国语学社学习俄语，后派往苏联留学。1922年上海大学创办后，陈独秀号召安徽进步青年报考入学，曹蕴真、徐梦周、王逸常等一大批淮上进步青年进入上大。他们在校期间先后入党，受组织派遣回到家乡开展革命宣传，建立党的组织。1925年，陈独秀委派寿县籍党员薛卓汉、徐梦秋回到安庆，恢复党、团组织，于1926年1月建立了中共安庆特支。由此可以看出，虽然安徽早期党组织分散在各地，但并不是孤立的，而是受党中央直接领导，是中国共产党创建地方党组织工作的重要组成部分。

（二）安徽早期党组织的创建和发展与上海联系十分紧密，也受到南京、武汉、徐州等周边城市的影响。五四运动后，上海工人阶级积极响应，革命的中心逐步转移到上海。上海党的早期组织成立后，举办各类培训班和学校，吸引安徽进步青年来到上海，受到革命思想的熏陶，在理论和实践上得到很大提高，相继加入中国共产党。随后，一大批皖籍中共党员受组织派遣回到家乡开展革命宣传、农村调查，在党员人数较多的地方，如安庆、寿县、六安等地，最早开始了建党工作。

在党的四大后，徐州、南京的党组织加强对津浦铁路沿线工人运动的领导，派出党员到安徽宿县、蚌埠、滁县等地建立党组织。从淮北地区中共早期党员朱务平的革命经历中可见这种紧密关系。朱务平1898年出生在宿县临涣（今属淮北市濉溪县），1917年到宿县第二高等小学读书，1919年参与声援五四运动，组织学生联合会，1922年在临涣组织群化团，1923年考入徐州培心中学，1924年在徐州加入中国共产党。1925年，朱务平受徐州党组织派遣回到临涣发展党员，成立了中共临涣小组，组织工会、农民协会；1926年领导成立了中共宿县独支（亦称临涣特支）。1927年成立了中共宿县临委，转由安徽省临委领导。11月，党中央决定将安徽境内沿津浦线及皖东北各县党组织划归江苏省委领导。

（三）安徽早期党组织在城市和农村同步创建和发展，特别是在距离反动军阀统治中心城市比较偏远的山区农村，一批共产党员坚定信仰、传播真理，发动群众、建立组织。建党之初，党中央迫切需要在各地建立和健全党的组织机构，发展党员尤其是工人党员。党的二大前夕，陈独秀在给共产国际的报告中提出，要“在全国各都会增设支部”，“多收工人党员”。安徽建党即从省会安庆开始。1923年1月，刚从莫斯科回国的陈独秀即指派柯庆施回到安徽省会安庆，在恢复青年团组织的同时，筹划建立安徽党的组织。安庆不仅是陈独秀的家乡，更是他早年战斗的地方，有广泛的群众基础。但是，安徽的政治形势复杂多变。在柯庆施刚到安庆时，安徽处在皖系军阀群龙无首、各自为政的阶段，各派势力都在争取民意，政治形势比较缓和。这一时期，柯庆施给中央的报告显示，1923年春，安庆建党工作已经开始，“成立组的组织”，在《新建设日报》出副刊，组织民生研究会，“以便替代他们（指国民党两派）的地位”，找学生开一个会。到6月，召集青年团员开会，恢复了安庆青年团组织。10月开始，领导学生参加了反贿选运动、抵制日货运动，以及支援教职员索薪运动，团员发展到22人，改组了安庆青年团领导机构。12月，安徽政治形势恶化，反动军阀对学生运动进行镇压，通缉学生运动的骨干分子。此时，安庆党员人数已经增加到10人，经中央同意，成立了中共安庆支部。后来，为保存革命力量，大部分党员转移到上海、广州等地学习，逐步成长为革命的中坚分子。

安徽长期处于北洋军阀的统治之下，在其统治中心的城市，革命运动遭到镇压，党的活动受到极大限制。而在远离城市的广大农村，党组织发展获得了较大的空间。1922年，共产党员在寿县活动，成立“二三同志的组织”。1923年冬，成立中共小甸集特别支部。1924年，詹谷堂在笔架山农校发展党组织，发动农民，组织农会，为商南起义、六霍起义等积蓄了力量。这一时期，还有许继慎、薛卓汉、胡允恭、舒传贤、王步文等许多共产党员，受党组织派遣赴苏、赴日学习，经受革命锻炼后回到家乡，在皖西（北）的广大农村发展党的组织，在乡村教师、进步学生和广大贫苦农民中宣传革命思想，播撒革命火种，为大别山区革命高潮的到来奠定了坚实的组织基础和群众基础。

（廖海业）

第三篇

安徽各市早期党组织专题研究

淮南市最早党组织

——中共寿县小甸集特支

淮南市高度重视、扎实开展中共小甸集特支成立情况的调研考证工作。2022年2月8日，成立了由市、县两级党史部门同志参加的调研课题组。课题组成员通过查找历史档案资料、组织党史专家座谈、寻访烈士后代、赴陕西等外省调查等方式，进行严谨细致的考证调研。据所掌握的史料，研究认为：1922年，小甸集成立了安徽省最早的党小组。从此，安徽第一面中国共产党旗在江淮大地上空高高飘扬。1923年12月，中共小甸集特支成立，是淮南市最早的党组织，也是安徽省最早的党组织之一。考证依据如下。

一、关于“1922年”成立小甸集党小组的有关情况

1929年5月29日，中共寿县县委在给中央的报告中明确指出：“寿县在民国十一年（1922）就有二三同志的组织，当时是党的婴儿时候……”报告中的重点：一、中共寿县县委给中央的报告，而不是共青团寿县县委给团中央的报告；二、“寿县有二三同志的组织，是党的婴儿时候”，说明“二三同志的组织”是党的组织，而不是团的组织。

根据1922年中共二大通过的《党章》规定：凡有党员三人至五人均得成一组，每组公推一人为组长，隶属地方支部。各组组织，为本党组织系统，训练党员及党员活动之基本单位，凡党员皆必须加入。“组”是当时党的基层组织的最初形态。毋庸置疑，1922年成立的寿县“二三同志的组织”就是中共寿县小甸集小组，是安徽省成立最早的党小组，这为小甸集党支部的成立奠定了坚实的基础。

二、关于“1923年12月”成立中共小甸集特支的有关情况

关于小甸集特支的成立时间，由于历史资料的缺乏，观点不一，主要有两种观点：一是“1923年12月”之说，这是目前党史书籍采用较多的时间；二是“1923年3月”之说。

经研究，课题组认为：取“1923年12月”之说确实真实，而“1923年3月”之说似有不妥。目前所掌握的印证资料，主要是20世纪60年代和80年代当时尚健在的原小甸集特支有关成员的回忆笔录。

（一）原小甸集特支组织委员鲁平阶的回忆史料

1.《鲁平阶来信》①。1985年3月25日，原中共小甸集特支组织委员鲁平阶（家住山西省解州）来信回忆：“1922年秋，我在上海大学请假回家养病。1923年春，鲁平阶、曹蕴真、徐梦周、胡宏让、曹练白、吕岳等都在小甸集小学当小学教员。同年春，C.P.（当时代号）寿县小甸集特支经中央批准成立，地点在小甸集小学。支书曹蕴真，组织鲁平阶，宣传徐梦周。”“小甸集特支组成成员在1923年以前都是在校学生，到1924年其中便有一些到外地工作了，尚有一部分留在小甸

①《鲁平阶来信》关于“中共小甸集特支”成立时间补充说明，成文时间：1985年3月25日，原件存于寿县档案馆。

小学教书。只有1923年完整的集中在小甸小学。按时间、地点、组织成员都是符合实际情况的。再则，支部成立后，我记得办了以下几件事：①1923年5月，支部为了迎接'五九'国耻纪念日的到来（1915年5月9日，袁世凯接受日本提出的'二十一条'），筹备开一个盛大集会，派出宣传队到四乡农村工作，深入宣传，并利用逢集机会召开，因准备比较周到，所以到会的人数约有2000人。②办了几期农民夜校，入学的都是一些青年农民。③在小甸集南北两头，成立两个识字班，为扫盲运动打下基础。上面列举的材料，都是符合历史事实，可以确保特支成立时间的真实性、可靠性，落实悬案，补充这一历史空白。"

2.《鲁平阶调访笔录》[①]。1987年11月22日，寿县党史办人员前往山西省解州鲁平阶家调访。鲁平阶回忆："小甸集特支是1923年3月建立的，建立时党员有曹定淮（曹蕴真）、胡宏让、徐梦周、鲁平阶、徐德聚五个教师，当时曹练白还不是党员，几个月后才发展他入的党，这是正确的事实……1923年的小甸集特支，按照中央意见，还要指挥河南息县，但我们没人去，他们也没人来。"

从以上两份档案资料中显示，鲁平阶作为原小甸集特支的主要负责人之一（组织委员），小甸集特支的成立及发展是本人亲身经历的事情，并列举了特支成立后开展的工作情况，其确认小甸集特支成立的时间是"1923年3月"。

（二）原小甸集特支成员陈允常的回忆史料[②]

1960年6月26日，原小甸集特支成员之一陈允常在《陈允常介绍寿县党组织发展情况》中说："1923年寒假，我从宣城第四师范学校回

①《访问鲁平阶笔录》，成文时间：1987年11月22日，原件存于寿县档案馆。
②《陈允常介绍寿县党组织发展情况》，成文时间：1960年6月26日，原件存于寿县档案馆。

家，薛卓汉到我家，约我到瓦埠方家小楼方运炽家去玩，到方运炽家后，我们三个人同阵到小甸集小学，由曹练白带领我们到一个小庄子上开会，到会的有鲁平阶、徐梦周、曹蕴真、徐德据以及我们三个人，我还记得薛卓汉是这样介绍的：'我介绍一位新同志陈允常加入我们的组织'。以后由薛卓汉指示我们的中心任务就是反帝反封建，以及领导学生运动向学阀作斗争。最后曹蕴真要求改组，理由是他肺病严重，不能负责，当时大家公推方运炽负责。我加入后，于1924年上半年在宣城师范发展了两个党员：杨子美、马存宣……我可以肯定，寿县党组织不是从一九二三年冬才开始的，在这以前就已经有组织了。"

陈允常是原中共小甸集特支的成员，亲身经历特支的建立和发展过程，并详细介绍了特支成立后所开展的工作情况，提供的史料成文时间早，内容翔实，符合历史逻辑和时间逻辑，其认为：中共小甸集特支成立时间是为"1923年冬"或"1923年12月"之前。

（三）原小甸特支成员曹练白《校对瓦埠革命发展情况》资料

1960年5月20日，原小甸集特支成员之一、时任小集小学校长的曹练白，在《校对瓦埠革命发展情况》中记述："1923年12月间，曹蕴真和徐梦周均在小甸集小学任教，要放假了，曹、徐两教师叫曹练白准备酒菜，迎接客人。一天下午，有陈允常、薛卓汉、方运炽等都来了，鲁平阶当时得软脚病在家。在小甸集小学成立寿县小甸集特支，支书曹蕴真，并属中央领导。"

（四）曹定一《回忆大哥曹蕴真革命斗争片段》

1979年7月，曹蕴真的弟弟曹定一在《回忆大哥曹蕴真革命斗争片段》中记述："曹蕴真1922年参加中国共产党，1923年离开上海，回到寿县开展革命活动，是年冬，建立了安徽第一个党支部。"

1980年8月22日，寿县革委会《关于追认曹蕴真同志为革命烈士的报告》中称：曹蕴真1922年在上海读书时加入中国共产党，1923年12月与薛卓汉建立了中共小甸集特支。

从以上历史档案资料中，课题组经过座谈、调研，确定：中共小甸集特支成立的时间在“1923年”，具体时间最迟也在“1923年12月”之前。

（中共淮南市委党史和地方志研究室）

安庆市最早党组织

——中共安庆支部

安庆市最早党组织——中共安庆支部，也是安徽省最早党组织之一。安庆市委党史和地方志研究室高度重视中共安庆支部成立情况的调研考证工作，成立了由室主要负责同志任组长、分管同志任副组长、部分业务骨干参加的课题组。

课题组主要对现有和所知史料进行梳理研究，并邀请收藏民国时期文献档案史料的文史研究者参与研究，得出的结论是：中共安庆支部于1923年11月中下旬至12月初正式成立。

从现有史料看，参加中共安庆支部成立会议的10人中，只有会议的组织者和领导者柯庆施以及会议的积极参与者和支部宣传委员濮德治两人有档案和回忆材料，以及党组织遭破坏后，中央于1924年秋和1925年春先后派郭诚淑、薛卓汉和徐梦秋到安庆开展组织工作、恢复和发展党组织，其中郭诚淑和徐梦秋有回忆记录。下面以这4人的材料为主，尤其以柯的档案材料为主线，以文献、报刊和其他当事人的回忆为佐证。

柯庆施个人档案中有关这次会议的有2份材料：一是1942年12月1日写的《自传》；二是1947年9月26日填写的《干部调查表》。濮德治有关这次会议回忆的主要是1983年的采访记录并在1998年6月出版的《中共党史资料》第66辑刊登《忆陈独秀与安徽党团的建立》。从二人的材料看，柯庆施主要写其从1923年春受命到安庆恢复团组织和建立党组织的概况，而濮德治则写出了恢复团组织和建立党组织的一些细节，尤其是党组织建立会议，这也是其认真落实陈独秀先生的要求，积极主动协助柯庆施开展工作并将其家作为会议地点。

柯庆施在《自传》中写道："陈独秀从莫斯科返平，商定派我赴安徽去做工作，并给我一封给当时教育厅长江彤侯的介绍信，请他设法代找一职业，以便掩护"。从中得知柯庆施是何时、何人派遣到安徽工作。时间应该是陈独秀1923年1月10日从莫斯科返平后到2月20日到达上海期间；陈独秀当时是中央执行委员会委员长且在上海的中共早期党组织成立后，陈独秀"自己则担任在南京、安庆、芜湖等地物色一些青年发起社会主义青年团的组织"。安徽党组织工作是陈的职责之一。另从1923年6月柯给团中央的报告中得知柯是"自北京到此"。"大约我在1923年的春天到了安庆。到安庆找到了江彤侯（也是一个县的人，原系国民党员，任安徽省参议会议长），未能解决职业问题，适值柏文蔚出贤（资—转抄者注），在安庆出《新建设日报》。正在组织中，我由另一朋友蔡××（五四运动后，在北平编辑新生活之小型刊物）之介绍，于是参加了这个报社的工作。担任编辑副刊及国内新闻。利用这个报纸尽量宣传马克思主义与我们的主张（经常转载《新青年》《响导》的文章）。因为：（1）当时安徽省长是许世英，这个官僚正在拉拢国民党人，报是柏文蔚出钱办的，故省政府不做任何干涉；（2）那时统治者很蠢，写些文章——不管你宣传什么，他们是不管的；（3）那时安徽的学生运动——特别是安庆成为一股巨大的力量，因为前一年省长倪道烺打死了一个学生（名叫姜高琦），引起全省学生教育界及其某些绅士的反抗，闹了一个大风潮，结果倪氏去职，故许来后对于进步力量不能不联络；（4）报馆里的几个同事（方值之、汤保明、孙养癯）当时都表现进步，从不干涉我们的宣传文字（这些人后来都不好）。我们利用这个报纸的宣传与教育，团结了安庆及其他各地（如芜湖、蚌埠等处）的一些青年，首先使原来在省教育会之一有力派所领导下之安徽学生运动特别在我们的领导之下（我们当时仍同教育会之一有力派合作，这些人比较开明，大革命时成为国民党之左派，现仍为安徽社会上的开明势力。如光明甫、沈子修等），并吸收了一批进步青年，建立了安庆与芜湖青年团的组织。”从中得知：其一，柯是1923年春且许世英任省长期间，许是1923年2月3日离任，也就是说柯是在许1923年2月3日离任前到达安庆，这样柯只能于1923年1月在北平当面接受陈独秀委派且到达安庆。其二，柯根据陈的安排找到教育厅长江彤侯但未能找到以便掩护的一职业，恰好遇到了安庆团组织创建人蔡晓舟，蔡介绍其到《新建设日报》任编辑。其三，六二运动后，安徽实现了“皖人治皖”，在许世英的统治下一批反帝反封建的热血青年，其中大都是团员被公派留学日本，当时政治环境较宽松。在这种环境中，柯充分利用《新建设日报》“宣传与教育，团结了安庆及其他各地（如芜湖、蚌埠等处）的一些青年”“并吸收了一批进步青年”。这点柯在写给团中央负责人施存统和团中央的4份信件或报告中介绍得更详细，既介绍了工作开展又反映了团组织发展的具体情况：“将几个老朋友先聚集起来，然后分开去做运动，成立组〔团〕的组织。”“‘五四’‘五七’此地均曾举行示威运动。”“‘五一’‘五五’则仅由副刊发刊特刊发散。唯‘五一’芜湖曾开纪念会，并演剧。”“（1923年）六月十三日下午三时，始开（安庆地方团）成立大会。”

在这些汇报材料中，尤其值得注意的是，柯从到安庆就开始预备“组织民生研究会”“筹备马氏研究会”和“社会科学研究会，业已决定组织”。这些研究会应该就是党组织的雏形，或本身就是党组织。从中看出柯到安庆除了恢复团组织及开展工作外，始终以建立党组织为中心工作，这也正是陈独秀委派柯庆施的职责所在。

这点袁溥之更是亲身经历。1923年春，在武汉同陈潭秋、林育南、李求实、包惠僧、刘昌群等同志接触并受他们教诲的袁溥之和袁震姐妹俩因参加闹学潮，被武昌女子师范学校开除，到安庆一女师上学时重新恢复了团组织成员身份。袁溥之说：“我在武昌准备来安庆时，陈潭秋（党的负责人）就跟我讲，卢春山是党中央调去安徽建团的负责人之一。”“卢春山在安庆时和安庆党的领导人柯庆施同住在《新建设日报》报馆。”“卢春山曾经告诉我，柯庆施（柯怪君）是《新建设日报》报馆的负责人，这个报馆实际就是安庆党的机关，柯庆施就是党的负责人。这是卢春山亲口对我说的，我的印象很深。因我当时还只是一名团员，卢春山没有跟我讲安庆党组织的情况，我也没有多问。”“我到报馆去见过柯庆施，他为人比较严肃。”这进一步印证了柯到安徽的主要任务是恢复团组织且建立和发展党组织。柯在1947年9月26日填写的《柯庆施干部调查表》中写道“1922年冬—1924年夏在安徽做党团工作，并任《新建设日报》编辑”。可见“在安徽做党团工作”确实是柯的主要工作，且以“任《新建设日报》编辑”作为职业，“以便掩护”“在安徽做党团工作”。

濮德治有关建党会议回忆的主要是1983年的采访记录《中共安庆党组织的建立和活动》和在1998年6月出版的《中共党史资料》第66辑上刊登的《忆陈独秀与安徽党团的建立》。柯庆施在安庆期间，濮德治根据陈独秀信中要求，全程协助柯开展工作，尤其是作为建党会议的组织者之一，回忆了会议召开的时间、地点、过程和参加人员。“安庆建党的时间是1923年12月”。“建党地点是在安庆北门万安局一号濮家老屋的前进堂屋里”。“据我亲身经历，当时大家对于建党地点问题考虑得比较仔细，认为县学宫不合适，菱湖也不合适，因为在菱湖建团虽然也带有秘密性，但团毕竟是群众组织。建党就不一样了，不能有半点大意，大家对于地点议论得很久，都定不下来，柯庆施主张在我们濮家老屋开建党会议，于是就和濮德毅商量说：‘这次建党成立会借你家开，以后的会议另找地点可以不可以。’濮德毅又同我商量，后即向柯表示：‘我们当然是欢迎的。’柯庆施选择在万安局一号濮家老屋开建党会议，是从安全的角度考虑的。万安局一号地处北门后街孝子坊，是座百年老屋，共三进。前进是濮德毅家，后进是我的家，中间是我们姑母哈家，我们三家家长都是不问世事信佛的老先生，一年四季来客极少，十分僻静；还有一个优点，万安局一号，前门在孝子坊，后门通另一条街，一拐弯就是北门。如果前门有什么动静，我们可以从后门溜出去。一般人都不晓得这座房子的后门在什么地方，作为会址十分安全。所以，柯庆施讲：‘在我看来，你们濮家老屋很合适。’会上，柯庆施首先宣读了陈独秀的来信，然后致辞，强调说明党与团的关系。那时，我们第一次听到‘党是无产阶级的先锋队’，也是第一次听到‘社会主义青年团是群众组织’，团只有在党的领导下，才能发挥革命作用。柯庆施还强调说，作为一个共产党员，就要为实现共产主义奋斗终生，必要时能够牺牲个人的一切，甚至生命，以捍卫党的事业。听了柯庆施的报告，大家都非常兴奋，都立誓要为实现党的伟大目标奋斗到底，同时表示任何个人牺牲都乐意承受，对党的革命大业决不能丢。会上，大家一致推选柯庆施为党的书记”。“根据陈独秀‘大学生’应少于‘中学生’，不要只图量而不求质‘宁少毋滥’

的指示精神，那天参加建党成立会议的只有十人。他们是：柯庆施、王步文、濮德治、濮德毅、许继慎、杨溥泉、舒传贤、彭干臣、高永春（高一涵的堂弟）、姚光鼐等”。根据史料分析，这10人中有一人记混淆了，错将省学联第三任会长王同荣写成第二任会长舒传贤。参加建党会议是濮德治一生最辉煌的经历和最大的闪光点。濮德治曾是省文史委员并任两届省政协委员，濮一生的最大贡献就是参与安徽党组织的建立，濮的回忆是有很高可信度的。

柯庆施在《自传》中还详细介绍了其何时、何因离开安庆。“到了1924年春天，因为当时安徽督军马联甲要来安庆（他过去住在蚌埠），而省长也换了人。安徽的政治形势发生了变化，我们报馆存在发生了问题，报馆同人商量结果，在三条可能的道路中（改变态度、等待封闭、自行停刊），采取了自行停刊的办法。报馆停刊后，我因是一个公开的人，故决定离皖返沪”。

1923年12月11日，安徽督军马联甲通过贿赂曹锟而兼任安徽省长，19日到安庆，21日接印，原省长吕调元交印后离开安庆。实际上，自反曹锟贿选和教师索薪运动后，吕调元和马联甲就沆瀣一气，大肆搜捕进步学生和勒令报刊停刊。这点从1923年12月《申报》的报道中可见一斑。“吕氏一方与校长谋妥协，一方大捕学生代表，悬赏缉拿者数人，指名缉捕者四十余人，查访踪迹者百余人，……武装军警数十名，拥入省教育会之学生会，大肆搜捕，先后八次之多，同时校亦被军警按名捕拿……学生无可奈何……逃亡沪上”。[①]“马一再电吕，嘱捕学生。始则传票、继则拘票，第一次十余人、二次三十余人、三次百余人，此时省城风声鹤唳、内外皆兵，故同人不得不

①《来沪皖学生代表通电呼吁》，载于12月3日《申报》。

逃。”[①]“吕调元承顺马联甲旨意……大捕敝会各校代表、悬赏缉拿者十数人、指名通缉者四十余人，探访踪迹者百余人”。[②]当时的军阀政府一再追捕学生，学生自11月就开始纷纷逃离安庆到上海。

12月1日《申报》以“吕调元摧残舆论”为标题报道了《民治报》和《新建设日报》被迫停刊的消息。“《新建设日报》，与《民治报》同为民党中人所办，言论激烈，不减民治，官厅虽未发封，而该报经理等人亦在被拿之列，早已纷纷逃避，以致无人主持，前日已自行停版矣”。这证明了柯所讲的“自行停刊”确是事实，同时告诉了停刊的时间是12月1日的“前日”，即11月29日。

11月底和12月初报刊停刊，党团活动的主体——既是党团员且是热血青年学生被迫纷纷逃离安庆到上海，这决定了柯难以继续待在安庆，虽然党组织刚刚成立，未能发挥更大的作用，但形势所迫，只能离开安庆到上海向中央汇报，也就是柯所写“安徽的政治形势发生了变化”“决定离皖返沪”和“抵沪即做中央秘书工作”。

柯庆施接着回忆道：“不久又调回安徽去进行国民党工作（国民党和共产党已合作，我就在那时经党介绍去找林老，由林老介绍加入国民党），在芜住两月，因环境不好又返沪。1924年到达海参崴。”中国共产党第三届第一次中央执行委员会文件《中央局报告》（1923年11月）中写道“安徽国民党分两派，均不得社会的信仰，现需有能力者前往另行组织”。柯所述“不久又调回安徽去进行国民党工作”应是中央计划的实施，但由于“安徽的政治形势发生了变化”，不能回到安庆只好暂住芜湖，但芜湖也“因环境不好”只得“又返沪”，这就是柯

①《旅沪皖学生欢迎逃亡代表并议决援助方法》，载于12月11日《申报》。

②《安徽学生联合总会电》，载于12月11日《申报》；《马联甲拿办皖学生》，载于12月29日《申报》。

“1922年冬—1924年夏在安徽做党团工作”的概况。从中梳理分析，可以得出1923年11月中下旬至12月初，柯在安庆建立了中国共产党组织——中共安庆支部。

成立中共安庆支部的事实在另外两份回忆录中也得到印证。郭诚淑回忆道：“（我）于民国十三年（1924）在上海大学附设中学读书的时候，由侯绍球、朱责唯两人介绍参加中国共产党。……同年的秋天我调到安庆，首先就同谢硕（又名云皋，六安县人）、周范文、顾纯（女）等人接洽了组织关系，同时先后还会见过王步文等同志，其中王步文、谢硕、顾纯等几个人早就在安庆活动。”1924年10月，安徽督军并兼任省长的马联甲被迫离开安徽，政治形势有所好转，逃亡在外的党团员纷纷回到安庆继续开展组织工作，郭就是在这种情况下被中央调到安庆并“接洽了组织关系”，证明了党组织是早已成立了，是存在的。徐梦秋回忆道：“1925年春，陈独秀找我谈话，他说因去年有些党员被通缉离开安庆，那里党的组织解体了，要我去恢复党和团的组织，同时筹备成立国民党安庆市党部。”这一是肯定了安庆确实成立了党组织，二是“有些党员被通缉离开安庆，那里党的组织解体了”。说明党组织成立了，且是在“党员被通缉离开安庆”前，但要指出“去年”不是1924年，因为从《申报》中得知，党员被通缉离开安庆的时间是1923年12月初。

主要参考史料：

1.20世纪60年代地委斗争史办公室和20世纪80年代地、市委党史办公室成立后征集的史料。

2.中国政协文史委：《文史资料选辑（1—100）》；中央党史研究室：《中共党史资料（1—80）》；省市政协文史委：《安徽文史资料选辑》《安徽文史集萃丛书》《安庆文史资料》。

3. 中央档案馆：《中共中央文件选集（1921—1925）》和中国共产党组织史相关书籍。
4. 中央档案馆、安徽档案馆：《安徽革命历史文件汇集》（第一册）。
5.《申报》（1923—1924）。

（中共安庆市委党史和地方志研究室）

宿州市最早党组织

——上海直属小组

1921年7月中国共产党成立后，宿州各县在北京、上海等地求学的先进分子，相继加入中国社会主义青年团和中国共产党，他们利用寒、暑假回乡探亲之机，秘密宣传马克思主义和共产党的主张，积极联络爱国进步青年，并发展他们入团、入党，使宿州各县党、团组织相继建立起来。1924年夏，宿县（宿州）第一个党小组——上海直属小组正式成立，是安徽省第三个正式党组织。

一、宿县党小组的创建历程

1919年北京五四运动爆发，震醒了宿州人民，使各地爱国进步青年看到了希望。1919年5月6日，驻宿县城安徽省立第四农业学校、县立第一高等小学等校师生和部分商界代表、市民3000多人，在城隍庙集会，并游行示威，声援北京学生五四运动。会后，大会主席团成员分别组织带领上千名爱国进步学生，到各商店查抄日货，宣传动员群众“请用国货！”并通电军阀政府，要求取消中日“二十一条”不平等条约，惩办卖国贼。泗县、灵璧、砀山、萧县等地爱国师生也相继集会游行，形成了以爱国进步青年、知识分子为先锋，广大人民群众参加的彻底反帝、反封建的伟大爱国革命运动。

五四运动后，新思潮、新文化运动深入发展，马克思主义以其高度科学性和革命性吸引了众多的爱国知识分子和进步青年，成为学习研究传播马克思主义的骨干力量。中共早期党员、宿县大泽乡人吴可，1900年出生，自幼父母双亡，1918年秋考入北京中国大学。为寻求救国救民的真理，饱受苦难的吴可积极参与组织领导中国大学的五四运动，通过锻炼和考验，1920年3月参加了李大钊主持的北京大学马克思主义学说研究会，并将驻宿县安徽省立第四农业学校学生会主席王香圃介绍给了李大钊，将马克思主义和俄国十月革命的经验传播到宿州。为加强马克思主义学习研究，吴可联络在北京求学的同学，组成宿县旅京同乡会，利用星期天或节假日，在北京凤阳会馆学习研究马克思主义，交流心得体会。1921年7月中国共产党成立后，吴可先后两次回到宿州，组成宿县旅外学生同乡会，学习宣传马克思主义和共产党的主张，为中共宿州地方党组织的建立培训骨干。

与此同时，宿县人李启耕、邵葵等也在宿县大力传播新文化，宣传马克思主义思想。1921年底，李启耕因闹学潮——组织学生反对洋人教师，被校方无理开除学籍。1922年经同学和朋友资助，考入北京农业专科学校（1923年改为北京农大），由此走上革命道路。当时的北京农大已建立党团小组，在组织的关怀下，李启耕得以阅读马列著作，探索革命真理，并于1922年由乐天宇、杨开智介绍加入中国社会主义青年团，是北农大第一个团支部的首批团员。支部会议的地点就设在李启耕的住房，他担负起宣传、交通工作，积极参加党的外围组织主办的工人夜校和“农业革新社”，从事学生运动和农民运动。1923年底，李启耕转为正式党员，不久调到北方区委工作，担任中共北方区委交通处负责人兼中共北方区委机关支部书记，李大钊、赵士炎、李一纯等区委委员都在这个支部过组织生活。在此工作期间，李启耕经常利用假期回到家乡进行革命活动。

邵葵于1923年在上海参加社会主义青年团，1925年加入中国共产党。早在1920年寒假，就同李启耕等高校学生组成了宿县旅外学生联合会，进行反帝反封建的宣传，传播新文化，并开办了群星书社，专门发行爱国进步书籍，包括《列宁评论》《共产党宣言》《向导》《新青年》等10多种书刊。宿县学联还创办了《宿县学生联合会会报》，后更名为《宿县导报》，介绍进步书刊，刊登反帝反封建的文章，促进了马克思主义传播。

1923年夏，李启耕和吴可、邵葵等同志与上海团中央取得联系，在宿县建立了第一个社会主义青年团小组。共青团宿州地方组织在斗争中逐渐成熟，马克思主义进一步传播和在外地求学加入共产党的党员返回家乡开展革命活动，为宿州共产党组织的建立提供了思想和组织基础。

1924年夏，李启耕回到家乡，发展进步青年郑子玉等10多人入党，并建立宿县第一个党小组，成员有刘道行、江善夫、孔禾青、李宜春（李启耕）、李一庄、江汉伯，刘道行负责宣传，江善夫负责组织。宿县党小组的名称叫上海直属小组，属上海党组织直接领导。活动地点在东关翟家巷私立高级小学，校长是王秀英（党员），江汉伯、邵葵在该校任教。

二、宿县党小组的主要活动与发展

宿县党小组成立后，1925年至1926年，李启耕在中共北方党校学习。宿县党的活动主要通过学生联合会进行。宿县学联领导学生进行反帝反封建的活动，在学联内宣传马克思列宁主义，通过活动发现和培养进步人士，准备吸收入党。邵葵就曾先后介绍邱启仁等多人入党，宿县著名的巾帼英雄常俊婷也是在邵葵的影响下走上革命道路的。1925年，学生联合会在国民第二小学集会，组织非基督教同盟会。邵葵同孔子寿、李一庄、董畏民等上午进入福音堂，到12点才出来，邵葵带头高呼反对基督教的口号，衣服被县党部的人开枪打了一个洞。

1926年春，孔禾青、刘道行等分别深入各业工人群众中，组成药业联合工会和木、泥、石、油四业联合会，研究制定了工会章程，印发传单，广作宣传。接着，宿县城的搬运、推水、摊贩、浴业、理发、黄包车等行业工会相继成立。1926年夏，宿城浴业工人开展了一场争取改善待遇、提高地位的斗争。当时宿城有浴业工人200人左右，他们劳动时间长，工作条件差，工资收入低，有时因对社会上一些头面人物及地痞流氓服侍不周，还遭到辱骂和毒打。浴业工会成立后，在中共党员王香圃的领导下，工人们举行罢工，要求提高工资待遇，改善营业环境。王香圃与各浴池老板谈判时据理力争，使这些老板被迫同意了工人的要求，斗争取得胜利。

为更好地开展农民运动，王香圃、江汉伯在宿城北关小学举办工农识字班，宿城东关、西关、北十里铺、夹沟、大五柳、古饶等地，都相继办起了农民夜校和平民夜校。到1926年，宿县城乡已有夜校18所，有1400多名农民参加了夜校学习，成为农民运动的骨干。

1926年5月，中共宿县独立支部（又称临涣特支）成立，朱务平任支部主任。为了加强对妇女运动的领导，独支决定，由邵葵、杨梓宜负责筹办三八妇女节，并动员组织启秀女校教师英素珍、吴锡珍等组织妇女协会，宣传党的路线、方针、政策；宣传妇女翻身的道理，要求妇女学文化，走向社会，参加革命活动；提倡男女平等，婚姻自主，恋爱自由，反对封建礼教。7月，朱务平到宿县组建临时支部，并在国共合作中任国民党宿县党部农民委员及县农民协会秘书，在他和同志们的努力下，宿县的农民协会会员很快就发展到2万余人，工会会员也达4000人左右。他先后发动了百善一带农民抗租、抗捐、抗税斗争，发动四里庙、五里营等地农民强割地主麦子，向恶霸地主袁三进行清算斗争，并迫使地主交出2万斤粮食和归还霸占的土地。

1926年7月7日，中共江浙区委决定，中共宿县独立支部由区委直接领导。按照中共江浙区委的要求，1926年10月底，中共宿县独立支部在宿县城孔庙奉祀宫（今宿州市第一小学原孔庙大成殿）召开党员代表会议，到会30余人，选举产生了中共宿县地方执行委员会，朱务平任书记。随着宿县地区党的组织不断完善，党的领导不断加强，宿县党小组的活动暂时告一段落，而当初成立党小组的成员也分散到全国各地，为中国革命作出了贡献。

作为宿州地区成立最早的党组织，宿县党小组是宿州进步青年解放思想、学习马克思主义的结晶，点燃了宿州革命的星星之火，也为中国人民的革命事业，培养了一批优秀人才。在它的影响下，宿州各地党组织纷纷建立，革命运动接连展开。宿州各地党组织是在轰轰烈烈地反对帝国主义、反对军阀的大革命中成立的，肩负着组织领导群众革命运动重任。此后，共产党员、共青团员以个人身份加入国民党，实行国共合作。通过国共两党的共同努力，广泛地发动群众，发展革命力量，在古老的宿州大地上，前所未有的革命群众运动不断发展壮大。

（蒋金军）

六安市最早党组织

——中共笔架山农校支部

六安是全国著名的革命老区，中国共产党的重要建党基地、中国革命的重要策源地、人民军队的重要发源地。金寨是六安境内马克思主义传播和中共组织建立较早的地区，1924年秋，中共笔架山农校支部成立，这是今金寨县、也是六安市境内建立最早的一个党支部。

一、中共笔架山农校支部成立的背景

五四运动前后，金寨地区马克思主义的传播和农民、工人反帝反封建斗争的开展，锻炼了一批具有初步共产主义思想的骨干分子，从而为金寨地区党组织的建立奠定了思想基础。金寨籍在上海、南京、武汉、安庆、芜湖等地工作和求学的进步知识分子，利用寒暑假回乡或学成归来，带回来许多马克思主义理论书籍和进步刊物，先是在燕溪、明强、淠阳、志成学校和笔架山农校师生中传播，而后逐渐向社会扩展，使封闭的金寨山区的一些进步知识分子开阔了视野，看到了社会发展的光明前景。

1915年，商城县在笔架山大庙（今属金寨县）成立了商城县甲种

蚕科学校（笔架山农校），学生除学习国文、数学、生物、英语等课程外，还开设蚕桑技术课。五四运动爆发后，许多进步教师到该校任教，从上海、武汉、安庆、开封等地传入的马克思主义理论在笔架山农校师生中产生很大的影响。

从1920年开始，研读马克思主义和进步书刊的“马克思主义学习小组”“青年学会”“新文化研究会”“豫皖青年学会”等组织，在一些学校和进步知识分子中相继建立，学习、宣传马克思主义，为建立中国共产党组织打下了思想基础。

1920年10月，燕子河燕溪小学校长徐狩西，教师刘长青、刘锡凡、郑其代、李德甫等7人组成以学习马克思主义和进步书刊为内容的学习小组，徐狩西任校长。不久，笔架山农校、志成、明强、淠阳等小学学习马克思主义的读书会等组织也相继建立起来。当时笔架山农校的马克思主义学习活动极为活跃，他们除了成立“青年读书会”、组织进步师生学习马克思主义和进步书刊外，还成立了新文化演剧社、歌咏队，向群众宣传新思想、新文化，深受群众拥护。同期建立的马克思主义学习小组性质的还有白沙河禅堂蚕业学校的同学会，河南省固始县志成小学的“马克思主义学习研究会”（又称读书会），河南省商城县创办的商城书社、商城学会等。1924年，在国立武昌商科大学读书的陈绍禹和同学詹雨生寒假回乡，在金寨县组建立豫皖青年学会，团结豫、皖边区的商城、固始、六安、霍山、霍邱等县的进步知识分子100多人，学习研究马克思主义，进行反帝反封建的宣传，揭露帝国主义侵略中国的罪行。马克思主义的广泛传播，为金寨地方党组织的建立奠定了基础。

二、中共笔架山农校支部的创建过程

1920年，金寨籍进步知识分子、中国无产阶级革命文学的先驱蒋光慈经陈独秀介绍，到上海外国语学社学习，并加入了中国社会主义青年团，1921年去苏俄留学，1922年转为中国共产党党员。受其影响，1924年秋，志成学校读书会组织者、金寨籍进步知识分子、蒋光慈的老师詹谷堂加入中国共产党。随后，詹谷堂又发展该校教师曾静华等人加入中国共产党。

1924年秋，詹谷堂和曾静华以讲学的方式，到笔架山农校发展该校“青年读书会”骨干李梯云、周维炯、漆德玮、漆海峰、李声武等加入中国共产党，并成立了党小组，李梯云任组长。小组的主要工作任务是扩大马克思主义宣传，团结广大师生和工农群众，慎重地发展党员，建立秘密组织，开展反帝反封建斗争。不久，中共笔架山农校小组扩大为中共笔架山农校支部，李梯云任支部书记，罗志刚为副书记，漆德玮、漆禹源为委员，有党员12人。此后，中共笔架山农校支部发展了大批党员，这些党员后来成为豫皖边区革命斗争的重要力量，笔架山农校成为金寨革命火种的重要孕育之地。

1925年3月，詹谷堂离开志成小学、回到家乡南溪明强小学办学。他在大力倡导新文化教育的同时，积极开展党组织建设，发展王凤池、曾昭烈等进步教师入党，并于1926年夏建立了中共南溪支部。1926年秋，中共南溪支部和笔架山农校党支部合并到一起，发展成为中共南溪特别支部，詹谷堂任书记。

笔架山农校从1915年开办至1929年停办，先后招生10期，毕业7期，笔架山农校将革命火种撒向豫皖边区，地方党团组织的建立与发展，成为领导金寨地区革命斗争的核心力量，从而为该地区革命运动的深入发展提供了组织上和思想上的保证。

三、土地革命早期的六安党组织

（一）发展革命力量

党支部成立后，党员们利用办学、开商店等作掩护进行革命活动，为后来的农民运动培养了大批骨干。李梯云来到武昌中华大学，积极从事革命工作；周维炯、漆海峰到武汉中央军事政治学校进行政治和军事训练，后被党组织派回家乡，以教书为掩护，秘密从事兵运和农运；漆德玮考入河南中州大学，传播进步思想；漆禹源到果子园开商店，成为党的联络中心；袁继安、桂杰生、詹慕禹、许仲平回到金家寨地区教书、经商，宣传革命思想，组织农民运动；袁汉铭到商城中学任教师，创办商城书社，开展革命活动。

（二）发展武装力量

金寨各地党组织在准备武装起义的过程中，广泛发动群众，发展农民协会组织，引导群众从经济斗争逐步走向政治斗争和武装斗争。1926年春节期间，笔架山农校学生、共产党员蔡兴芳在其家乡双河香炉石建立农民协会，他通过串门、拜年等机会，向穷人讲解农民痛苦的原因，宣传农民团结闹翻身的道理，发展了张本海、杨志和等人成立的农民协会小组，一个多月时间，农民协会小组便发展了40多人，成立了农会委员会。笔架山农校学生余海若、林正刚、杜昌甫在双河的下店子和桃岭等地建立了农民协会。1926年春，南溪、斑竹园地区在詹谷堂、袁汉铭、周维炯、漆德玮等组织领导下，部分乡、村农民协会也纷纷建立。各地党组织还将原来秘密组建的武装小组、钢枪队、赤卫队、别动队等，改建为党领导下的游击队，成了农民武装起义的骨干。从1928年下半年开始，各地党组织还趁国民党地方当局发展民团之机，选派共产党员利用社会关系打入民团，开展士兵运动。1928年冬，周维炯、漆德玮通过漆树人的关系打入杨晋阶民团，同时带去2个班的武装，目的是掌控杨晋阶民团，雄踞商南。到1929年初，今金寨县金家寨、丁家埠、吴家店、白沙河、斑竹园等地民团中有很大部分武装掌握在党的领导之下，为发动民团起义创造了条件。

（三）发动武装起义

大革命失败后，中国共产党开始走上独立领导武装斗争的道路，从笔架山农校走出的进步师生积极投身革命，他们中很多人参加了革命队伍。1928年2月，为了加强对商南党组织和武装起义的领导，中共商城南邑区委员会（又称商南区委）成立，书记漆德琮，李梯云、詹谷堂、肖方、周维炯、漆德玮、廖炳国为委员。1929年3月，豫东南特委与鄂东特委举行联席会议，决定在商南发动起义。4月，中共商罗麻特别区委员会在太平山穿石庙成立，其主要成员有徐子清、徐其虚、李梯云、肖方、周维炯、詹谷堂。5月2日，商罗麻特区委在太平山穿石庙召开紧急会议，决定把原定于中秋节的起义提前到5月6日立夏节举行，并成立了以徐子清、肖方为总指挥的起义指挥部。5月6日当晚，以笔架山农校师生李梯云、詹谷堂、周维炯等同志组织发动的商南起义在金寨地区的丁家埠、李家集、南溪、斑竹园等地爆发，并取得全面胜利。5月9日，会师斑竹园，成立中国工农红军第十一军第三十二师，师长周维炯，全师共200余人，有长短枪100余支。这是鄂豫皖边区创建的第二支主力红军。至1929年8月，在今金寨境内初步形成了一块以南溪、斑竹园、吴家店为中心，南北50多公里、东西30多公里的豫东南革命根据地。在商南起义的影响下，1929年11月，六霍起义爆发，并组建中国工农红军第十一军第三十三师，到1930年4月初步创建皖西革命根据地。

笔架山农校是大别山的革命熔炉、革命骨干成长的摇篮。从农校走出去的周维炯是红三十二师的师长，后来任红一军第三师师长、红四军十一师副师长；漆德玮是红三十二师副师长，后来任红一军第二师师长；李梯云是红三十二师政治部主任、党委书记、中共鄂豫皖边特委委员。红三十二师也是后来红四方面军的重要组成力量，为打击敌人、消灭反动势力，英勇作战，作出了巨大的牺牲和贡献。在以笔架山农校为代表的六安党组织影响下，大别山的点点星火形成燎原之势，在中国革命历史上写下了壮丽辉煌的篇章，六安人民前赴后继、英勇奋斗，建立了不朽的革命业绩，为中国革命的胜利、中华民族的解放作出了不可磨灭的贡献。

（中共六安市委党史和地方志研究室）

淮北市最早党组织

——中共濉溪支部

淮北是一块红色热土，革命历史悠久，是马克思主义传播和党建立地方组织较早的地区之一。自1925年成立党组织，淮北地区革命运动便风起云涌，揭开了淮北历史的崭新一页，写下了波澜壮阔的百年革命史诗。淮北的革命历史，在安徽百年党史中具有重要地位，是安徽党史的重要组成部分。

一

十月革命一声炮响，送来了马克思列宁主义。

五四运动后，淮北地区反帝反封建的群众斗争持续不断。在新文化浪潮的冲击下，淮北地区的进步师生高举民主与科学的旗帜，掀起新文化运动，促进了马克思主义的传播。

1919年7月，郑子瑜、王建东、文天情等一批进步青年，在濉溪口创建进步青年组织青年社。该社广泛吸收进步青年入社，发展到数百人。青年社设有图书馆，购买大批进步书刊供广大青年阅读，还设立俱乐部，开展丰富多彩的文化娱乐活动。他们还经常聘请社会进步人士讲解国内外大事，介绍苏联十月社会主义革命的成功经验和重要的历史意义。

1922年1月，在外地读书的朱务平、刘之武、徐风笑等返回家乡，在临涣创建了以“求得真知识，改造恶环境，推翻旧制度，实现真人生”为奋斗目标的青年进步组织群化团。群化团迅速发展起来，一度发展成员1000多人，成为皖、苏、鲁三省有影响的青年进步组织。

1923年寒假，郑子瑜、王建东回到濉溪，与同学一起组建了濉溪旅外学生会，并开展新文化运动的宣传。一些地区为宣传新文化还开办了书社，向外借阅或出售进步书刊，在广大青年学生中产生了较大影响。随着新文化运动深入开展，马克思主义以其高度的科学性和革命性逐渐吸引着越来越多的进步青年，研究、宣传马克思主义迅速成为一股时代的潮流。马克思主义首先在学校传播开来。淮北地区进步青年在外地求学期间接受马克思主义。假期，他们又把《共产党宣言》《共产主义ABC》等书籍以及《新青年》《每周评论》等进步刊物带回母校，在广大师生中广为传阅。学校很快成了宣传马克思主义的主要阵地。师生们在接受马克思主义后，又通过多种方法和途径在社会上广为宣传。

应当说，青年社和群化团的建立与发展，对传播马克思主义发挥了极大的作用，为淮北党组织的建立奠定了思想基础。

二

马克思主义在淮北的广泛传播和学生运动的深入开展，为淮北社会主义青年团的建立创造了条件。

1921年7月，中国共产党成立。在外地求学的朱务平、赵西凡、张华坤、谢箫九、段紫亮、刘之武等，分别在芜湖、徐州、济南和南京等地加入中国社会主义青年团或中国共产党。他们于寒暑假回到家乡，在家乡青年中传播先进思想，并在先进青年中物色、发展团员。

1924年5月下旬，朱务平先后介绍群化团的主要领导人和骨干分子徐风笑、陈文甫、吴醉松等加入中国社会主义青年团。7月中旬，朱务平、徐风笑将在外地读书返乡和本地青年团员召集在一起，正式成立中国社会主义青年团临涣支部，推举朱务平为书记。这是淮北地区第一个团支部。

团临涣支部积极组织领导了一系列反帝反封建斗争，青年革命斗争不断发展。同年秋，朱务平以青年团临涣支部为核心，在群化团、宿县西南区小学教职员联合会和学生联合会等社会团体的大力协助下，联合各乡村农民协会，组成临涣区农民协会，朱务平、徐风笑分别当选为正、副委员长。临涣区农民协会的成立，推动了宿县农民协会的建立和农民运动的发展。

在领导反帝反封建斗争的同时，青年团积极组织开展反对洋教的斗争。1924年1月，朱务平主持成立临涣区非基督教同盟。暑假，郑子瑜、王建东等也在濉溪成立非基督教同盟和旅外学生会，积极开展反洋教斗争。临涣地区反洋教的斗争最为突出。临涣区非基督教同盟组织近400名群众到临涣天主教堂门前集会，驳斥洋教所宣传的麻痹中国人民的谬论，揭露教会充当帝国主义侵华工具的丑恶面目，在群众中产生积极影响。

淮北地区的团组织成立后，积极组织领导了一系列反帝反封建斗争，革命力量进一步壮大。一些团员在入团后不久即转为中共党员，还有一些人直接加入中国共产党，为中国共产党组织在淮北地区的建立做了干部的准备。

三

在马克思主义传播下，淮北地区出现了一批接受和传播马克思主义的先进分子，他们在中国共产党党团组织的领导下，筹备建立中共淮北地方党团组织，积极开展革命活动。

从1923年到1925年，在外地读书的朱务平、丁景吉、郑子瑜、赵皖江、王建东等人相继由共青团员转为中国共产党员或直接入党。他们利用假期，在家乡发展党员，建立地方组织，有的在外地从事建立、发展党组织的活动。

1923年，郑子瑜在济南求学时，结识了王尽美等共产党人后，经王尽美介绍加入中国共产党。1925年初，郑子瑜从济南回到濉溪，介绍梁宗尧、文天情、丁茂修、刘景春等人加入中国共产党，组建中共濉溪临时小组，推举梁宗尧任组长，这是淮北地区建立的第一个党小组。郑子瑜返回济南后，把组建中共濉溪小组的情况向王尽美作了汇报，经王尽美同意，将中共濉溪小组划归中共山东地方执行委员会领导。后来，又先后发展张灿五、苏少立、王友石、余亚仙、丁茂修、张协五、萧亚珍等人参加中国共产党。张灿五、王建东、王友石等人组成中共濉溪通讯组，组长张灿五；丁茂修等人组成中共刁山小组，组长丁茂修。

同年8月，组建成立中共濉溪支部，有党员12人，苏少立任书记。支部下辖中共濉溪小组、刁山小组和濉溪通讯小组。支部设在濉溪口。隶属中共中央领导。这是淮北建立的第一个党支部。这是淮北党的历史上一件大事，具有里程碑式的意义。它改变了这块土地的历史，并在这块土地上谱写了一曲革命的史诗。淮北的面貌，由此焕然一新。

濉溪支部下辖中共濉溪小组（组长萧亚珍、梁宗尧）、刁山小组（组长丁茂修）、濉溪通讯小组（组长张灿五、王友石）3个小组。支部利用《皖邮之光》开展宣传。之后，郑子瑜前往上海，把中共濉溪支部的组建情况向中共中央汇报，希望把中共濉溪支部置于中共中央的直接领导之下，得到中共中央的批准。[①]1926年7月，中共濉溪支部改属中共宿县（临涣）独立支部领导。11月，改属中共宿县地方执行委员会领导。

1926年7月，濉溪镇酒业工会、搬运工会相继成立。为加强对工人运动的领导，中共地方党团组织积极在工人中开展宣传活动，发展党团员，把各业工人联合起来。1927年5月，国民革命军进抵濉溪口，群众革命热情高涨，工人运动蓬勃开展起来。当月，中共濉溪支部决定吸收顾效成、李景福、沈计龙、沈计凤等工人加入中国共产党。支部还动员各业工人、店员、学徒工等加入工会组织，并以酒业工会和搬运工会为基础，组成濉溪工人联合会，萧亚珍任委员长。工人联合会成立后，即组织发动各业工人开展增加工资、改善生活条件的斗争，并取得胜利。

在中共濉溪支部建立的同时，朱务平、赵西凡先后组建了中共百善小组、中共临涣小组，并于夏末将中共临涣小组改建为中共临涣支部。1926年3月中旬，在原中共临涣支部的基础上，组建了中共临涣特别支部。7月，更名为中共宿县（临涣）独立支部，统辖宿县各地中共组织。11月，中共宿县（临涣）独支改建为中共宿县地方执行委员会，下辖临涣、濉溪、百善、古饶、徐楼、刁山、童韩等中共支部，

①中共中央组织部、中共中央党史研究室、中央档案馆：《中国共产党组织史资料·第一卷·党的创建和大革命时期（1921.7—1927.7）》，中共党史出版社2000年版，第371页。

党员33人。

中共淮北地方党组织的建立，标志着淮北人民的革命斗争有了坚强的领导核心，从而开创了淮北历史的新纪元。从此，淮北人民在党的领导下，历经艰难险阻，取得历史性成就、发生了翻天覆地的变化。

（中共淮北市委党史和地方志研究室）

阜阳市最早党组织

——中共阜阳小组

阜阳是安徽省较早创建地方党组织的地区之一，1925年8月阜阳第一个党小组成立，从此阜阳的革命历史有了党的领导，阜阳革命形势掀开了崭新的篇章。

一、中共阜阳小组创建的背景

中共阜阳小组的诞生有着深刻的社会背景和根源，是马克思主义同阜阳具体实际相结合的必然结果。

阜阳是传统的农业地区，广大人民主要依靠土地生活，20世纪初期在封建主义和帝国主义的双重压迫和剥削下，农民往往辛苦劳作一年，仍无法生活，再遇到自然灾害，遭受更深重的灾难，只有携儿带女四处逃荒要饭。广大农民极端贫困，生活在水深火热之中，反抗意愿强烈。

1911年辛亥革命在武昌爆发，全国各地纷纷响应。勇敢勤劳的阜阳人民为了争夺生存权和发展权，也在前仆后继，不断持续进行反帝反封建斗争。在革命浪潮冲击下，1911年11月17日，阜阳人程恩普宣布颍州独立，成立淮北国民军。11月24日，淮上军进驻阜阳和淮北国民军会师，皖北各县大部光复，革命形势发展迅速。阜阳人民英勇的抗争传统，奠定了中共阜阳小组诞生的群众基础。

1915年9月，陈独秀在上海创办《青年杂志》（次年改名为《新青年》），高举民主和科学的旗帜，标志着新文化运动的开始。阜阳、太和、颍上、涡阳等地的青年学生在此影响下，努力探求救国救民的真理，以求得“思想的解放”，有力地推动新文化运动在阜阳的发展。广大青年组织起来废庙宇、办学堂，在青年女性中掀起剪发放足运动，解放了几千年受封建礼教束缚的妇女，引起社会的共鸣。

1919年五四运动在北京爆发。阜阳各县特别是广大青年学生积极响应，五四运动的爱国狂飙很快席卷阜阳大地。5月6日，阜阳省立六中教师王允仲和阜阳省立三师职工高廷壁组织六中、三师和其他学校师生，举行声势浩大的罢课和游行示威，声援北京学生。在学生运动的影响下，阜阳城内工人、商人、店员、市民也不断加入游行行列，形成声援五四运动的汹涌洪流。

五四运动、新文化运动、马克思主义的广泛传播奠定了阜阳党小组成立的思想基础。

二、中共阜阳小组的创建历程

中共阜阳小组以张子珍、周传业、周传鼎为代表的革命积极分子在积极探寻救国之道的曲折历程中诞生的。

五四运动以后，一些在外地读书的阜阳进步青年，持续接受马克思主义教育，从1923年开始先后加入中国共产党，成为阜阳小组成立的主要骨干力量。1923年秋，阜阳城西青年张子珍在上海美术专科学校读书期间，经上海商务印书馆批发部主任宋某介绍，加入中国共产党，成为阜阳籍第一位中国共产党员。临泉的郭铸九于1923年冬在上海大学读书期间，经教师施存统、薛卓汉介绍参加中国社会主义青年团，1924年加入中国共产党。周传业、周传鼎、董橙君、李乐天都先后在上海加入中国共产党。这些优秀的共产党员将革命的火种带回家乡，在阜阳各地开始发展党员，有力地加速了中共阜阳小组成立的进程。

张子珍因在上海多次参加游行示威，开展革命活动，遭到国民党当局的严令通缉，1924年夏，党组织派张子珍回家乡阜阳开展工作。1925年5月因参加五卅运动，周传业、周传鼎被军警逮捕，经多方营救获释出狱，也回到阜阳。1925年夏，张子珍和回到阜阳的周传业、周传鼎取得联系，一起开展革命宣传和建党活动。同年8月革命形势发展迅速，各方面条件成熟，中共阜阳小组秘密成立，也是阜阳党史上第一个党组织。由于安徽还没有建立党的领导组织，经请示隶属于上海区委领导。党小组由张子珍任组长，成员周传业、周传鼎。

中共阜阳小组的诞生正值全国大革命的高潮时期，特别是五卅运动的民族浪潮翻涌全国，为阜阳地方党组织的发展带来良好的发展势头。

三、中共阜阳早期组织开展的主要活动

中共阜阳小组成立后，张子珍、周传业、周传鼎等共产党员以饱满的热情，时不待我的责任感开展了大量工作。

宣传传播马克思主义是中共阜阳小组成立后放在第一位的任务。张子珍、牛季良在阜阳大隅首开办淮颍书局，购买先进书籍供青年学生阅读，他们以淮颍书局为活动中心，经常在一起开展学习活动。《共

产党宣言》《国家与革命》《向导》《新青年》等进步书刊都是主要学习内容。淮颍书局一时成为阜阳传播马克思主义的中心平台。张子珍和乔锦卿、张蕴华等同志为了更好地适应社会需求，还想办法开办了“流动图书馆”与“读书会”，吸引更多的青年学习传播马克思主义。

此外，他们还积极创办自己的刊物，宣传马克思主义。1926年4月15日，在早期著名共产党员恽代英指导下，周传业、董橙君、吕鼎才、李象贤4位“四维社”成员发起创办《阜阳青年》。《阜阳青年》在创刊宣言中明确指出：“揭穿社会上的黑幕”“领导青年到活动的路上，要他们不要埋头读书”，阐明了发刊的宗旨和目的。在这一阵地上，周传业、周传鼎、乔锦卿、张蕴华等纷纷撰文，宣传传播马克思主义和新思想。《阜阳青年》发行以后，以强烈的反帝反封建的革命性和战斗性，在阜阳青年中产生很大影响。《阜阳青年》成为中共阜阳小组宣传和战斗的“党刊”。

阜阳地区农民人数最多，也是受压迫最深重的阶层，为唤起农民参加革命，把农民组织起来，成为阜阳党组织成立后工作的重点。阜阳党小组派遣党员和积极分子深入到农村开展农民工作，组织农民运动，成立农民协会。李乐天在家乡行流集，乔锦卿、周传业、周传鼎分别在城关组织成立农协，发展农民加入协会，逐步扩大党的影响。吕西园、刘晨光、李勤才、刘占元、徐世德等先后加入中国共产党。吕浩汝在插花庙组织农协、发动农民进行抗租、抗捐、抗税斗争，并发展农民入党。

农民协会的逐步建立和发展，使广大农民能够有组织、有领导地进行政治斗争和经济斗争。1925年，张蕴华在沈丘集小学任校长期间经常深入到农民群众中，宣传党的主张和北伐战争的伟大意义，还印发一些平均地权、节制资本的传单材料，启发教育和组织农民起来进行斗争。当时地主于益斋侵占泉河边600亩公田，张蕴华带领农协进行坚决斗争，最终迫使于益斋退还土地，取得胜利，在农村中产生很大的影响。

中共阜阳小组成立后，更加积极主动发展党员，不断扩大党的队伍，很快辐射到阜阳城周边区域。共产党员李乐天从上海返回家乡行流集后，积极开展建党活动和农运工作。1926年10月，在行流集成立了中共阜阳第一个农村小组。周传业、周传鼎先后发展江化难、张蕴华、马昌实、吕盘铭等入党，于1926年12月成立城关党小组，组长周传业。吕浩汝在插花庙一带先后发展吕西园、徐世德、吕金铭等入党，1927年2月，成立了插花党小组，组长吕浩汝。1926年12月中共阜阳临时支部委员会成立，负责人周传业、吕浩汝，委员有周传鼎、汪惠波、董橙君、张蕴华。有党员34人，仍然隶属于上海区委领导。1927年10月，隶属于中共安徽省临委领导。

中共阜阳小组虽然存在时间不长，但它的成立，犹如熊熊燃烧的火把，点燃了阜阳大地的革命火焰，生生不息。其后，阜阳地方党组织在艰难曲折中不断发展壮大，砥砺前行，带领阜阳人民取得一个又一个的伟大胜利。

（罗会芳）

宣城市最早党组织

——中共旌德三都农民补习学校支部

1925年11月的一天，在宣城市旌德县三都梅村一个叫作“三都农民补习学校”的教室里，中国共产党在皖南的第一个组织“中共旌德三都农民补习学校支部”宣告诞生。从此，皖南人民在争取民族独立和人民解放的伟大征途中就有了主心骨和核心力量。

一、中共旌德三都农民补习学校支部的创建背景

20世纪初的旌德，在北洋军阀的统治下，是当时中国社会的一个缩影。封建主义、反动军阀政府和帝国主义的重重剥削，使旌德人民不堪重负，经济上日益贫困，广大农民终年辛勤劳动，却不免啼饥号寒，不得温饱，正如一首民谣所唱：“镰刀上墙，饿断肚肠。”与此同时，反动政府对人民群众的政治压迫也日益加深。改变悲惨的命运，成为旌德人民的急切期待。

受五四运动的影响，旌德县一些思想进步的教师在县内办起了新学，号召反对旧文学、提倡新文学，反对文言文、提倡白话文。通过新学的开办和广泛的宣传，相信新文化的年轻人越来越多。以梅大栋、谭梓生等人为代表的旌德先进知识分子，积极投身五四运动，受

到五四运动的洗礼，成为旌德县最早的一批思想解放者，为随后接受马克思主义奠定了思想基础。恽代英、萧楚女任教安徽省立第四师范学校期间，在四师求学的梅大栋、谭梓生等人深受其影响，开始逐步走上革命的道路。

1923年10月，经恽代英介绍，梅大栋到江西萍乡安源路矿学习工运，并兼任安源路矿工会工人学校教员。1924年1月，由吴化之、李延瑞介绍，加入中国共产党。

1925年10月，梅大栋接受任务，回家乡发展党的组织。行前，党组织将共产国际赠给中共的一尊马克思银像交给梅大栋保管。一路上，梅大栋化装潜行，通过层层盘查、历经千辛万苦，终于把这尊珍贵的马克思银像安全地带回到家乡旌德三都梅村。

二、中共旌德三都农民补习学校支部的创建过程

梅大栋回到家乡后，受到当地群众的邀请，创办了一所龙川小学，他就在这所小学里教书。开学不久，芜湖团地委派中共党员曹宣天（梅大栋四师同学，在安源路矿一同工作过）来到旌德三都梅村协助其开展工作。他们效仿安源工运经验，在三都梅村创办了一所“农民夜校”——旌德三都农民补习学校，以办学教书作掩护进行地下活动，并先后发展了40多名进步青年农民参加夜校学习。他们白天在小学教孩子们读书，晚上在夜校活动，名义上是教农民读书识字、学文化、读平民千字课本，实际上是宣传反帝反封建的民主思想和马克思主义，宣传人人要读书识字的道理，揭露穷人为什么穷、富人为什么富的社会不公平的原因，说明要改变这种不合理制度，只有起来革命，“打倒列强除军阀”，建立新社会，做到耕者有其田，才能过上幸

福生活。为了更好地宣传群众、动员群众接受革命思想，梅大栋用通俗易懂的语言写出了《八平歌》《农夫四季歌》和《革命歌》等歌词，并教农民传唱。

1925年11月，梅大栋、曹宣天遵照上级指示，决定在夜校学员中吸收一批进步青年入党。当月下旬的一个深夜，就在这地处皖南偏僻山区的旌德三都农民补习学校的教室里，由梅大栋介绍主持，夜校学员梅大梁、王士桢、朱观发、朱明林、朱甲、程朝干、张照谟等7人在马克思银像前举行了庄严的入党宣誓仪式，皖南地区第一个党支部中共旌德三都农民补习学校支部宣告成立。支部直属中共中央局领导。梅大栋、曹宣天为支部负责人。

三、中共旌德三都农民补习学校支部开展的主要活动

（一）召开会议，对支部活动进行部署。支部成立后，召开过两次重要会议并作出决议。主要内容有：组织农民协会，打倒土豪劣绅；进城宣传，传播马列；在城内开办书社，发行进步报刊；选派骨干去外地学习。

（二）传播革命思想，发展党组织。1925年11月25日（农历十月初十），梅大栋、曹宣天利用城里做“庙会”的机会，带领40多名学员，举着镰刀斧头图案的红旗，到县城进行宣传，沿途高呼“马列主义万岁！”“列宁精神不死！”等口号，高唱《八平歌》《革命歌》等，广泛地向群众进行革命思想宣传。1926年3月，梅大栋邀股集资，在县城内胡淦记面店里开办了辅仁书店，书店以出售一般书籍为掩护，秘密出售《资本论》《共产党员宣言》《唯物史观》《孤军》等革命书刊，影响和教育了一批青年。因当地劣绅向官府密报说三都梅村“赤

化”，三都农民补习学校被县政府查封后，辅仁书店成为党组织的秘密联络机关，一些重要会议常在书店内召开。4月，曹宣天离开旌德回芜湖，梅大栋、朱观发继续领导组织工作；7月，中共党员谭梓生从上海回到旌德，成为支部负责人之一。他们以辅仁书店为秘密联络站，在各乡建立联络点。梅大梁在东乡仕川小学任教，王瘦之在三溪黎明小学任教。这些学校，当时都成了传播马列主义理论和革命思想的阵地。随着革命理论的传播，党组织不断得到发展壮大。梅大栋在城里发展王庭甫、汪君实、胡懋勋、汪青萍等人入党；谭梓生在下洋吸收谭笑萍、谭铁肩、谭冰瓯等人入党；梅大梁在仕川介绍喻世良、汪守仁等11人入党。当时，全县共发展党员30多人。

（三）建立群众组织。在发展党组织的同时，旌德县农民运动和各种群众组织也蓬勃发展起来。支部各成员先后在全县东西南北各乡的三都、仕川、下洋、孙村和朱旺等地，组织成立农民自卫军，共有800多人，开展了斗土豪，砸盐卡活动。农民协会、工会、妇女协会等群众组织纷纷建立。

（四）帮助组建国民党地方组织。1925年冬，遵照中共中央关于国共合作的指示精神，旌德开始筹建国民党组织。1926年5月，旌德仕川村11名中共党员全部以个人名义加入国民党，建立了国民党旌德仕川独立区分部，梅大梁为区分部执行委员，喻世良为组织委员，汪守仁为宣传委员。6月，国民党组织在各乡普遍发展起来，建立了四个区党部：县城附近、朱旺、十五都为第一区党部；仕川独立区分部改称旌德第二区党部；三都一带建立第三区党部；西乡下洋一带建立第四区党部。到1927年3月，旌德县国民党员发展到160多人。

（五）选派青年外出学习。1926年秋，中共党员、国民党安徽省党部秘书长柯庆施到旌德县城、仕川等地巡视工作，了解中共组织在仕川开展活动情况，并在辅仁书店召集中共党组织负责人秘密召开会议，对国共两党地方工作作了重要指示，还选派了一批热血青年去国民政府所在地武汉学习和受训。到1926年底，前往武汉学习工运、农运、青运的旌德学员达40多人。这些被派出去的青年，先后在毛泽东、彭湃等人举办的农民运动讲习所及安徽党务干部学校学习和培训，他们陆续回来后，都成为旌德乃至皖南地区开展革命活动的骨干。1926年11月，梅大栋被组织派往武汉学习，后担任共青团湖北省委秘书。在离开旌德前，梅大栋对各项工作一一进行了布置，他将旌德中共党组织工作交由谭梓生、王庭甫等人负责；国民党的工作，交汪君实负责，农协会工作由朱观发负责，辅仁书店工作交由吕文龙、胡庶民、汪青萍负责。

（六）迎接北伐军，建立民主政权。1927年2月28日，北伐军第二军第六师一部在师长戴岳、政治部主任萧劲光的率领下进抵绩溪。梅大栋在武汉获悉北伐军进军皖南的消息，立即召集旌德在鄂共产党员会议，决定派刚到武昌学习不久的谭梓生回旌德，配合北伐军，推翻反动的旌德县政权。谭梓生回到旌德后，立即召集仕川、下洋、三溪、朱旺、汤村、三都等地的同志到县城开会，决定成立国民党县党部筹备委员会，迎接北伐军的到来。谭梓生派人到绩溪向萧劲光汇报旌德局势，请求派兵进驻旌德。萧劲光派政治部一科科长谢一环带领一个连队于1927年3月5日进驻旌德，受到旌德人民的热烈欢迎。经国民党旌德县党部筹委会推荐，北伐军第二军第六师政治部委任谭梓生为旌德县长。接着，县工会、农会、商会等相继成立。减租、减息、打击土豪劣绅、禁赌禁烟、剪辫放足的反帝反封建运动普遍开展，革命烈火越烧越旺。

（七）领导旌德暴动，打响安徽省武装反抗国民党反动派的第一枪。四一二反革命政变后，旌德地区国民党右派纷纷登场，安徽省政府委派的继任县长唐绍尧积极反共，一时间，旌德的形势十分紧张。旌德党组织决定将身份已经公开的共产党员撤离旌德，同时安排尚未暴露的王庭甫等人留城坚持工作。唐绍尧到旌德后，疯狂镇压革命群众，大肆逮捕共产党员和革命群众，近半个月内就拘押了80多人。旌德共产党人并没有被吓倒。留守的共产党员王庭甫、程朝干等人，秘密分赴各乡，组织农民自卫军。在武汉的梅大栋得知旌德的情况后，立即派在武汉学习的党员喻世良、汪守仁等人返回旌德，与本地坚持斗争的王庭甫、程朝干联系。他们在仕川喻世良家楼上秘密召开会议，决定组织农民武装暴动。1927年5月16日，旌德党组织领导了以仕川农民自卫军为主力的全县农民武装暴动，史称“旌德暴动”。后因组织不严、缺乏实战经验而失败。党组织负责人、暴动总指挥王庭甫等13名共产党员和革命群众被捕牺牲。其他同志均转移外地隐蔽，旌德党组织被破坏，暂时停止了活动。

（中共宣城市委党史和地方志研究室）

蚌埠市最早党组织

——中共蚌埠特别支部

在中国共产党领导中国人民为争取民族独立、人民解放所进行的伟大斗争中，蚌埠地方党组织作出了自己应有的贡献。1926年1月，蚌埠地区第一个党组织——中共蚌埠特别支部在扶轮小学（今蚌埠市教育招生考试院）成立。

一、蚌埠地方党组织创建的背景

中共蚌埠地方党组织的创建，不仅是近代蚌埠的社会经济和政治文化发展的必然结果，还是马克思主义同蚌埠工人运动相结合的产物；既有其特定的地理位置因素，又有外部因素的有力推进。

（一）蚌埠地方党组织创建的社会基础。从近代来看，自19世纪50年代以后，蚌埠人民先后进行了反清、反帝、反封建的一系列斗争。1853年，以怀远人张茂为首的农民组织参加了捻军，进行反清活动，有力打击了清王朝的封建反动统治；1903年、1921年，怀远含美中学的进步师生开展了反对帝国主义奴化教育的斗争，打击了外国反动势力的嚣张气焰；蚌埠人民积极响应孙中山等人号召，1906年，怀远人程良、宋玉琳加入同盟会，并参加了广州起义，因弹尽血洒黄花岗；辛亥革命后，蚌埠人吴家泰率200余人支援张汇滔的淮上革命军，拦截由南京逃经蚌埠的清政府江南提督张勋，使清政府阻止革命军北上的企图破灭。蚌埠人民反帝反封建斗争的优良传统，为早期中共蚌埠地方党组织的创建奠定了社会基础。

（二）蚌埠地方党组织创建的思想基础。1911年，淮河大铁桥建成。此后不久，津浦铁路全线贯通，蚌埠随之开埠，这个淮河岸边的古渡渔村，一跃成为全国重要的南北水陆交通枢纽。得天独厚的地理优势，使得民众思想一向比较活跃，青年学生容易接受新思潮。五四运动前后，蚌埠各地的有志青年纷纷离开家乡，到南京、上海等地求学，这些在外求学的知识青年利用假期返乡之机，将马克思主义逐步介绍到蚌埠。1919年，五四运动爆发后，由北京南下的学生将消息带到蚌埠。嗣后，五四运动在蚌埠地区得到深入持久的开展，使得马克思主义得到广泛传播，促进了蚌埠人民的精神觉醒和思想解放，为蚌埠早期党组织的建立奠定了思想基础。

（三）蚌埠地方党组织创建的阶级基础。马克思主义在蚌埠的广泛传播，也带动了蚌埠工人运动的兴起。在淮河大铁桥和津浦铁路的建设中，最初参加建桥筑路的工人成为蚌埠地区的首批较为集中的产业工人。至20世纪20年代初，蚌埠工人数已达5000多人。其中，铁路工人500多人，为人数最多的产业工人队伍。在党领导的工人运动的影响下，1922年10月，安徽第一个由产业工人组成的工会组织——蚌埠铁路工会成立。铁路工会成立后，即开始组织开展工人运动。1923年2月13日，蚌埠铁路工会组织铁路工人举行声援京汉铁路罢工的斗争，蚌埠火车站陷于瘫痪。这次罢工是蚌埠地区产业工人第一次开展的有组织、有领导的罢工斗争，初步显现了蚌埠工人阶级团结起来的伟大力量。1925年，蚌埠工人、学生举行各种集会声援五卅运动。以蚌埠铁路工人为主的工人运动的蓬勃发展，为蚌埠地方党组织的建立奠定了阶级基础。

二、蚌埠地方党组织创建的经过

（一）恢复重建被破坏的铁路工会。二七惨案发生后不久，封建军阀和铁路当局开始血腥镇压工人运动，蚌埠铁路工会领导人赵兴旺被铁路当局指使的暗探杀害于津浦大塘铁道附近，蚌埠铁路工会被迫停止活动。1925年秋，受中华全国铁路总工会党团组织派遣，中共党员苏美一由济南来到蚌埠，在扶轮小学以教书为掩护开展党的活动，担负起蚌埠铁路工会的恢复和地方党组织的筹建工作。扶轮小学背后向南不过百米，便是津浦铁路干线。利用这一便利优势，苏美一在铁路工人中宣传党的主张，号召工人组织起来斗争。1925年11月，蚌埠铁路工会重新成立，属中共南京地委领导。重新成立的蚌埠铁路工会，是党在安徽境内领导的第一个由产业工人组成的工会组织。

（二）开展建党筹备工作。在中共南京地委的领导下，再次成立的蚌埠铁路工会为筹建蚌埠地方党组织开展了一系列工作：着力发展铁路工会会员，铁路工会成立后约3个月时间，就发展会员近400人，工会小组20多个；为了提高工人的文化知识水平和政治觉悟，工会组织开办了夜校，组织青年工人和一些铁路工人子弟读书识字、学习革命道理、接受先进思想；注意在会员中发展和培养骨干分子，并有重点地开展教育，陆续秘密发展了蚌埠早期的一批中共党员。

（三）中共蚌埠特别支部的创建。1926年1月，经中共南京地委批准，蚌埠地区首个党组织——中共蚌埠特别支部（蚌埠特支）在扶轮小学正式成立，有党员4人，苏美一任特支书记，属南京地委领导。

与其他地区早期党组织成员多为知识分子、农民不同，蚌埠特支是工人阶级与马克思主义理论结合的产物，是安徽境内成立的第一个由产业工人组成的党组织，彰显了蚌埠党组织的时代先进性。

大革命失败以前，蚌埠地方党组织隶属关系有几次变化：1926年6月，中共上海区委决定蚌埠党组织与南京地委脱离，直属上海区委领导。为了与这种情况相适应，蚌埠特别支部（蚌埠特支）也于1926年7月改称蚌埠独立支部（蚌埠独支）。1927年6月，中共江苏省委、浙江省委分别成立，上海区委随之撤销，蚌埠党组织此后改属新建立的中共安徽省临委领导。

三、在土地革命战争时期的蚌埠地方党组织

大革命失败以后，国民党于1927年7月31日在蚌埠成立“清党委员会”，公开镇压革命活动，屠杀共产党人。受形势所迫，为保存实力，蚌埠党组织暂时停止了活动。

1927年11月，中共中央决定，安徽境内沿津浦铁路线及皖东北地区的党组织划归江苏省委领导。此后，江苏省委派遣中共党员李启耕等到蚌埠，进行党组织的恢复、整顿工作。1928年夏，中共江苏省委在上海召开会议，朱务平出席了此次会议。会上确定派朱务平到蚌埠开展工作。1928年10月，中共徐海蚌特委成立，并重新组建蚌埠特支，朱务平任特支书记。在中共江苏省委和徐海蚌特委的领导下，蚌埠地方党组织得到较快发展，并组织领导了不同规模的工人罢工、农民抗租和武装暴动等斗争。

蚌埠是南京的北方门户，为了加强对军事重镇蚌埠及其周边地区的工作，对南京有所震慑，支持豫皖苏红军反“围剿”斗争，1930年

10月，中共江南省委决定，成立长淮特委（蚌埠特委），陈履真任特委书记。1931年1月，中共江南省委撤销后，长淮特委隶属于中共江苏省委。1931年6月，长淮特委书记陈履真调任上海沪东区委书记，朱务平接任长淮特委书记。长淮特委领导蚌埠市工委、蚌埠铁路工委等沿淮13个市县的地方党组织，共辖2个工委、8个县委、14个区委、123个支部，有党员近2000人。长淮特委是民主革命时期蚌埠地区建立的活动范围最大、领导党组织最多、组织开展革命活动最为活跃的党组织。蚌埠成为发动并领导淮河两岸人民进行革命斗争的指挥中心，先后组织领导了寿县瓦埠、凤台黄家坝、定远吴圩、盱眙西高庙、凤阳梁家岗、灵璧大山等农民暴动。此外，特委还组织领导了工人运动、学生运动、妇女运动和兵运工作。1932年，因叛徒出卖，长淮特委遭受三次严重破坏，80多名党团员和赤色群众被捕，囚于南京。1932年年底，包括长淮特委书记陈履真、朱务平和凤阳县委书记赵连轩、刘英夫妇等20多人英勇就义于南京雨花台。长淮特委被破坏后，党在蚌埠地区的活动被迫暂时停止。

（孙沂凤）

滁州市最早党组织

——中共凤城临时小组

滁州最早成立的党组织是1926年2月在凤阳成立的中共凤城临时小组。

一、中共凤城临时小组成立的历史背景

（一）马克思主义在皖东的传播，为中国共产党在皖东的建立奠定了思想和组织基础

五四运动之后，马克思主义逐渐在皖东的一些学校传播开来，进步刊物《新青年》《小说月报》《芜湖学生会旬刊》《白话书信》在来安、全椒等地青年中广泛传阅。一些具有进步思想的教师，也开始主动向学生宣传马克思主义。1923年秋，凤阳县省立五师附小教师陈凤歧、王影怀（又名王三德、王荫槐）在教授英语课、历史课时，向学生介绍李大钊、陈独秀等人的文章，宣传俄国十月革命和五四运动的伟大意义，推荐《向导》《共产党宣言》《每周评论》《新青年》等进步书刊。并结合实际，分析国内外时事，创办《童刊》宣传马克思主义。

1924年下半年，凤阳旅外学生朱皖白（又名朱光璧，在南京河海

工程专科学校读书）、陈醒梦（在上海大同大学读书）、季若思（在北京农业大学读书）等先后将《资本论》《共产党宣言》以及一些通俗读物，如《共产主义ABC》《马克思资本论入门》等寄回凤阳给同学们阅读。凤城青年学生通过阅读革命书籍，逐步接受马克思主义。

随着马克思主义和其他进步书刊的传入，滁州各地的进步知识分子和青年学生除了创办宣传民主、传播新文化的刊物外，还成立了宣传新思想、新文化和学习、宣传马克思主义的组织。1922年夏，滁县在外地读书的学生胡镜铭、贺义昭等暑假回滁后成立旧雨联欢社，以“砥砺学行、研究知识”为宗旨，开展新文化宣传活动；1924年夏，共产党员黄让之回到家乡天长县铜城镇。他带回大批革命书刊，设立图书室，并成立了旨在团结革命青年的进步组织励志会（后改为天盱青年同志会），在青年中宣传马列主义和反帝、反封建思想。1925年2月，朱皖白和凤城模范小学校长朱安吾等人组织了进社凤阳分社，以反帝反封建为宗旨，研讨革命理论，宣传新思想，聚合了大批进步知识青年，推动了马克思主义在凤阳的传播与发展。

随着马克思主义在皖东的传播，皖东人民思想加速觉醒，反帝反封建热情进一步高涨，为中国共产党在皖东的建立在思想上和组织上做了一定的准备。

（二）凤阳产业工人的发展和斗争，为中共地方组织的建立奠定了阶级基础

凤阳县的工人阶级是伴随着英美外国资本兴建铁路、开设烟草公司和官僚资产阶级兴建火柴公司而产生的。早在1910年，津浦铁路浦口到临淮关段通车后，皖东沿津浦铁路线的主要集镇——蚌埠、长淮卫、门台子、临淮关、小溪河、滁县等地产生了一批铁路工人。1915年，官僚资本家陈子衡在临淮关开办了临淮关淮上火柴公司。1917

年，英美烟草公司进入凤阳，在门台子开办烤烟厂。随着这些新式工业的出现，大批城镇无业者和破产农民纷纷进入工厂做工，工人阶级队伍逐渐发展起来。据初步统计，1919年，凤阳的产业工人约有1500人，这是一支崭新的社会力量。

这支新的社会力量的出现，从数量上说，虽然为数不多，但从质量上说却是中国社会一切劳动阶级所不能比拟的。从它诞生的那天起，就不断反抗剥削和压迫，在实践中显示其革命精神和战斗精神，并积累了一定的斗争经验。临淮关淮上火柴公司开办初期，工人每天要劳动十几个小时，却只能拿到十来个铜板的生活费。工人稍有不慎，工头非打即骂。更有甚者，厂方可以随意罗织罪名，开除工人。工人们为了争取自由和改善生存条件，不断与公司当局开展缩短工时和增加工资报酬的斗争。门台子烤烟厂系外资开办，对工人更为残酷，工人工资极其低微。工人工伤疾病，资方不仅不予治疗，往往还被诬陷为故意做作而开除出厂。1924年，全厂工人在吴殿成带领下举行罢工，将火柴头掺入准备复烤的烟叶中，烧毁厂房和机器。这些斗争展现了这一新的社会力量的特点，表现出一定程度的革命性和反抗精神，这就为中共地方组织的建立奠定了阶级基础。

广大知识青年学习和接受马克思主义后，开始走到工农群众中去宣传革命思想，宣传马克思主义。进社凤阳分社创办的平民夜校，就是知识青年走到工农大众中，宣传革命思想的典范，平民夜校的创办促进了马克思主义与工农大众相结合。凤阳各界民众，特别是广大工人和知识青年，在马克思主义的教育下，革命觉悟逐步提高，反帝反封建斗争的热情空前高涨，这就在思想上、干部上为凤阳中共党组织的建立准备了良好的条件。

二、凤城临时党小组的成立及其发展过程

随着反帝反封建斗争的开展和马克思主义在皖东的传播，皖东地区较早出现产业工人的凤阳县诞生了滁州地区的第一个党小组——中共凤城临时小组。

1925年7月，在南京、上海读书的凤阳籍进步青年朱皖白、陈醒梦先后加入中国共产党。他们在该年寒假回凤阳时，接受了江苏省中共党组织交给的发展党员、开展建党活动的任务。1926年2月的一天，朱皖白、陈醒梦发展省立第五师范学生刘麦溪入党，并在府城镇安东桥旁举行了新党员入党宣誓仪式。随即中共凤城临时小组在朱皖白家成立，朱皖白担任组长，小组成员除陈醒梦、刘麦溪外，还有在北京农业大学入党的季若思。中共凤城临时小组属中共南京地方执行委员会领导。凤城临时党小组成立后即召开会议，分析凤阳地区的政治经济形势，研究党的宣传工作、党员发展工作。春节后，朱皖白、陈醒梦返回学校读书，在凤城的中共党员仅剩刘麦溪一人，中共凤城临时小组自行解散。中共凤阳党组织诞生后，由于处于初创阶段，政治基础薄弱，干部条件和斗争经验都很缺乏，因而当时工作仍以推动进社凤阳分社开展活动为主，并以国民党左派组织为掩护，进行秘密活动，发展和壮大党的组织。

1926年7月，朱皖白、陈醒梦和在上海大学读书的朱辛盂、徐碧华以及在南京大学读书的傅金铠和季若思等中共党员回到凤阳度暑假。这些旅外学生党员加上本地党员刘麦溪，组织成立了中共凤阳暑假工作小组，组长由朱皖白担任。不久，朱皖白因事赴广东，小组组长改由朱辛盂担任。这时，凤阳革命浪潮高涨，进步青年要求入党的

人不断增多，小学教师张仲敬、刘杰三、韩子康等先后加入了中国共产党。旅外学生返校后，凤阳本地党员成立了中共凤城小组，刘麦溪任组长。中共凤城小组先属中共南京地委领导，1926年9月以后属中共上海区委领导。中共凤城小组组织进步青年阅读马克思主义的书籍，发展党员。

1927年2月，凤城小学教师金瑞生、金东生和省立五师学生刘若思、刘俊三、陆雁秋、王耀南等人加入了中国共产党。这时，凤城党员增加到10余人，遂成立中共凤城支部，朱辛孟任书记，支部属中共上海区委领导。

四一二反革命政变后，凤阳地区的国共合作统一战线遭到破坏，中共凤阳地方组织的活动转入地下。由于当时凤阳地区国民党统治较薄弱，中国共产党的组织仍在不断地发展壮大。7月，中共凤城支部又发展了虞梓荃、潘汝琪、蔡仞九、黄稚云、孙梵候、刘旭东、秦子扬、许灿霞、孙成钧等人加入了中国共产党。10月，经中共安徽省临委批准，组建了中共凤阳特支干事会，并先后组建了凤城教师支部、省立五中支部等5个支部。由于党组织不断发展壮大，1928年9月23日，经中共江苏省委批准，中共凤阳县第一次代表大会在凤城召开，选举产生了中国共产党凤阳县临时委员会。1929年3月，中共凤阳县第二次代表大会在临北乡召开，会议选举产生了凤阳县第一个正式县委——中国共产党凤阳县委员会，金东升任书记。4月，国民党政府军新编第一旅第二团第二营进驻凤阳镇压革命，刘麦溪、王培德、杜仲和等24人被捕，使刚刚建立的凤阳县委遭受破坏。

（中共滁州市委党史和地方志研究室）

芜湖市最早党组织
——中共芜湖特支

中共芜湖特别支部是20世纪大革命时期中国共产党在芜湖建立最早的地方党组织。中共芜湖特别支部的建立是根据中共中央大力发展地方党组织有关决议和指示精神，在革命运动的发展过程中，由中国共产主义青年团芜湖地方组织的基础上建立起来的，与中共早期党的领导陈独秀、高语罕和张秋人有着直接的关系。1926年4月，中共芜湖特支经中共中央批准正式成立。

一、中共芜湖特别支部创建前的革命形势和社会基础

1923年1月5日，中国社会主义青年团芜湖地方执行委员会正式成立，自此到中共芜湖特支成立前的这一段时期内，团组织成为芜湖革命运动的领导核心机构，逐步形成了中共党组织在芜湖建立的思想和骨干基础。

1925年5月，芜湖教会学校圣雅各布中学爆发了“夺取教育权，反对奴化教育”的斗争。芜湖地方团组织动员了萃文、育才等教会学校起而响应，同时呼吁芜湖社会各界奋力支援。学潮发生后，五卅运动又在上海爆发，在芜湖激起了更大的反响。两股斗争浪潮汇聚到一

起，形成了巨大声势，震动了全省乃至全国。形势发展的需要使芜湖地方团组织写信给恽代英，要求团中央派一位要员常驻芜湖，负责对芜湖团员的指导和训练工作。

1925年8月下旬，经高语罕介绍，时任中共江浙皖沪三省一市团的主要负责人张秋人[①]来到设在芜湖澛港镇的新民中学任英语教员。张秋人的到来，引起了新民中学内国民党右派分子的惊恐不安。为了阻止他到校任教，他们向校方发难，说张秋人英语口语不好，因此不能胜任英文教员。此举在事实前难以成立，同时也由于张秋人介绍人高语罕原是教育界的名流，在芜湖具有巨大影响力，右派排斥张秋人的阴谋破产。

芜湖是安徽较早成立国民党市党部的城市之一。国民党市党部是在芜湖地方团组织的筹措下建立起来的，其领导权一开始就牢牢掌握在国民党左派和芜湖地方团组织的手中，这种现状为国民党右派所不能容忍。芜湖国民党右派首领李宗邺，早年也曾是一个追求进步的学生，后来担任省立第五中学和新民中学教师，在芜湖教育界有一定影响。以后，他在政治上走上西山会议派的道路，担任西山会议派组成的国民党伪中央委员会候补委员。他与在新民中学读书的王寄一结成同盟，成立了孙文学会，并擅自组织了非法的国民党伪市党部，与革命势力相对抗。

为了打击芜湖国民党右派分子的嚣张气焰，张秋人在新民中学组织了一个读书会，把共青团员和进步师生紧紧团结在自己的周围，并在1925年秋的新民中学学生会成立大会上通过一场义正词严的辩论，将右派驳得理屈词穷，无力招架。不久，国民党中央宣布将李宗邺、

---

①张秋人（1898—1928），学名慕翰，别号秋莼，浙江诸暨牌头镇人。1921年，在上海加入社会主义青年团。1922年初，加入中国共产党。芜湖建党时发挥了非常重要作用。

王寄一等10余名右派强硬分子开除出党，张秋人组织和领导的反击芜湖国民党右派的斗争取得全面的胜利。

芜湖的国民党右派分子不甘心失败，采取各种破坏行动，如张秋人与芜湖地方团组织筹划在1925年12月25日这一天举行市民大会和示威游行，准备工作正在进行时，芜湖国民党右派分子向芜湖地方警察厅告密，指控张秋人、沈天白等4人为中共党员，要以反基督教的名义，宣传共产主义，企图让当局缉捕张秋人等人，使市民大会和示威游行中途夭折。因警察查无实据，他们的阴谋才没有得逞。

二、中共芜湖特别支部创建的前期准备

张秋人到芜湖后，还担任了芜湖团特支的宣传委员，除积极发展进步学生入团外，还注重在工人和店员中发展团员。在扩展团组织的同时，张秋人开始着手进行了一项非常有意义的工作，这就是为中共芜湖地方组织的建立奠定基础。他首先在1925年秋发展芜湖团特支书记、时任省立二农图书管理员、后来担任中共芜湖特别支部书记的周范文入党。

1925年10月，芜湖团组织选派5名青年团员汪菊农、廖麟、陈原道、陈维琪（浪沙）、贾斯干于芜湖启程，经上海，到苏联莫斯科中山大学留学。

汪菊农等人到上海后，因陈独秀正忙于党务，无暇顾及他们赴苏留学的事情，于是委托高语罕代理执行，由高语罕为他们办理了一切出国手续。几天后，芜湖5位代表随同赴苏留学的大队人马，上了苏联轮船。在轮船上，他们遇到了前去参加共产国际第五届执委会第六次会议的蔡和森及赴苏参加赤色国际和共产国际扩大会议的李立三。

蔡和森还为他们作了一次关于国内政治形势的报告。经过海浪颠簸，他们到达海参崴，受到杨明斋的迎接。以后在乘火车去莫斯科的旅途中，也由杨明斋照应一切事宜。

芜湖留苏青年去苏联学习后，提高马克思列宁主义的理论素养，受到无产阶级革命精神的熏陶，回国后大多担任中共党团组织的领导工作，成为坚定的共产主义者，有的人甚至为革命献出了宝贵的生命。

1925年12月底，因工作需要，张秋人被中共中央调回上海。

三、中共芜湖特支的创立

1925年，全国革命形势日益高涨，芜湖也爆发了大规模的反奴化教育斗争和声援五卅惨案的斗争。在革命运动的高潮中，中共中央认识到大力发展中共地方组织和中共党员的迫切性和重要性。因此，芜湖的建党工作也得到了中共中央的高度关注。在1925年1月召开的中共四大上正式提出，“组织问题是吾党生存和发展之一个最重要的问题”。在大会形成的《对于组织问题之议决案》中还特别提到了在芜湖等尚未有我们组织的工业区及城市努力筹建党的组织。

同年9月底和10月初，中共中央在北京召开第四届中央执行委员会第二次扩大会议，决定加强党对革命运动的领导，壮大党的力量，要求把扩大党的组织，吸收最先进、最出色的分子入党，作为党在革命高潮中的首要任务，使党真正成为群众政党的组织。

此后，芜湖加快了发展中共党员和建立地方党组织的步伐。张秋人在这年秋介绍了原芜湖团特支书记周范文入党，时任芜湖公立职业学校金工主任的王坦甫等也经重返芜湖工作的高语罕介绍加入中国共产党。高语罕还根据中央的要求，指示把一批年龄较大的团员直接转为党员。

1926年3月下旬，中共中央总书记陈独秀亲召中共党员、时任芜湖团地委书记周范文赴上海。据周范文回忆："过后，在芜湖即建立党的地委（应为特支），我任书记，始得党与团在组织上划分。"

1926年4月，经中共中央批准，中共芜湖特别支部成立。中共芜湖特别支部是中共中央文献记载的芜湖最早的中共党组织，中共芜湖特支直属中央管理。芜湖地区早期建立党组织的还有1926年11月成立直属中央管理的中共南陵特别支部。据1928年8月15日《安徽省临委报告》反映，这一时期在繁昌县荻港也建立了中共地方组织。但是这个组织的名称、组成人员未见详细记载。

四、中共芜湖特支创建的重要意义及影响

中共芜湖特支的创建是芜湖地区中共地方正式党组织的起点，同时也是安徽早期地方党组织的重要组成部分，是安徽省早期成立的地方党组织之一。中国共产党第四次全国代表大会制定的《对于组织问题之决议案》明确指出："中国共产党之责任，是应该使这种自然的过程转变为中国劳动群众有觉悟地反对帝国主义和资本主义的争斗。吾党欲达此目的，则要扩大党的数量……"[①]中共芜湖特支积极响应中共中央的会议精神，在各种形式的革命斗争中不断成长壮大，极大地震动了当时军阀反动派在芜湖地区的统治，为此后党组织在芜湖地区开展革命活动创造了群众基础和思想条件。

1926年秋，随着党员队伍的扩大，中共芜湖特支成立了3个小

①中共中央文献研究室:《建党以来重要文献选编(1921—1949)》(第二册),中央文献出版社2011年版,第259页。

组，分别是：民生中学小组，组长章慕陶，后由李克农接任；二农、商业、职业3校混合小组，组长朱庥；店员工人小组，组长鲍仓。以后又增加了省立五中小组，组长宋士英；澛港小组，组长胡本立；白沙圩小组，组长陈家坤；和县支部，书记禹子慁。1926年6月至1927年4月间，中共芜湖特支又发展了一批党员。与此同时，一些党员从外地来芜活动，也有芜湖党员赴外地工作或到苏联留学。截至1927年4月18日，已知特支党员有34人。

1927年3月，北伐军抵达芜湖后，因国民党芜湖市县两党部的绝大多数委员都是中国共产党党员，于是在中共芜湖特支的指导下，主办了有关策应和欢迎北伐军抵达芜湖的活动。时任中共芜湖特支书记俞昌准[①]化名汪大炎，在1927年3月12日纪念孙中山逝世两周年大会上发表讲话。1927年3月14日，中共芜湖特支和中国共产主义青年团芜湖地方执行委员会又在芜湖《工商日报》上公开发表《告民众书》。《告民众书》简要分析了中国现状，回顾了中国人民反帝反封建反军阀的革命历史，指出："此次国民政府的军事行动北伐的目的即是打倒帝国主义及其一切走狗，废除不平等条约，为大多数民众谋解放"。同时号召大家团结起来、组织起来，打倒国际资本帝国主义，取消一切不平等条约，反对英帝国主义所领导的四国对华出兵协定；打倒军阀，解除奉鲁军的武装，肃清全国的反对势力、买办阶级、土豪劣绅、贪官污吏及压迫学生运动的军阀。中共芜湖特支的公开活动，在社会上产生很大反响。

（赵朝兵）

---

①俞昌准(1909—1928)，又名俞仲则，南陵谢家坝人。1925年秋，他在上海经恽代英介绍加入中国共产主义青年团，翌年转为中共党员。1926年8月，俞昌准返回家乡活动，参与创建中共南陵县特别支部，任宣传委员兼秘书。1927年春调任中共芜湖特支书记。

合肥市最早党组织
——中共合肥北乡支部

中共合肥北乡支部成立于轰轰烈烈的大革命浪潮中，是党在大革命时期正确路线、方针、政策与合肥地区实际的经济社会现状深入结合并正确运用的结果，是合肥地区早期共产党员坚持真理、坚守理想，践行初心、担当使命，不怕牺牲、英勇斗争的结果。

一、中共合肥北乡支部的创建历程

1926年2月6日，国民党中央农民部向全国各省党部通告：为发展农民运动，特扩充广州农民运动讲习所，从各省选派学生来学习。2月21日至24日，中共中央在北京召开特别会议，指出：党在现时政治上主要的职任是从各方面准备广州政府的北伐，而北伐的政纲必须是以解决农民问题做主干；要在广东以外北伐路线必经之湖南、湖北、河南、直隶等省预备民众奋起的接应，特别是农民的组织。3月18日，国民党中央农民运动委员会举行第一次会议。会议决定，第六届农民运动讲习所所长由毛泽东担任。①

①中共中央文献研究室:《毛泽东年谱(1893—1949)》(上卷),中央文献出版社2013年版,第154、156页。

不久，时任国民党安徽省临时省党部农民部长的薛卓汉根据中央指示，在安徽选派一批青年赴广州参加第六届农民运动讲习所，其中就有来自合肥北乡的崔筱斋和芜湖南陵的胡济。[①]崔筱斋1896年出生于合肥北乡崔小圩，学生时代曾在合肥、寿县及芜湖工读学校学习。他在五四运动中深受新思潮的影响，决心为改造旧中国奋斗终生，并于1924年秋加入中国共产党。1925年1月，崔筱斋即根据中国共产党第四次代表大会制定的《对于农民运动之决议案》精神，在合肥北乡一带积极开展农运。他以在乡间教书为掩护，宣传、发动、组织广大贫苦农民开展斗争，并着手筹建各类群众组织。安徽籍学员陆续到达广州的时候，来自寿县的曹广化由于身体原因已从黄埔军校辍学。得知这一情况后，许多同样来自寿县的学员便极力劝说曹广化顶替因故未能来广州参加农讲所学习的赵东屏。学习期间，曹广化逐步奠定了从事革命活动的思想基础，培养了无产阶级世界观，并在洪养素、孟堃的介绍下加入了中国共产党。[②]

1926年5月3日，第六届广州农民运动讲习所举行开学典礼，所长毛泽东报告了农讲所筹备经过和招生情形。15日，正式开课。受训期间，崔筱斋等人接受了系统的理论教育，学习了革命的理论和方法，尤其是农民运动的理论和方法；在毛泽东等人的亲自引导下进行实际的农民问题研究；到农民运动开展得好的海丰等地实习；接受严格的军事训练。[③]

9月11日，第六届农民运动讲习所军训毕业典礼，毛泽东出席并作

①中共安徽省委党史工作委员会：《安徽现代革命史资料长编》（第一卷），安徽人民出版社1986版，第360页。

②中共合肥市委党史研究室：《中共合肥北乡支部建立暨吴山庙起义七十周年纪念文集》，皖内部图书97—005号，第32、95页。

③中共中央文献研究室：《毛泽东年谱（1893—1949）》（上卷），中央文献出版社2013年版，第160页。

总结报告。结业时，毛泽东还逐个对300余名学员进行个别谈话。[①]

经过上海时，崔筱斋等人在上海大学根据党组织指示，回到家乡开展革命活动。据胡济1960年10月15日的回忆，当时党组织分派给他们的主要任务是以皖北为中心，搞农民运动，进行北伐革命的宣传。就是在上海期间，胡济也加入了中国共产党。

鉴于北乡双河集一带为合肥、寿县、定远三县交界区域，军阀统治相对薄弱；距离合肥城100余里，易于避开反动派的搜捕；返乡从事革命活动的多为寿县籍同志，相互之间便于串联支持；几年前崔筱斋曾长期在此进行反帝反封建斗争的宣传鼓动，群众基础较好，崔筱斋等人便以此为中心开展农民运动。并于1926年9月底，在合肥北乡双河集崔家祠堂成立中共合肥北乡支部，崔筱斋任书记，曹广化、胡济二人为委员。由于当时安徽尚未成立省委，中共合肥北乡支部接受时在上海的党中央领导。据胡济回忆，北乡支部每半个月向上海汇报一次工作，并以崔筱斋的名义接受中央的指示。至此，合肥地区第一个中共基层组织正式成立，党的旗帜从此飘扬在庐州大地。

二、中共合肥北乡支部开展的主要活动

为了进一步加强领导，更好地开展农民运动，安徽省农民运动委员会同时成立，崔筱斋为主任委员，曹广化、胡济为委员。从此，合肥地区的农民运动正式纳入党的领导。

当时，崔筱斋主要活动在合肥北乡一带。他大力宣传革命思想，充分发动贫苦农民，当地农民的思想觉悟提升很快。由于当时的北乡

①中共安徽省委党史工作委员会：《安徽现代革命史资料长编》（第一卷），安徽人民出版社1986版，第361页。

还处于旧军阀的统治，崔筱斋经常利用农闲在野外荒岗上组织秘密会议。鉴于大部分农民文化水平低，照本宣科地讲大道理很难为广大人民群众所接受，他结合农村实际，编写了许多歌谣教给农民传唱，宣传革命道理，启发群众觉悟。当时，在双河集地区广为流传的就有《小放牛》《帮工歌》《妇女解放歌》等。①

曹广化主要活动在寿县瓦埠湖和小甸集一带。他经常利用张贴标语，演文明戏的方法宣传革命。在小甸集，他们曾排演过一场揭露寿县财政局长朱菊香苛政罪行的话剧。曹广化亲自扮演朱菊香，把局长大老爷的丑恶嘴脸暴露得淋漓尽致，无情地讽刺和鞭挞了旧社会的贪官污吏。台下观众看了之后也都义愤填膺，深受教育。②由于胡济是皖南人，说话时有南方口音，不方便参加与群众直接打交道的工作。他经常往返于合肥、寿县两地，主要负责联络与沟通工作。③

在中央的具体指导下，崔筱斋等人年底前便先后在双河集、造甲店、白家河、陈刘集4地建立了农民协会。这是合肥地区最早一批共产党领导下的农民协会组织，并在革命斗争中不断发展壮大，团结带领广大农民主动进行政治经济斗争，极大地震动了反动派在北乡一带的统治，也为党组织在广大农村开展革命活动创造了较好的群众基础。正因如此，中共中央局1926年11月15日议决的《目前农运计划》中明确，安徽应注重皖北，以寿县、合肥为中心。④

---

①中共合肥市委党史工委办公室等:《血染的丰碑》,安徽人民出版社1989年版,第13页。

②中共合肥市委党史研究室:《中共合肥北乡支部建立暨吴山庙起义七十周年纪念文集》,皖内部图书97-005号,第33页。

③中共安徽省委党史工作委员会:《安徽现代革命史资料长编》(第一卷),安徽人民出版社1986年版,第362页。

④中共中央文献研究室:《建党以来重要文献选编(1921—1949)》(第三册),中央文献出版社2011年版,第461页。

1927年3月，北伐军进抵安庆，各地农民协会纷纷由秘密活动转为公开。按照国民党中央农民部指示，安徽省农民协会筹备委员会在安庆成立，行使对全省农民运动的领导职权，原安徽省农民运动委员会宣告撤销。同时，合肥县农民协会筹备委员会也成立了，并在省农协筹委会的领导下发动合肥地区广大农民参加了三一二总理纪念周和三一八惨案纪念周活动。农协组织不断发展壮大，成为合肥地区群众运动的中坚力量。

1927年3月，北伐军第七军第一、第二师抵达合肥，得到崔筱斋等人的全力支持。他积极联络城内党员刘自强，联合爱国青年学生和国民党左派人士，组织工人协会、店员协会、妇女协会等各类群众团体，参加在卫衙大关广场召开的北伐军胜利祝捷大会，组织群众慰劳北伐军将士。4月，北伐军离肥挺进定远、凤阳后，崔筱斋根据党组织的安排，奔赴六霍地区从事革命活动。在此之前，胡济、曹广化已分别前往芜湖、安庆等地开展农运工作。北乡支部在合肥地区的活动虽然就此告一段落，但革命的火种却已点燃庐州大地。从此，合肥地区党组织不断发展壮大，领导合肥人民同帝国主义、封建主义、官僚资本主义进行不屈不挠的斗争，并不断取得新的胜利。[①]

三、中共合肥北乡支部创建的重要意义

作为合肥地区中共地方组织的起点和开端，北乡支部同样是安徽早期地方党组织的重要组成部分，是我省成立较早的地方党组织之一。第一次国共合作形成后，国内革命形势一日千里，南部和中部省

①中共合肥市委党史和地方志研究室:《中国共产党合肥历史(1921—1949)》(第一卷),中共党史出版社2021年版,第23、25页。

份的农民运动愈演愈烈。面对这些事实，中国共产党第四次全国代表大会制定的《对于组织问题之决议案》明确指出："中国共产党之责任，是应该使这种自然的过程转变为中国劳动群众有觉悟地反对帝国主义和资本主义的争斗。吾党欲达此目的，则要扩大党的数量……"[①]随后，安徽各地党组织在以安庆、寿县、芜湖、宿县为中心的附近地区逐步发展。据史料记载，自1923年冬安徽最早的党组织建立到1927年5月中共安徽省临时委员会成立，全省共有20个县市先后建立了27个党组织，其中有23个是党的四大之后建立的。北乡支部创建时，省临委尚未成立，所以直属中央管理，虽然人数不多，却也属于我省早期党组织之一。如下表所示：

党的创建和大革命时期安徽省党组织、党员数字统计表（1921.7—1927.7）[②]

序号	党组织名称	起止时间	党员人数(人)
1	中共安庆支部	1923年冬—1924年3月	10
2	中共寿县小甸集特别支部	1923年冬—1924年9月	8
3	中共淮上中学补习社支部	1924年8月—11月	9
4	中共寿县瓦埠小学支部	1924年9月—1925年6月	40
5	中共寿县城关支部	1925年6月—1926年冬	40
6	中共滩溪支部	1925年8月—1927年7月	12
7	中共商城南溪特别支部	1925年夏—1927年秋	
8	中共旌德三都补习学校支部	1925年11月—1927年5月	36
9	中共六安特别支部	1925年冬—1927年春	10

①中共中央文献研究室:《建党以来重要文献选编(1921—1949)》(第二册),中央文献出版社2011年版,第259页。

②中共安徽省委组织部等:《中国共产党安徽省组织史资料(1921.7—1987.11)》,1996年内部发行,第33页。

（续表）

序号	党组织名称	起止时间	党员人数(人)
10	中共蚌埠特别（独立）支部	1926年1月—1927年7月	8
11	中共安庆特别支部	1926年1月—1926年5月	20
12	中共寿县窑口集特别支部	1926年3月—1927年7月	10
13	中共芜湖特别支部	1926年4月—1927年4月	33
14	中共安徽地方执行委员会	1926年5月—1927年5月	33
15	中共滁县独立支部	1926年5月—1927年7月	5
16	中共霍邱乌龙庙特别支部	1926年6月—1927年10月	30
17	中共临涣特别（独立）支部、宿县独支	1926年上半年—1927年7月	33
18	中共寿县堰口集支部	1926年夏—1927年3月	10
19	中共桐城县孔城支部	1926年8月—1927年7月	7
20	中共合肥北乡支部	1926年9月—1927年1月	3
21	中共凤城支部（独支）	1926年9月—1927年7月	10
22	中共南陵特别支部	1926年11月—1927年4月	13
23	中共苏湖支部	1926年12月—1927年3月	12
24	中共阜阳临时支部	1926年12月—1927年7月	35
25	中共泗县支部	1926年冬—1927年7月	8
26	中共涡阳支部	1926年底—1927年7月	8
27	中共宿松支部	1927年1月—1927年5月	9

在崔筱斋等人的努力下，合肥地区最早一批共产党领导下的农民协会组织迅速建立，并在各种形式的革命斗争中不断成长壮大，极大地震动了封建军阀在合肥地区的统治，为此后党组织在合肥广大农村

开展革命活动创造了群众基础和思想条件。受到思想教育和斗争锻炼的合肥农民再也不堪沉默地忍受封建军阀和地主豪绅的剥削压迫，在党培养的农运骨干刘宏勋、崔兴邦、罗平等人的带领下不断开展各种形式的抗暴、抗捐及扒粮斗争。同时，组织群众迎接北伐军进驻合肥城，不但融洽了军民关系，更使得国民革命的思想在合肥广泛传播、深入人心，这也为后期合肥党小组的顺利创建和迅猛发展创造了条件。

结语

中共合肥北乡支部的创建是历史的必然，虽然其组成人员不多（共3人），活动时间不长（约7个月），但是崔筱斋、胡济、曹广化等人身上同样闪耀着伟大建党精神的光芒，值得我们认真学习、深入研究、永远传承、广为传扬。

然而，由于历史久远、资料匮乏、主要当事人牺牲过早（崔筱斋1932年7月21日被捕牺牲），现有参考资料多为1960年成立的革命斗争史资料领导小组和1980年成立的市委革命斗争史料收集整理领导小组收集的回忆性口述资料，错讹相悖之处有所存在，关键性内容缺失严重，许多关于涉北乡支部创建和活动的重要问题还需进一步研究考证，比如北乡支部和省农委成立的先后顺序是什么？北乡支部成立的确切时间能否精确到日？北乡支部与中央领导关系是否有文件证明？北乡支部组成人员的分工是否有确切证明？

（李威伟）

亳州市最早党组织

——中共涡阳支部

1926年涡阳建立党支部，这是亳州地区出现的第一个党支部，亳州成为安徽省建立党组织较早的地区之一。在党的领导下，亳州革命翻开了崭新的篇章。

一、中共涡阳支部创建的背景

五四运动爆发后，反帝反封建的革命浪潮逐渐波及涡阳。国民小学的一些教师受五四运动新思潮和新文化运动的影响，在教学中开始对学生进行爱国主义和反帝反封建的思想教育。学生们在这种教育思想的影响下，曾数次在天主教堂等处用粉笔书写“打倒耶稣”“打倒帝国主义”等口号。

受五四运动的影响，涡阳的一些进步人士开始兴办新学堂，旨在普及平民教育，改善涡阳文化教育落后的状况。1923年春，以潘廷斋为代表的进步知识分子提出国文改良，反对八股文，倡议学校用白话文教学。在他们的倡导下，国民小学和多数私塾学堂都改用了白话文，在教学方法和教学内容上也都有了不同程度的改进。多数学校又进行了学制改革，把小学原“三三制”（初小三年，高小三年）改为“二四制”（初小二年，高小四年），使新文化运动在涡阳得到普遍响应，冲击了封建制的文化制度。

1924年秋，在芜湖芜关中学毕业的涡阳籍学生王崇典回到家乡，受聘到县立第一高等小学任教。王崇典在涡阳任教期间，利用教学的有利条件积极向教员和学生宣讲马克思主义、社会主义，传阅进步书刊，使许多青少年对社会有了新的认识。1925年五卅惨案发生后，王崇典按捺不住心头的怒火，毅然走上街头进行演讲，号召各界人士团结起来，声讨日本帝国主义的暴行，援助反帝爱国工人大罢工斗争。涡阳城中各校师生和社会各界进步人士在王崇典的领导下迅速成立了以商学界为主的“沪汉惨案外交后援会”。7月10日，王崇典在城中孔子庙主持召开了有200余人参加的追悼顾正红烈士大会，声讨日寇的暴行。他详述了顾正红被害经过，痛斥帝国主义对中国的侵略行径。会后进行了示威游行，参加游行的人高举着写有“打倒帝国主义”“我们要独立”等文字的小白旗，高呼着“支持沪汉工人大罢工”“打倒日本帝国主义”等口号，高唱自编的歌曲：“方今肆虐一倭奴，入据中原别有图。旅大未来真可恨，澎台久占是何故。横行海内奚堪问，何时能消大众羞。异臭腥膻侮我族，好如不共戴天仇。”他们查抄、焚毁了“和合”“天成”“华美”等商号经销的日、英、美生产的布匹、药品、日用品。

二、中共涡阳支部的创建

1925年，在宿县省立第十中学读书的涡阳籍学生魏季高（魏一博）在校加入中国共产主义青年团，不久转入中国共产党。同年下半年，在南京安徽公学读书的涡阳籍学生王伯衡（王立仁）在校加入中国共产主义青年团，于1926年上半年转入中国共产党。他们在寒暑假期在涡阳城利用走亲访友、看望老师和同学的机会宣传马克思主义和反帝反封建思想，传阅《向导》《共产党宣言》等进步书刊。1926年夏，魏季高和王伯衡同时考入南京五卅中学读高中。

国民革命军挥师北伐后，南京各学校于1926年7月初先后停课，南京党组织指示魏季高、王伯衡回家乡发展党员，建立党组织。他们在与宿县党组织取得联系后回到涡阳，积极开展活动，传播进步思想，结交进步青年。首先发展王汉光入党。随后，中共涡阳小组成立，由魏季高负责。中共涡阳小组的成立标志着涡阳第一个党组织的建立。之后党小组发展同为学生的丁怀武、吴延寿、孙成玉、孙锦标、王光人入党。1926年底，经宿县党组织批准，中共涡阳支部成立，魏季高任书记，王伯衡任宣传委员，王汉光任组织委员。中共涡阳支部直属中共宿城独支领导，是亳州地区最早的党组织。1927年秋，中共宿县中心县委书记徐风笑曾到涡阳检查指导工作。

1927年秋，南京学校复课，魏季高、王伯衡、丁怀武、王光人等返校，涡阳党支部由王汉光主持工作，党员仅有王汉光、孙锦标、吴延寿、孙成玉4人。

三、中共涡阳支部的主要活动

多种形式宣传马克思主义。涡阳党支部建立后，利用多种形式开展了宣传工作。首先是由王伯衡负责创办了《涡上青年》刊物，该刊32开本，在南京铅印200份，在涡（阳）蒙（城）亳（县）青年学生中散发。该刊仅出版一期，主要内容是介绍马克思主义、社会主义思想，鼓动人们抵抗帝国主义的侵略，反对封建主义统治。其次是在各学校师生中传阅《中国青年》《向导》《辩证唯物主义》等进步书刊和马克思、恩格斯画像，启发他们的思想觉悟。同时散发、张贴写有

“打倒帝国主义”“打倒军阀”“打倒土豪劣绅”的传单、标语，增强群众反帝爱国意识。

革命统一战线的形成。为适应革命形势的需要，按照中共宿城独支的指示，仍处于秘密活动的中共涡阳党支部多次召集社会各界人士进行协商，于1927年3、4月间在县城西北角进步青年叶者香家召开了国民党涡阳临时县党部成立大会，主要成员以共产党员和进步人士为主，办公地点设在县立第一小学前院。与会人员50余人，选举出临时县党部执行委员七人，魏季高任组织委员兼秘书，主持工作，王伯衡任宣传部部长，孙锦标任工人部长，戴淑婉任妇女部长，刘秩才任青年部长，王丹山、王汉光先后任农民部长。会上研究了迎接北伐军等活动事宜。会后，中共涡阳党支部以国民党涡阳县临时县党部名义开展了迎接北伐军的宣传工作，说明迎接北伐军的意义，拟定迎接计划，确定欢迎代表，同时发动各界人士为北伐军筹集军需物资。

党组织活动的开展。1927年4、5月间，国民革命军第十军独立第五师师长马祥斌率部从蒙城前来。中共涡阳支部派工人部长孙锦标前往涡蒙交界地西阳集迎接，并组织200余人列队到城东官路口欢迎。北伐军第五师师部住进县立第一小学，进驻涡阳城后，所到之处军纪严明，买卖公平，不欺压百姓，社会反响较好。北伐军在涡阳一月有余，有力地震慑了地方邪恶势力，促进了革命活动的开展。北伐军离开时，广大民众纷纷捐钱捐物表达心情，中共涡阳党支部代表涡阳民众赠以军饷，欢送出城。

1927年秋，北伐军第三十二军第三师来到涡阳时，魏季高、王伯衡等已返回南京上学。由于形势的变化，国民党涡阳临时县党部很快为刘秩千、邵巨方、周德轩等人所把持。同年冬，太和人曹正明首任国民党涡阳县县长。上海四一二反革命政变的阴霾也渐次弥漫而来，中共涡阳党支部的革命活动随之减少并转入秘密状态。

1928年春，党员孙锦标外出失踪。5月初，在南京读书的魏季高、王伯衡得知王崇典在中央大学被捕，感到形势危急，立即返回家乡隐蔽。此时，国民党涡阳县党部李瑞五、赵凤卜、刘轶千等人也在涡阳开始“清党”活动，逮捕共产党员。魏季高、王伯衡无法立足，分别到宿县乡下以教书为名掩护身份。6月，中共宿县中心县委召开党代会，临涣区党委通知中共涡阳党支部派一人参加，王汉光参加了会议。会上，中共宿县中心县委负责人指示涡阳“农村工作暂不宜开展，可以加强宣传工作，提高人民群众的思想认识。”1928年冬，国民党南京政府于报上公告通缉魏季高、王伯衡等人。他俩得到消息后又潜往北平，改名考入中国大学。

1929年，经王汉光、吴廷寿介绍，中共涡阳支部又先后发展了史永德、王瑞亭入党。此后，王汉光曾两次到临涣、宿县寻找上级党组织都没有找到。是年秋，中共宿县党组织派周华南来涡阳指导工作，但正在召开党员会议时被国民党涡阳县党部发现，为防不测，会议被迫中断，周华南仓促离开涡阳。在涡阳的党员王汉光、吴延寿、孙成玉等开展地下活动日益艰难。1930年，他们的处境更加险恶，党支部负责人王汉光到阜阳读书。不久，吴延寿、史永德也先后到北平上学，孙成玉自动脱党，涡阳党支部的活动暂时处于低潮，但革命的火种已经点燃，亳州地区即将在党的领导下迎来新的革命斗争。

亳州地区早期党组织如星星之火，点燃亳州革命斗争的烈火。亳州地方党组织团结和带领亳州人民进行艰苦卓绝的斗争，为争取民族独立、人民解放，在亳州大地谱写了可歌可泣的壮丽篇章，其蕴含的历史意义至今熠熠生辉。

（李之平）

马鞍山市最早党组织
——中共和县支部

一、中共和县支部创立的背景

（一）和县人民在反帝反封建斗争中日益觉醒

近代以来，和县人民同全国人民一样，承受着外国侵略势力和本国封建势力的双重剥削和压迫，反抗斗争的火焰一触即发。

1910年，和州城内就发生了全国比较早的饥民抗捐暴动。1911年11月12日，清政府下级军官范培栋在同盟会的支持下光复和州，和县人民经受了一次民主共和思想的洗礼。

五四运动时期，在禹子剀、齐坚如等人的组织下，和县迅即成立外交后援会，发动群众举行多次示威游行，在民主革命的征途上迈出了第一步。其后，马克思主义广泛传播，和县人民觉悟日益提高，反帝反封建斗争得以深入发展。五卅运动兴起后，和县人民又进行了声势较大的示威游行和抵制仇货活动，进一步得到觉醒。

（二）和县知识青年在旅外求学工作中接受了马克思主义

五四运动前后，曹重堪、禹子剀等一批和县知识青年在旅外求学、工作中，接受了马克思主义，走上了革命道路。

1920年11月，恽代英应邀到宣城省立第四师范学校担任教导主任，他积极推行教育改革，在宣城、芜湖等地广泛宣传反帝反封建思想。1921年初，在芜湖读书的和含两县学生，组织和含学会，创办了《和含学会会刊》，恽代英为刊物撰写了序言，给和含青年以极大的鼓舞。

在恽代英的感召下，在宣城读书的曹重堪加入了进步学生团体，并于1924年6月经恽代英介绍入汉冶萍煤矿公司俱乐部工作。同年9月，在江西安源由江声远、黄五一介绍加入中国共产党。

禹子皊在芜湖萃文书院等校任教时，深受进步思想影响。1923年芜湖团组织成立后，成为第一批团员，不久又成为马克思学说研究会的会员。1925年11月，经高语罕介绍，和一批超龄团员集体转为共产党员。

邓贤良在芜湖萃文中学读书时，就受到进步思想影响。1922年春到北京读书后，积极参加进步活动，受到共产党人的思想引领，觉悟不断提高。1926年暑假回和县，遇到1925年即被中共上海区党组织派来传播马克思主义的党员李筠仙，经李筠仙介绍加入中国共产党。此时，在芜湖读书的温亚伯也加入了团组织。

（三）和县籍早期党团员在芜湖等地经受了锻炼

入团后，禹子皊积极参加党领导的各项活动。根据党组织的安排，加入国民党，参与国民党芜湖市党部的筹建工作，后任执委会执行委员兼组织部部长。五卅惨案发生后，再次返回和县，组建后援会，组织反帝示威活动。1926年4月，中共芜湖特别支部成立，禹子皊曾任特支委员。1927年3月，北伐军到达芜湖后，禹子皊积极参与领导芜湖人民支援北伐军，开展工运、农运，扩大了党的影响。

1925年夏，曹重堪从江西安源返回芜湖，负责筹备国民党（左派）和县县党部。其间，经芜湖团地委负责人派遣，到旌德梅村协助梅大栋开展农运，参与创建了中共旌德三都补习学校支部，为支部负责人之一。1926年3月返回芜湖，在大半年时间内，往返于芜湖、和县之间，协调确定了和县国民党执行委员会的人选。

邓贤良入党后，在李筠仙指导下，回到姥桥镇兴办平民学校和夜校，并购买一架轻便电影放映机，到各乡镇放映，进行民众教育，为后期建立区党部和组织农民运动支援北伐战争创造了条件。

二、中共和县支部的创建及活动

（一）中共和县支部的成立

国民党和县执委会成立时，最初只有曹重堪一个党员，为解决党的力量薄弱问题，中共芜湖特支先后将团员温亚伯、临时团员秦玉导调入和县执委会工作，成立由曹、温、秦3人组成的共产主义小组。自此，国民党（左派）和县执委会中党的力量得以壮大，保证了领导地位。温、秦二人也在运动中得到锻炼，不久都成为中共党员。

1927年4月1日，北伐军江左军占领县城。2日，曹重堪抵达和县，公开了国民党（左派）和县执委会组织。禹子悒根据中共芜湖特支的意见，来到和县，在国民党（左派）县执委会里秘密设立的共产主义小组的基础上，与曹重堪、李筠仙等一起组建了中共和县支部，禹子悒兼任书记，曹重堪、李筠仙等为成员，支部隶属芜湖特支领导，秘密活动地点在县城夫子庙东侧明伦堂。

（二）中共和县支部的主要活动

1.发挥核心作用，推动革命发展

支部成立后，主要利用国民党（左派）和县执委会这个合法的组织开展活动，并发挥领导核心作用。当时和县国民党党部内共产党员除了曹重堪之外，还有李�仙、邓贤良与青年团员秦玉导、温亚伯。每次县党部的工作例会，禹子慁都提前一天召集共产党员讨论议案，以便第二天例会时顺利通过。如通缉和县10大劣绅的决议就是由支部事先研究，以国民党（左派）和县执委会的名义函请县政府执行；大型集会也是由支部先做决定，再由共产党员协助执委会组织安排。

2.组织集会游行，教育引导民众

支部多次以国民党（左派）和县执委会的名义召开群众会议，宣传新三民主义以及北伐的意义，规模较大的有两次。第一次有1500多人参加，既有群众、商人、学生，也有公职人员和警察。第二次有2000余人参加，濮集、西埠、姥桥3个区党部也组织人员参加。禹子慁代表国民党芜湖市党部在会上讲话，着重宣讲拥护“联俄、联共、扶助农工”三大政策。会后，进行了示威游行，群众高呼“打倒土豪劣绅！”“打倒帝国主义！”等口号。游行后又将口号用红绿纸写成标语在城乡张贴，以教育民众。这些游行声势浩大，震动整个和县城乡。

3.打击土豪劣绅，维护群众利益

支部以国民党（左派）和县执委会的名义，函请县政府通缉10大劣绅，其中有范培柯（曾任直鲁军阀第七军军部的上校参谋、和县县长）、范良忱（曾任和县县长、金河口码头把头、消防局长）、夏锦熙（城区大绅）、孟可封（城区大绅）、蓝建斋（城区恶霸），迫使他们敛迹他乡。广大民众看到恶势力土崩瓦解，无不欢欣鼓舞，革命热情更加高涨。

4.组建人民团体，开展民众运动

在支部推动下，工会、商会、妇女等筹委会先后建立。这些群众团体，在反帝反封建、支援北伐战争中，都起到一定作用。如工会筹委会建立后，把县城200多名纺织工人组织起来，做了许多工作，几次大会都是他们组织工人喊口号、贴标语；北伐军到达时，也是他们带领工人热情地予以欢迎。商会成立后，立即改造旧商会，积极为北伐军筹备粮草等给养。姥桥区区党部还建立了农会组织，发展会员几百人，成为一支重要的政治力量。姥桥镇警察分局局长宁肖，平时欺压百姓。区党部成立后，组织商会、农会会员200多人，到警察分局将其架出姥桥，驱逐出镇，并捣毁了分局。

三、中共和县支部的解散、特点和影响

（一）中共和县支部的解散

1927年4月12日，蒋介石在上海发动反革命政变。4月18日，国民党右派在芜湖又发动了反共的“清党”事件。禹子邕从芜湖撤离，辗转南京、上海、武汉等地，于当年七八月间回到和县，脱离了革命组织，专门从事教育工作。5月，这股反革命逆流波及和县。6月，国民党和县县党部改组委员会成立；7月，国民党和县“清党”委员会成立。各种反动势力开始勾结，和县国民党（左派）县党部和各区区党部相继被捣毁，中共党员和进步人士或离开和县，或隐蔽乡下，部分人员脱离了革命，中共和县支部随之解散。

（二）中共和县支部的特点

中共和县支部，因其创建的特殊历史背景，具有以下特点：

一是成员基本都是在外地入党。如支部书记禹子邕在芜湖入党，成员李筠仙是中共上海区党员，曹重堪在江西安源入党。

二是党团员几乎都是知识分子和学生。如禹子邕、曹重堪、李筠仙、邓贤良等都从事过教育工作。温亚伯等为学生出身的团员，后发

展为党员。

三是存续时间比较短。支部成立于4月2日，芜湖四一八反革命事变后，虽然和县依然有部分党团员坚持革命，但支部组织被迫解散，存续时间只有半个月。

四是主要依托国民党组织开展活动。因国共合作的时代大背景和中共中央的要求，支部几乎每个成员都加入过国民党。但支部作为一个秘密组织，没有公开，主要依托国民党（左派）和县执委会开展活动。

（三）中共和县支部的影响

中共和县支部虽然存在时间不长，但播下了革命的火种。1927年8月，中共安徽省临委迁到芜湖后，即在和县恢复建立党的组织，设立了中共和县通讯处，由坚持在和县的共产党员温亚伯担任通讯员。1929年春，隐蔽于乡下的曹重堪到和县城内任中心小学校长，在没有与党组织恢复联系的情况下，组成了一个党小组，竖起了一面红旗。一些在外地加入共产党的和县籍人士以及一些外地党员回到或来到和县，坚持党的斗争，进一步推动了党在和县的发展。

另据周恩来在党的六大上作的组织工作报告记载，和县、含山县在1928年上半年都建有区委组织。中共含山区委的建立开启了中国共产党在含山的发展历史，由于资料缺失，该组织情况不详。1929年起，周心抚在含山相继建立起中共张什一支部、中共巢含特支、中共巢含县委，以党组织的建立和发展为基础，开展了轰轰烈烈的革命活动。

此后，马鞍山一江两岸的热土上党的活动再没有中断过，地方党组织在抗战期间得到极大发展，在安徽新民主主义革命的历史上写下了辉煌的篇章。

（唐晴晴）

铜陵市最早党组织

——中共桐城直属支部

1927年，轰轰烈烈的大革命随着蒋介石集团、汪精卫集团相继叛变革命而宣告失败，大批共产党员和革命群众倒在了反革命的血雨腥风之中。然而，铜陵共产党人没有被国民党的反动气焰所吓倒，以章逐明为代表的共产党人前赴后继，继续从事革命活动，铜陵党组织应运而生。

一、中共桐城直属支部成立的背景与过程

中共桐城直属支部成立的群众基础。1921年7月，中国共产党成立后，领导人民开展了波澜壮阔的新民主主义革命斗争。在外地求学的铜陵青年学生童长荣、房师亮、史逸、章逐明、陈雪吾、畲文烈、王同根、朱世珩、苏拓夫等接受马克思主义熏陶，投身于革命的洪流。1923年，在德国留学的房师亮和史逸，经朱德、孙炳文介绍，分别加入中国共产党，成为铜陵最早的中共党员。

1921年，出生于今枞阳县横埠镇方家仓的章逐明随堂兄章文卿到北京，谋职未得，便经常到图书馆阅读《新青年》《湘江评论》等宣传科学、民主的进步刊物，也结识了很多的革命志士，加之受五

四运动的影响，使他混沌闭塞的心灵为之焕然一新，仿佛置身于一个崭新的理想世界，看到了反动统治下漫漫长夜中的一线曙光。1926年，章逐明考取了安庆省立法政专科学校，在学校接受了进步思想的熏陶。

1926年9月，北伐军收复武汉后，安徽的工农运动空前高涨。为了适应形势需要，快速培养安徽党务干部，高语罕在汉口黄土坡创办了安徽党务干部学校。同年冬，章逐明携陈雪吾等几位同乡毅然前往武汉，考入了安徽省党务干部学校，他们在校期间认真学习革命理论，同时结识更多的共产党员和进步同学，加上多年革命思想的熏陶，在政治上积极要求进步。1927年春，经后任中共安徽省委第一任书记的王步文介绍，章逐明加入中国共产党。4月，章逐明介绍陈雪吾加入中国共产党，他们携手开始踏上革命征途。这些在外地求学、在外地从事革命活动、在外地加入中国共产党的铜陵籍仁人志士，将新思想、新文化传入铜陵，并将共产主义的革命火种播撒在铜陵的大地上，为中共地方组织在铜陵的建立奠定了群众基础。

中共桐城直属支部成立的组织基础。大革命失败后，1927年8月7日，中共中央在汉口秘密召开紧急会议（即八七会议），确定实行土地革命和武装斗争的总方针。中共安徽省临委在八七会议精神的指导下，把恢复各地党组织作为中心工作。8月上旬，省临委派出在武汉的安徽党务培训班受训的党的活动分子22人分赴全省各地，寻找党的线索，进行党员登记和组织整顿。章逐明、陈雪吾遵照中共安徽省临委的指示回到家乡方家仓（今属枞阳县横埠镇）开展革命活动。当时，章逐明以中共安徽临委和中共怀宁县临委通讯员的身份开展工作，与上级党组织始终保持密切的联系。他在章姓宗族办的育才小学里以教书为掩护，联络先后回乡的共产党员陈雪吾、疏世辉、钱邦文和共青团员章鸾翔、章礼备及进步青年吴克政等人，先后组织了共产主义青年团小组、“平民教育促进会”，在横埠、汤沟、陈瑶湖等地秘密传播革命思想，还发动群众进行反对族权统治的斗争，达到了唤醒民众的目的。通过这些组织形式与活动，章逐明在1个多月时间就发展党员10多名。

中共桐城直属支部成立的实践基础。在发展党员的同时，章逐明还在中共怀宁县临委的领导下，联络失去组织关系的回乡共产党员，积极贯彻中共中央八七会议精神，为武装暴动做准备。在章逐明策动下，汤沟团防负责人张子如倾向革命，一些共产党员趁机打入该团防，汤沟团防逐渐被共产党控制。章逐明计划在条件成熟时发动兵变，将这支地主阶级武装转变为中共领导的革命武装。不料被汤家沟警察所长黄琨告密，章、张同时被捕入狱，后张子如被害，章逐明因未暴露身份而获释。12月初，章逐明等人受中共怀宁县临委派遣到潜山梅城，协助中共潜山特支举行武装暴动，因敌我力量悬殊，这次暴动没有成功。

在中共怀宁县临委被破坏的情况下，章逐明在桐城地区开始筹建中国共产党地下组织。1928年1月，章逐明、章礼备、章鸾翔、吴克政、陈雪吾、钱新嘉、章慕贤、章宣德等8名共产党员在方家仓章家大屋召开会议，正式成立中共桐城直属支部。会议选举章逐明任支部书记，陈雪吾为副书记。中共桐城直属支部设干事会，章逐明、陈雪吾、章礼备、章鸾翔、钱新嘉为干事。中共桐城直属支部主要活动在今枞阳县境以及桐城、庐江部分地区。1928年4月，桐城直属支部与怀宁县委接上组织关系，属中共怀宁县委领导。

2016年1月，枞阳县划归铜陵市管辖后，该党支部便成为铜陵市最早的党组织。

二、中共桐城直属支部的革命活动

发展党的组织，开展革命宣传。中共桐城直属支部成立后，即作出了发展党的组织的决议。根据决议，中共桐城直属支部的成员积极开展革命宣传，不断发展党员，壮大党组织。支部副书记陈雪吾深入桐城东和庐江南，宣讲《共产党宣言》，分析大革命失败的原因，揭露蒋介石投靠帝国主义、背叛革命的滔天罪行。支部成员吴克政利用他与房秩吾先生的亲戚关系，到浮山中学以执教体育为掩护，在师生中开展建党、建团活动。在吴克政主持下，先后秘密发展党团员20余人，其中教员有郑曰仁、张良培，学生有王靖疆、黄桂元、周复安、陈石奇、吴培炎、杨芝学、章文奎等。春夏之交，吴克政在金谷岩洞中主持召开党团员大会，建立了浮山中学党团支部，吴克政当选为党团支部书记。由于浮山中学僻处乡间，交通闭塞，国民党反动派一时鞭长莫及。一批共产党员和进步人士均以浮山中学为掩护，积极开展地下斗争。这些共产党员和进步人士在担任浮山中学教员时，利用讲堂，向学生宣传反帝反军阀的道理，传播爱国的革命思想。郑曰仁经常摘抄进步刊物《新青年》上的文章，作为课堂教学的补充教材。胡竺冰在国文教学中讲到“在无畏者之前自有路”的时候，借题发挥，阐述革命真理。烈士孙炳文的妻子任锐曾油印了3篇补充教材《二七大罢工》《三一八惨案》《五卅惨案》发给学生，她在讲述三一八惨案时，慷慨激昂，声泪俱下。最后，她拿起粉笔在黑板上疾书：“刘和珍、杨德群的精神永远不死，我们一定要同一切杀人的军阀算账！”王步文也经常到桐东、浮山一带活动，从事农运和学运工作。在浮山期间，他依靠浮山中学党组织，以浮山岩洞为依托，多次在金谷岩、张公岩、仙人桥洞主办农民运动讲习班，分析当时的革命形势，指出农民运动的方向和斗争方法，参加讲习班的除了浮山中学的师生外，还有当地农民和知识分子，他们大都是党团员骨干。在中共桐城直属支部的领导下，浮山中学成为中国共产党在桐（城）庐（江）地区早期革命的摇篮。1968年5月，周恩来总理在接见浮山中学校友、原二十军副军长朱铁谷时说："浮山中学不同于一般的学校，它是当时那个地区革命活动的中心。"

建立农民协会，启发农民觉悟。在发展党组织的同时，中共桐城直属支部作出建立农民协会的决议，先后在桐东乔楼庄和钱桥北3区开办农民夜校，自编课本，将识字教育与政治宣传紧密结合起来，吸引众多贫苦农民前来学习接受教育。一方面教识字，更重要的一方面是讲地主豪绅如何剥削压迫农民、军阀豪绅如何欺压老百姓的道理，号召大家团结起来，同他们进行斗争。支部副书记陈雪吾还编了一些生动形象的歌谣，描述农民的疾苦，揭露地主的残酷剥削。这些歌谣对启发农民觉悟、推动农会发展，起到了积极作用。在此基础上，中共桐城直属支部组织农民协会掀起抗捐抗税斗争。其中，在今枞阳县境内的农民协会有：陈家洲农民协会，负责人刘牧村；钱桥、洪湾农民协会，负责人朱昌林。在斗争中，一些农会会员加入了中国共产党。这些农会会员受到了教育，思想觉悟有了一定的提高，有的后来参加了革命队伍，如烈士胡师萌、胡德甫等；有的参加了斗争地主的行列，成了农民协会的骨干。

三、中共桐城直属支部成立的意义

1928年11月，由于中共桐城直属支部党员队伍不断发展壮大，且分布地域广，经中共安徽省临委批准，在桐城东乡成立了中共桐城区委，在此基础上又相继成立中共桐城县委、中共桐庐县委等，直至1933年枞阳地区党组织遭到国民党破坏。

中共桐城直属支部存在的时间虽然短暂，但其带领广大人民前仆后继、不屈不挠、浴血奋战，不断发展壮大党员队伍，不懈传播先进革命思想，不畏反对势力的疯狂镇压，坚定团结广大群众，为后来的革命斗争播下了火种，点燃了革命烽火，鼓舞了革命斗志，坚定了革命信心，为抗日战争时期铜陵党组织的重建与发展奠定了基础。

（古梦醒）

池州市最早党组织

——中共贵池特支

1927年大革命失败后，中共中央在汉口紧急召开八七会议。从这年下半年开始，一批在外地从事革命活动的本地籍和外省籍的共产党人几经辗转相继来到池州，他们坚定信仰，不怕牺牲，以大无畏的“拓荒”精神，积极联络，秘密工作，发展池州早期党组织。其中，奉命回乡“开荒”的凌霄，于1928年冬创建了池州最早的特支——中共贵池特支。

一、中共贵池特支建立的背景

贵池特支创建的背景，主要有三个方面：

1.池州地处安庆与芜湖之间，深受新文化运动、五四运动带来的新思想涌动以及马克思主义的传播，加上1927年春北伐军挺进池州，所有这些为池州早期党组织的建立在思想上、组织上准备了条件。

2.安庆、宣城等地早期党的组织的创建，将活动范围覆盖到池州。特别是1927年9月，中共安徽临委派王步文领导安庆、桐城、潜山、太湖、庐江、贵池一带党的斗争，传达八七会议决议，成立怀宁中心县委，使得这一带的革命有了党的领导。

3.大革命失败后，一批在外地从事革命活动的本地籍和外省籍的共产党人，几经辗转相继来到池州，奉命“开荒”，秘密发展党的组织。其中，参加过北伐战争的黄埔军校第四期步科生、共产党员凌霄，由于身份暴露，于1928年2月奉命从广州回到家乡“开荒”。他以炽热的革命热情、坚定的信仰，秘密联络大革命失败后返回贵池的早期共产党员，积极寻找上级党组织，为建立特支创造了条件。

二、中共贵池特支创建经过

1928年6、7月间，凌霄相约先期从广州回乡的贵池籍共产党员孙佐华，同赴安庆找到了中共怀宁县委。其负责人耿成、刘柏枝、焦竹青接见了他们，并指示他们回贵池后尽快“开荒”，发展党的组织。

根据上级党组织关于在贵池建立党组织的指示，他们旋即联系从武昌、上海、北京、汉口等地先后回原籍并在贵池县中和贵池省立五职中学任教的洪人英、刘恩选、吴锦江以及流坡矶小学教员洪久儒等共产党员。于这年冬季的一个星期六的下午，凌霄等人为掩人耳目，以吃鱼为名，先是在县中，后为了保证安全又转移到县城东郊流坡矶洪久儒家（其父是开明绅士，几个人去他家不会引起怀疑），在洪久儒自己创办的流坡矶小学召开第一次会议。参加会议的有凌霄、洪人英、吴锦江、刘恩选、洪久儒。孙佐华因家住牌楼，离城太远故未能参加会议。会上宣布正式成立贵池县第一个党组织——中共贵池特支，凌霄任书记兼组织，孙佐华任副书记，洪人英任宣传。始属中共怀宁县委领导，1929年6月以后隶属中共安庆中心县委。贵池特支为池州最早建立的特支。

三、中共贵池特支开展的主要活动

特支成立后，根据怀宁中心县委（后为安庆中心县委）的指示，会议决定要加强宣传，扩大党的影响，发展党员，壮大力量。特支成员活动频繁，经常在百牙山、西庙和流坡矶开会，讨论开展工人运动、农民运动、学生运动、妇女运动和士兵运动等问题。

经过一年多时间的积极工作，贵池工人运动、农民运动、学生运动、士兵运动就蓬蓬勃勃地开展起来，取得斗争成果。

一是在梅埂、白洋、民生圩等地建立起农运区。在梅埂发展4名党员，白洋发展1名党员，负责领导农民进行抗租斗争。1929年农民因受地主苛租压榨，于是特支组织农民团结起来，要求减租，徒手与地主自卫团相搏，结果地主只得答应农民要求减租若干。

二是在馒头山煤矿开辟工运区。特支派洪久儒到煤矿秘密发展党员，积极开展罢工斗争。1930年1月煤矿山厂主打死矿工，引起全体工人公愤，捆缚厂内书记，驱逐厂主。2月，发动工人开展以“缩短工作时间，提高工人待遇”为目标的一次大规模的罢工斗争，迫使资方答应改善劳动条件，每月增加两元工资的要求。

三是在县城逐步形成学运区、兵运区。1929年春，中共贵池特支领导县立初级中学师生开展驱逐反动校长胡珩的斗争，斗争得到五职中学、乡村师范的声援，获得胜利。1929年5月，凌霄亲自打入国民党贵池县自卫团，利用自卫团内部矛盾，进行策反工作，最后达成县自卫团20余名士兵起义。

此外，1929年上半年，凌霄在贵池城内发展檀炳光等进步学生和知识分子入党。暑期，檀炳光即受党组织派遣返回家乡贵池留田开展工作，从而把革命活动向贵池南部山区推进。

经过一年多的艰苦工作，特支成功领导白洋等地农运、馒头山煤矿工运、城内学运和兵运，并发动抢米度荒斗争（1930年春，中共贵池特支发动城内居民开展“抢米”斗争，将5家大地主的囤粮搬运一空），使党的组织不断发展壮大。除城内学校建立4个支部外，城关、白洋、梅埂、馒头等区亦建起党的组织。到1930年8月，特支在城乡共发展20多名党员，并且在党小组的基础上建立五职、乡师、县中等4个支部。鉴于革命形势的发展和党的力量壮大，1930年8月中共贵池特支扩建为中共贵池县委，机关秘密设在县城大井头屠宰税务所内，隶属安庆中心县委领导。县委书记洪人英，委员孙佐华、凌霄、刘恩选、周孔思、洪久儒、农时。县委辖城关、馒头、白洋、梅埂4个区委以及馒头山煤矿工会、白洋区农会等组织。从此，革命斗争更加轰轰烈烈。

四、特支创建的意义

中共贵池特支在池州革命斗争史上有着重要的意义。

贵池特支是在大革命失败后严峻的革命形势下创建的，充分显现了凌霄等革命先行者坚定的革命信念、炽热的革命情怀，也充分说明革命是正义的事业，是敌人用屠刀吓不退的。中共贵池特支的建立以及活动与斗争，如一道闪电划破沉沉黑暗，既扩大党的影响，又唤起民众的斗志，从而使大革命后一度沉寂的贵池又重现勃勃生机，城乡各地继续深入传播马列主义，撒播党的种子，更多党组织应运而生，革命事业一步一步地向前发展。到20世纪30年代，池州各地党的组织竞相发展，农民暴动如火如荼，池州这块红色土地最终成为闽浙皖赣革命根据地一部分，池州全局成为革命老区。

（李运动）

黄山市最早党组织

——中共小练支部

小练，原属歙县西南部岩寺区的一个小山村，南邻屯溪，西毗邻休宁，现属黄山市徽州区的罗田村。

1930年前，这里住着20多户安庆、潜山等地的客籍居民，他们常年靠为附近地主打短工、扛长活及砍柴卖柴糊口，生活极端贫困。

一、中共小练支部的创建历程

1930年，共产党员刘伯林因参加请水寨暴动失败从潜山辗转来到歙县，以卖雪花膏为掩护，秘密发展党员，建立党的组织，开展革命活动。

最初，刘伯林落脚在岩寺的复兴饭店。之后，移住小练陈友交家中。由于小练这个鲜为人知的小村庄不仅地势险峻，交通方便，而且群众基础较好，对开展秘密的地下革命活动极为有利，刘伯林邀集一些农民到陈友交家中聚会，向他们讲述革命道理，宣传共产党的革命纲领、奋斗目标和神圣使命，使他们弄清了自己贫困的根源。此后，又将党歌和宣传小册子交部分骨干传阅。经数月活动，群众的政治思想觉悟有了很大提高。刘伯林便陆续将陈友交、陈家兴、洪继明、何旺根、汪忠福、何令忠、陈灶炎、余金有、曹万财、童银六、林子娥（女）等11名骨干发展为中共党员。并于1930年8月建立了黄山市第一个党支部——中共小练支部，书记陈友交，组织委员陈家兴，宣传委员童永良、凌年洲。当时还没有和上级党组织取得联系。

为广泛深入地发动群众，壮大革命队伍，刘伯林到了草市村孔家，以当家庭教师为掩护，积极开展革命活动。随着活动的展开，党组织得到了进一步充实。1930年12月，在小练支部基础上，成立了区委会，书记陈家兴，童永良、凌年洲、洪继明负责宣传工作，陈加云负责组织工作，党员发展到30余人。受中共芜湖中心县委领导。

1931年7月，中共歙县临时县委在小练成立，先直属中共芜湖中心县委领导，11月后，受中共徽州工委领导。临时县委书记由刘伯林担任，陈家兴任副书记，委员3人，下设8个支部，党员已达71人。

1932年10月初，徽州工委根据中央指示和中共赣东北省委决定，将机关驻地迁抵小练村。是年冬，赣东北省委派宁春发同志来小练改组徽州工委为中共皖南特委，书记宁春发，刘伯林任党的秘书。特委机关仍设小练村。至此，小练已成为我党领导皖赣边14个县革命斗争的活动中心。

二、中共小练支部开展的主要活动

小练支部成立后，不久又成立了区委会。党组织将活动地区扩展到小练村附近的罗田、草市、翰山、颖溪一带。发动组织了群众300多人，相继成立了贫农团、妇联会、儿童团等群众性革命组织，凌年洲、林子娥（女）分别任贫农团、妇联会主席，16岁的何玉发任儿童团团长。制备了苏区红旗，建立了以刀、矛等为武器的红色武装。制定了贫农团组织章程，即参加贫农团要自愿，须有三个贫农团员介绍，参加后要进行宣传，要严守秘密、不叛党叛变，要为打倒土豪劣绅、反对流氓地痞、反对白匪、反对帝国主义而奋斗终生。要求贫农团组织农民搞好生产，领导农民抓住有利时机同土豪劣绅、坏分子展开斗争，缴他们的武器，夺他们的钱、粮。妇联会与儿童团则积极配合贫农团工作，赶制军鞋，站岗放哨、送信等。

在党的领导下，小练一带人民反霸抗敌斗争迅速展开了。1931年，他们夺得了减租斗争的胜利，将每亩收租二石减到一石四（三七减租）。尔后又打了岩寺、翰山一带的土豪劣绅。1931年至1933年间，小练贫农团还多次配合祁门县地下党组织展开活动，准备夺取敌人的枪支弹药，扩大自己的武装，从而威慑猖獗一时的敌人，大长了人民的志气，有力地促进了革命运动的蓬勃发展。

徽州人民的日益觉醒和小练一带人民不断高涨的革命热忱，引起了国民党驻屯溪的安徽省第十区保安司令部的警觉和惊恐。保安司令部副司令汪汉，为此于1933年1月亲自主持了全区各县保安团队的整顿和训练工作，督促各县充实、修理保安团队的武器装备，要求各县组织猎户队等，加强武装防备。另外，他们还尽量网罗和收买叛徒、流氓、地痞等反革命分子四处侦察，藉此破坏中共地下党组织。

1933年农历五月初的一天，刘伯林在小练村附近的瑶里村汪金发家开会，被打猎返回的程继元发现，他不顾在门外警戒的陈家兴、陈灶炎阻拦，闯入会场高喊：“你们不要在此暗中组织红军，不用三天，要你们消灭”。并用枪威逼到会的妻子汪姣仂回家，否则将其打死。随后，就直往伪甲长齐双全处报告，又一同报告了伪保长孙汉仁，孙立即转报了伪县长石国柱。

伪保安司令部司令刘秉粹旋即得到了石国柱的密报：“近日有红军

宣传人员暗来该地（指小练）活动，当地土匪农民，希图扰乱治安，以歙县辖境的小年（练）地方为根据地，欲侵占屯溪等情。”刘秉粹即命汪汉“会同歙休两县长调查剿办具报”。

汪汉在从休宁保安团队以及密探等处得到有关中共地下党活动的情报后，立即与刘秉粹秘密策划了围剿小练阴谋。

1933年5月间，皖南特委计划在收到上级接济的60余支枪后，就攻打敌人盘踞徽州的中心——屯溪市，而后乘胜进攻徽属六县，与江西、宁国等地红军游击队会合，使皖赣一线都成为红色区域。5月31日（农历五月初八）晚，特委书记宁春发召集刘伯林等30余人，在小练林家继家开军事会议，准备先率领武装人员攻取篁墩伪团防，缴下他们的枪械，6月1日攻打屯溪。

不料，因保密工作不周，被伪保安司令部获悉，伪保安司令部司令刘秉粹于当晚即命汪汉率休屯军警待命出发，并电令歙县县长石国柱率队开赴东关木岭防截。

石国柱得令，当即率领保安团队40余人乘车至岩寺，于半夜步行到达指定地点。汪汉率领的休屯军警240余人亦于下半夜两点左右到了篁墩，随后分兵两路包抄小练：一路为汪汉亲率的本部，由篁墩向小练进发；另一路是伪中队长刘勃率领的警探，从草市插入小练。

小练村已处于敌人的包围之中，6月1日拂晓敌人一到村中，就砸门捣户、放火焚屋，搜捕我地下党员和革命群众。被惊醒的人们，立即拿起枪、长矛、大刀、棍棒等与全副武装的敌人浴血拼搏。终因寡不敌众，除特委书记宁春发携部分重要文件突出重围外，20余人光荣牺牲，刘伯林、王以仁（中共祁门县委书记）、史瑞璜和郑西学、罗金元等40余名党员、群众被绑押。

刘伯林等在狱中一个多月，尽管被敌人软硬兼施、严刑拷打，但他们坚贞不屈，义正词严地怒斥敌人。当敌人向刘伯林要共产党员名单时，得到的回答是：“睁开我的眼到处皆是，闭上我的眼万事不可知也”。

1933年7月19日，刘伯休、王以仁、史瑞璜、郑西学、罗金元等5位共产党人被伪保安司令部枪杀在屯溪市的杨梅山。就义前，烈士们大义凛然，视死如归，高呼：“共产党万岁！苏维埃政府早早成立！为我们申冤报仇！”

三、中共小练支部创建的重要意义

一是扩大了党在皖南的影响。中共小练支部的创建，犹如在国民党皖南统治中心屯溪周边抛下的一颗石子，瞬间荡起了层层涟漪并不断扩大，原本黑暗腐朽的统治从此渐渐被光明代替。1930年秋，王谊、王高润、王天德在休宁东北山秘密吸收蒋溢、邵逃荒、叶九源、何志刚、陈从发、程广兴入党，建立了休宁县第一个中共支部——东北山支部。1931年4月，在朱晓村的主持下建立了黟县第一个党组织——中共黟县特支。1930年冬至1931年春，刘仲希等一批共产党员和红军骨干自大别山来祁门，以行医、教书、经商等为名，开展革命活动。此后，省临委派刘震等人来祁门巡视，在闪里成立中共祁门县临时委员会。

二是为皖南革命斗争奠定了坚实的基础，明确了发展方向。小练惨案发生后设在小练的中共皖南特委遭到破坏，1933年秋，方志敏派李杰三到敌人腹心地区的屯溪，秘密重建了中共皖南特委。1934年1月，闽浙赣省委举办白区工作训练班，方志敏亲自授课，为开展白区工作培训干部，准备用3个月的时间，在皖南开辟40个区的秘密工作，而后发展到开辟新的苏区。这批干部来到皖南，按照方志敏的指示“猛烈开展白区工作”，帮助各地恢复和重建党组织，皖南党的组织得到了空前的发展壮大。

三是掀起了徽州地区农民暴动的浪潮。自1931年小练一带人民反霸抗敌斗争始，至1933年间小练贫农团还多次配合祁门县地下党组织展开活动，1934年由小练迁至屯溪的皖南特委先后领导发动了著名的际村暴动、柯村暴动等。

特别是暴动胜利后，1934年10月，柯村建立了皖南第一个苏维埃政权，宁春生任苏维埃政府主席，下设财政、教育等部。区、乡也都建立了苏维埃组织。为了保卫人民的政权，从县到乡都设立了保卫机构和地方武装。皖南新苏区的创建，是“方志敏式根据地”在皖南的成功实践，使闽浙赣苏区扩大为闽浙皖赣苏区，是土地革命战争时期皖南革命斗争史最光辉的篇章。

（杨传兵）

第四篇

安徽早期党组织专题资料汇编

王逸龙给施存统的信

——拟请高语罕参加上海大会及代售《先驱》刊物事

（一九二二年三月二十六日）①

国昌②先生并转诸同志：

迭次寄件均已收到。四月上海大会，这里因人才、时间分配不开，实难专人前去。高语罕先生为吾乡健者，住在上海，想与诸君亦常有接洽，兹拟请其如期代表出席，建议表决，皆付以全权。除另函通知外，特先报告。

非基督教同盟宣言，已分散完了，《先驱》第四号收到，诸同志在上海偏劳，我们自应尽代销的责任；惟安庆代售者很多，请你每期暂且只寄五十份来，以后再看情形。供给文字一事，已转告诸同志，但大家都很忙。

逸龙

三月二十六日

［原载于中央档案馆、安徽省档案馆：《安徽革命历史文件汇集》（第一册），1987 年版，第 1 页］

①原文未署年代，此年代系编者判定。

②国昌，即方国昌，系施存统的别名。

安徽社会主义青年团报告书

（一九二二年四月）[①]

本团团员取严格主义，现时团员甚少，仅组成学生运动委员会，此后介绍入团者再陆续报告。兹将学生运动委员会会员姓名、年龄开列于后：

周正非[②]，年二十五岁，桐城人，安徽法政专门学校毕业。

张本国，年二十四岁，霍山人，安徽省立第一师范学校。

储应时，年二十三岁，潜山人，安徽省立第一中学校。

舒公甫[③]，年二十三岁，霍山人，安徽省立第一工业学校。

王逸龙，年二十二岁，合肥人，安徽省立第一师范学校。

朱石龙，年二十二岁，六安人，安徽省立第一师范学校。

皮皎如，年二十二岁，英山人，安徽省立第一师范学校。

查文诰，年二十一岁，怀宁人，安徽省立第一工业学校。

詹善良，年二十岁，潜山人，安徽省立第一工业学校。

学生运动委员会议决办法如下:

（一）本会业经组成，其余各委员会俟团员增加后再随时组织。

（二）本会公推舒公甫为委员长，王逸龙为秘书，担任一切事务。

①原文未署时间，此系发信邮戳时间。

②周正非，即周新民。

③舒公甫，即舒传贤。

通信处可寄：安庆龙门口第一师范学校王逸龙。

［原载于中央档案馆、安徽省档案馆：《安徽革命历史文件汇集》（第一册），1987年版，第4—5页］

皮言智等八人给施存统的信

——对改造现社会的认识及不能派人出席广东会议

（一九二二年四月二十日）[①]

国昌先生并转诸同志：

几次接读来信，敬悉一是。只因我们能力有限，又当安徽改造时期，事务繁重，我们几个人，整天的忙个不了，虽不见得完全有效，然总归是要花费工夫的，这是我们没有早些复信的苦衷，尚能见谅吧！

改造现社会，自是我们的天职，至于怎样改造？采取何种方法？改造的目的建筑在何种学说上面？我们学识有限，不愿匆匆地就下了判断。

现在所采取的态度：（一）研究的态度；（二）准备的态度。研究，则观念必时有变迁；准备，是实行改造之前的一个步骤。中国社会复杂，谈改造，绝非三拳两脚所能成功，必得要有研究和准备，这是我们的一点微意，又兼我们此时均在学校求学时期，不能完全不顾学业，所以对于社会运动，只能尽相当的责任。

根据上面所说，这次广东的会，我们不能举人出席了。现在我们共同议定：日后对于贵会只能尽相当的义务，不能负必然的责任。要有什么事可先函商，我们能照办的，当然照办，区区苦衷，尚希鉴

①原文未署年代，此年代系编者判定。

宥！并颂健全！

皮言智	查文诰	王逸龙	舒传贤	同启
宋世龙	詹善良	张本国	储应时	

（原载于中共安徽省委党史工作委员会、安徽省档案馆：《安徽早期党团组织史料选》，1986年版，第2—3页）

卢春山给团中央局的信

——关于芜湖团组织的情况

（一九二二年十二月三日）①

钟鞅菊②兄鉴：

方兄的两信及通告都已收到。

卓汉兄是与弟在同一小组。我们这组现仍只四人。成立已许久了。因未得兄等的正式承认和指示，是以不便发展。我们此时的工作，只是主义的研究与社会的调查。

现在工读、职业、商业各校都有头系，或者下星期即能各校均成一小组。

本校尚有一“爱社”的青年组织，此社的发起人已与我们联络一致了，不过因尚有半数社员不明“主义”，很表示恐怖的反抗。然而近来也渐由空泛的“社会改造”的宗旨，而进到讨论方法的时期了。我又介绍了些书给他们的读书会了。他们有多数人已对他们理想的天国发生了路程规定的困难问题。我已决定加入活动，这或是一团有望的青年。还有青年协进会我们也有抽人的计划。

本省宣城第四师范学校，有团员一人（在武昌入团的），因驱逐校长失败下狱，同下狱尚有同学一人，现在他们仍在安庆狱中。两人时

①原文未署年代，此年代系编者判定。

②钟鞅菊系团中央局的代称。

有信来，表示为同志，并言出狱（期为在明年二月）后决再不升学，当尽力为团体工作。我们对之应取若何态度？

安徽别地有无同志？务望介绍！因为此地的活动，是暂守秘密地进行，恐同志难得知道。

通告第二、九两号缺。如有，请补寄！

由雪春兄转的信，不知收到否？望速回我们一信，并愿能早日承认及指示一切进行方略为荷！

顺颂

近好

春山①

十二.三

［原载于中央档案馆、安徽省档案馆：《安徽革命历史文件汇集》（第一册），1987年版，第105—106页］

①春山，即卢春山。

卢春山给团中央的信

——关于芜湖地方团的筹备情况

（一九二二年十二月底）①

国昌兄转中校务会②：

接到你们正式承认我们开办分校之要求后，我们便开了一次筹备会，到会的人数是十五名，尚有已表示赞助而未到会的亦有数人。当时因为时间的关系和慎重选举职员的原故，遂决定今天在职业学校开第一次正式大会，选举职员，组织地方校务会。但是今天又因各学堂排演新剧，本同人多居演员之席，是以不得开正式会议。且年节三四天内皆为演剧之期，恐怕须候下星期六或星期日才得正式开会。

特此

奉闻！

春山

［原载于中央档案馆、安徽省档案馆：《安徽革命历史文件汇集》（第一册），1987年版，第107页］

①原文未署时间，此时间系编者判定。

②中校务会，系团中央执行委员会的代称。

团芜湖地方执行委员会给团中央的报告

——关于团芜湖地方执行委员会成立及组织情况

（一九二三年一月五日）①

国昌兄转中校务会诸兄鉴:

前寄一信，谅已收到。寄来之讲义，我们都接读了。勿念!

本埠地方校务会，今天成立了。选定委员王坦甫、余天觉、卢春山三人。因王君往上海去了，所以职务尚不能分。余天补委员选定张震、刘长青、王积宣三人。

现有会员②，如下:

第一组——甲商
- 吴企云（教员）
- 刘长青（学生，组长）
- 余天觉（教员）

第二组——甲农
- 薛卓汉（学生）
- 卢春山（学生，组长）
- 张友德（学生）

第三组——职业
- 薛卓俊（工读学生）
- 王积瑄（学生，组长）
- 薛卓江（学生）

①原文未署年代，此年代系编者判定。

②会员，即团员。

第四组——职业{毕仲汉（教员）
王坦甫（教员，组长）
倪端（学生）

第五组——职业{朱松阜（学生）
张震（技师，组长）
张钟三（技师）

寒假已到，会员多数须返里，除鼓励各人将马氏的学说加翻研究外并议，各会员多做社会调查的事务和记载。对于本埠的会务，恐难积极进行。

至若寒假以后的进行计划:（一）发起马氏学说研究会，作公开的青年运动和吸收同志的手段；（二）组织星期日社会调查队，作“向机而行”的民众宣传和联络无产阶级同志的导线。

芜现在青年学生界，甚持反动态度，而劳动界又太散漫（如车夫，挑夫，纱厂、火柴厂之女工、童工……）不易训练，且在尚未得着知识阶级（学生、教职员等）的时候，以我们现在的能力（实力）实甚危险。所以我们在最近期间疑[拟]注重青年学生的联络。

过去的情形，从前已报告数次了，现在故不重述。请谅!

以后来信，请寄芜湖甲种商业学校余天觉转。

此祝

新年进步!

芜湖地方校务会[①]

一.五.

［原载于中央档案馆、安徽省档案馆：《安徽革命历史文件汇集》（第一册），1987年版，第108—110页］

①芜湖地方校务会，即团芜湖地方执行委员会，简称团芜湖地委。

柯庆施给施存统的信

——安庆准备组织民生研究会等情况

（一九二三年春）①

国昌兄:

此地学生界一般活动分子，我们大概都已联络好了，惟因他们关系复杂，尚须仔细考察一番。

三十九、四十期的通讯已收到。

此地近来渐有进行，惟从前赴K的代表，对于我们尚不能十分谅解。因为他们对于焘的恶感太甚，以致迁怒于我们。不过这件事情尚有法解释，惟根本上此地一般较活动的学生，大半都弄到争权夺利的政治旋涡里面去了，这实在是一件最可注意的事情。

现在我们决将几个老朋友先聚集起来，然后分开去做运动，成立组[团]的组织。这事我们今天上午已经大概讨论过了。此外我们还预备做两件事情:

（一）出一周刊;

（二）组织民生研究会。

因为这里的空气太坏，而且尚有许多纯洁可爱的学生，所以有在此地发行一个周刊的必要。

此地国民党很杂琐，大概可分两派:一柏文蔚，一管昆南，但这两

①原信未署时间，此系编者判定。

派都不能做真正的革命运动。惟柏派的人格较管派胜得多，他们现在因为民党安徽支部的问题，闹得一塌糊涂。所以我们预备将民生研究会组织就绪，以便替代他们的地位。

"五一"我们预备出一张小报。如周刊那时能出版，则将出一特刊。学生方面，或者找他们开一个会。

芜湖方面情形，似较前进步。我本拟早者就去一趟，不过因事因钱的原故，一时不能抽身。现在卢春山来在此处，不久我当去一趟。

报告一星期内当寄上。

怪君[①]

二十二日

中央局势如何，请详告知。

［原载于中央档案馆、安徽省档案馆：《安徽革命历史文件汇集》（第一册），1987年版，第6—7页］

①怪君，系柯庆施的笔名。

柯庆施给施存统的信

——关于纪念“五一”“五四”的情况[1]

（一九二三年五月）[2]

昌兄：

今日得育南来信，说汉俊退出C校[3]。为什么？

手示敬悉!

卓汉人颇血性，惟脑筋简单，故不能单独做事。他现在在这边，可以算是一个急先锋。

“五四”“五七”此地均曾举行示威运动。“五一”“五五”则仅由副刊发刊特刊发散。惟“五一”芜湖曾开纪念会，并演剧。

西校[4]近况何似？张子余的启事你看着没有[5]？

［原载于中央档案馆、安徽省档案馆：《安徽革命历史文件汇集》（第一册），1987年版，第8页］

①⑤原信不全，缺后面的内容，无作者和时间，柯庆施系根据信笺和字迹判定。

②此时间系编者判定。

③④C校、西校，均系共产党的代称。

柯庆施关于安庆地方团第一次报告

——重新成立团组织及其议决事项

（一九二三年六月）①

安庆本有一个地方团，但是因为少数人的反对，竟无形消灭。我这次自北京到此后，曾以个人的资格，与前次地方团团员接洽，彼等甚消极，而且他们与政治上的关系——保守派——很深，所以使我十二分失望。于是我就重新做起，另找同志。一直到六月十三日下午三时，始开成立大会，兹将大概情形，分述于后。人数十五人：金家凤、毛一鸣、卢春山、怪君、薛卓俊（工专）、何大年（一农）、许继慎、杨溥泉、柯德恒、龙竹轩（一工）、王彝常（二农）、刘含初（一中）、吴企云（一师）、袁溥、袁震（一女师）。执行委员：怪君、大年、春山。候补委员：溥泉。

当日议决下列各事：

（1）各个团员均是组长。

（2）推杨溥泉、怪君筹备马氏研究会。

（3）议定进行计划（另寄）。

（4）举怪君为大会代表②。

此外，我以个人名义邀集教育界中之良好分子，组织读书会，现

①原文未署时间，此系编者判定。

②参加团的第二次全国代表大会。

已成立，并拟办一青年图书馆，以资宣传。

怪君

［原载于中央档案馆、安徽省档案馆：《安徽革命历史文件汇集》（第一册），1987年版，第9—10页］

杨溥泉、柯庆施给团中央的信

——关于安庆团组织的情况

（一九二三年秋后）[1]

钟央[2]：

寄来的一切，均已收到。兹将此间校务[3]情形，略述如下：

（一）学生数二十二人（全学生）

（二）职员

校长：杨博泉

会计并学生运动:徐齐邦

秘书：怪君

教育及宣传教员:卢春山

（三）支校有三，一附设一师，一附设一工，一附设职工。

（四）校刊代派人，薛汉杰（通讯处安庆第一师范）本校在此间，尚得此间学生界之欢迎，而此地一切学生运动，同学们在里面也很做了一部分事情。至于社会科学研究会，业已决定组织。前曾由怪君致函上海书店，请将人民出版社新青社丛书寄二三份来此，以备应用，惟至今尚未接到回信，请代催！

---

①原文未署时间，此系编者判定。

②团中央的代称。

③校务，系指团务。

"通函"以后请邮至一师杨白水[①]收。

外寄上同学录一份，请收。

安庆地方中校泉怪[②]

［原载于中央档案馆、安徽省档案馆：《安徽革命历史文件汇集》（第一册），1987年版，第11—12页］

①杨白水、泉，即杨溥泉。

②怪，即怪君。

青年运动决议案[①]

（一九二三年六月）

第三次大会认青年运动为本党重要工作之一，所以对于社会主义青年团应极力加以组织上指导上之援助。

社会主义青年团应以组织及教育青年工人为其重要工作，在出版物上应注意于一般青年实际生活状况及其要求。

社会主义青年团对于青年学生应从普通的文化宣传进而为主义的宣传，应从一般的学生运动引导青年学生到反对军阀反对帝国主义的国民运动。

社会主义青年团应开始从事于农民运动的宣传及调查。

社会主义青年团应根据本党第三次大会关于国民运动与国民党之议决案极力参加国民运动。

［原载于中共中央文献研究室、中央档案馆：《建党以来重要文献选编》（第一册），中央文献出版社2011年版，第265页］

①这个文件是中国共产党第三次全国代表大会制定的，收入1923年7月印行的《中国共产党第三次全国代表大会决议案及宣言》。

林育南巡视报告第二号

——关于芜湖团的组织状况和群众工作

（一九二三年十月十一日）[①]

仲海、云敬、代英诸兄[②]:

前信谅已收到。弟昨日往访陈启天君及河海工程学校同学，谈话结果尚佳。是晚复与家谢诸兄讨论进行事，亦有些具体的计划，不必多述。弟于今早搭“吉和”轮船，下午三时抵芜湖、寓凤宜楼旅馆，当往职业学校（距旅馆十余里）访王坦甫兄，不遇，又往其寓所始得会晤述来意并询问此间情形，略谈大概，即决定今夜召集委员会谈话，明日开全体会。今晚由坦甫兄邀集委员王积瑄（职校学生）、江善夫（职校庶务）三人谈述并讨论结果如下:

（1）委员会委员长坦甫，秘书善夫，会计积瑄，由明日大会推举教宣委员。

（2）团员现有二十人，内职校十一人，二农一人，华中一人，育才一人，甲商四人，棣华二人。除职校有工人三人外，余均为学生、教职员。

（3）组织。因开始活动，组织尚未入轨，支部未成立，兹定职校（二农附入）及甲农，即行成立支部，其他各校于短期促成支部。

①原文未署年代,此年代系编者判定。

②仲海、云敬、代英即邓中夏、刘仁静、恽代英。

（4）刊物发行，由第二农业学校常林士负责（以后改寄该处），各校均派人推销。

（5）学生运动，同志均须尽力参加学生会及学联会。

（6）平民教育运动，决定:1.在学生会中提倡办理平民学校；2.设法运动、组织进行平民教育的团体（此事均可进行）；3.平民学校提倡注音字母；4.注意教会活动。

（7）工人运动，与工人结亲密关系，分散刊物，平民学校注重青工的教育，调查工人状况。

（8）参加商会活动（此事很可行）。

（9）社会科学研究会可即时成立。

（10）决定明日大会报告政治状况及主张和本团进行情形。

此外，报告中校决议案及进行方法等谈话，不必多述。

十月十号夜十一时

今日上午九时开全体会，到者二十四人，（新加入者在内）由我报告政治状况及主张并本团进行情形。

南①告报第二号

十一日

［原载于中央档案馆、安徽省档案馆：《安徽革命历史文件汇集》（第一册），1987年版，第114—115页］

①“南”，即林育南的代称，其时任团中央局秘书，这是他来芜湖的巡视报告。

安徽学界之奋斗[①]

陈独秀

猪仔议员全中国各省都有，独有安徽学生加以群众的惩戒；各省教育厅长都只顾自己有官做便得了，独有安徽教育厅长拼着官不做，以强索教育费冒犯长官；这一方面固然显出安徽学界还有几点生气，他方面却显出别省的学界太无生气了。

安徽教育之发达，远不及江苏及浙江，然而江浙两省的所谓教育家，仅仅输入了几个欧美教育学术上的新名词，以炫庸众，这种形式的教育，全然不注意学生实际的生活及教育与社会的关系，因此教育虽然比安徽发达，可惜只养成一般能够在军阀下生存的顺民。

安徽在直系势力管辖下，他们若只是空喊几声，也比广东、浙江学界的空喊有价值，况且他们还有在空喊以上的实际动作，在这一点上看起来，安徽学界又算是全国学界之领袖。

此时安徽学界的生命已放在军阀的炮口，全国的学界竟始终袖手旁观吗?

[原载于《陈独秀文章选编》(中册)，生活·读书·新知三联书店1984年版，第338页]

①1923年11月16日《向导》第四十六期。

安庆地方团员调查表

（一九二三年十一月十七日）

（安庆地方）　**团 员 调 查 表**　（1923年11月17日）

姓 名	年龄（岁）	性别	生长地	现任职业	所具技能	受何教育	加入年月	曾为团体做何工作	现为团体做何工作	加入国民党否
卢春山	22	男	湖北黄冈	新闻界		中等	1922.5	组织宣传	教育宣传	未
徐齐邦	23	男	皖灵璧	学　生		中等	1923.10	会计兼学生运动委员	学生运动	未
黄新富	21	男	皖合肥	学　生		中等	1923.10		宣 传	未
许继慎	23	男	皖六安	学　生		中等	1923.4	国民运动	学生运动	已加入
杨溥泉	24	男	皖六安	学　生		中等	1923.4	国民运动	委员长	未
赵苹山	24	男	皖六安	学　生		专门	1923.10			未
谭守梧	19	男	皖六安	学　生		中等	1923.10			未
薛卓俊	21	男	皖寿县	学　生		中等	1922.9	组织宣传	支部书记	未
宋续文	18	男	湖北武昌	学生		中等	1923.10		组织宣传	未
高永春	23	男	皖六安	学　生		中等	1923.10		学生运动	未
姚光鼎	20	男	皖秋浦	学　生		中等	1923.10		学生运动	未
柯庆施	22	男	皖徽州	新闻界		中等	1919.5	组织宣传	平民教育	已加入
石德镐	19	男	皖寿县	学　生		中等	1923.10		平民教育	未
濮 洪	21	男	皖怀宁	学　生		中等	1923.10		学生运动	未

（续表）

姓名	年龄（岁）	性别	生长地	现任职业	所具技能	受何教育	加入年月	曾为团体做何工作	现为团体做何工作	加入国民党否
濮汛	19	男	皖怀宁	学生		中等	1923.10		学生运动	未
王正笏	22	男	皖潜山	学生		中等	1923.10		学生运动	未
王道容	20	男	皖潜山	学生		中等	1923.10		学生运动	未
吴企云	27	男	皖泾县	教员		高等	1922.11		学生运动	未
端木阳	23	男	皖	学生		中等	1923.10		学生运动	未
王步文	20	男	皖潜山	学生		中等	1923.10		学生运动	未
彭干臣	23	男	皖英山	学生		中等	1923.10		学生运动	未
高永星	20	男	皖六安	学生		中等	1923.10		学生运动	未

[原载于中央档案馆、安徽省档案馆：《安徽革命历史文件汇集》（第一册），1987年版，第13—15页]

皖教潮尚在扩大中　学生会主张激进

皖教职员流血案，前日教育四团体已拟出调和条件七项并附带条件一项，只以学生总会尚未正式承认，因而未能提出。然各调人方面已认为有调和之意思，该条件日来传播殆遍，其实欲达调和之目的，恐尚非其时也。

昨日，学生总会又召集各学校代表在省教育会开代表会议，凡法专、一中、一师、一工、一农、江淮中学、皖江专师等校皆派代表到会，共计六十余人。振铃开会，由委员长刘殿坤为主席，报告开会宗旨，略谓自教职员被殴后，本会迭次开会决定，非将吕调元驱逐不可，乃教职员方面主张容纳调解，实与本会从前议案大为冲突。既是如此，本会应单独进行，以达去吕之目的。究应如何进行，请各校代表详加讨论云云。说毕，各校代表许继慎、苗树德诸人相继发言，均主张定期召集各校学生举行全体游行示威大运动，并赶紧组织义勇团。后经众讨论，游行运动决定于一星期内举行，然必须先将义勇团组织成立，各校学生如愿牺牲一己之生命均准为团员，以六十人为一队，最少亦先组成三队，事机迫切，不可延缓，日内即行着手组织。表决后，复有以讲演团业已组织成立，亟应赶即出发讲演，俾各界明了此次教育界驱吕之真相。于是又复讨论，决定即日出发。议毕散会。次日各校学生均照上项议案分别进行。各调人闻学生方面将有激烈举动，大起恐慌，现正设法阻止。

（原载于《申报》1923年11月18日）

上海地委兼区委第二十三次会议记录①

——审查批准候补党员及曾宪明、林伯渠问题

（一九二三年十一月二十二日）

到荷波、白民、梅坤、雁冰、秋白，又S.Y.地方代表秋人。

讨论并解决事项如下：

一、秘书报告第三组开会情形（详见第三组十一月十一日报告）②

二、秘书报告第一组开会情形（详见第一组十一月十九日报告）③。

三、会计报告：本月二十日发过催交欠费信一件，催各同志即交所欠月费（信稿另见），现在尚无回音；查同志积欠月费，多者至四个月，款数既较巨，深恐实有多人一时拿不出来，而任其积欠，亦殊不安。故会计之意，拟过一星期后再行第二次函催。改定办法，一为以后按月一清，一为前欠分期拨还（信稿另见）。请同人公决。结果：照所拟办法通过。

四、审查第一组及第三组所提出之新同志。

第一组提出七人：

1.张景曾

①原文为第二十二次，但十一月十五日召开的会议已为第二十二次，现改为第二十三次；以后的几次会议次序均照此顺延。

②③原文无附件。

2. 龙康庄

3. 薛卓汉

4. 王逸常

5. 徐梦秋

6. 许乃昌

7. 刘剑华

以上七人统由其雄、存统两同志提出，经由第一组通过，审查结果，上七人一律批准，自本月二十三日起为本党候补党员，并即派入第一组。

第三组提出三人；

1. 苏新甫，安徽人，年三十二岁，曾任新青年社发行事务，已加入S.Y.。

2. 谭仲廉，广东人，年二十岁，机器工人俱乐部委员之一，已加入S.Y.。

3. 黄仪蕃，福州人，年二十四岁，机器工人，前在汉口扬子厂工人俱乐部任秘书股主任，现在高昌庙工厂，拟办补习夜校，已加入S.Y.。

以上三人统由王荷波、陈其寿介绍，经由第三组通过。审查结果：新甫否决；谭仲廉保留，令第三组务于最近两个月内详考谭仲廉是否真能为团体办事，到时再作道理；黄仪蕃通过。

五、第三组及机器工人俱乐部问题。第三组组员对于党务极为玩忽，须力加整顿；当即决定先行发信警告，告以党员应负义务如交月费及到会等乃最低之限度；如仅此而不能照办，实已不成其为党员，地方委员会觉得第三组同志太不守纪律，故此特别警告，希望于两月以内能切实履行义务，努力为党做事（信稿另见）。

至于机器工人俱乐部，现处于不死不活之状态，第三组同志既为该俱乐部中办事人，应切实负责设法整顿；现地方委员会即令该会中之我党同志每月报告俱乐部中进行状况并支付账略，并令两三月内设法自谋经济独立。

六、吴淞工会。荷波报告：工会筹备会已经开过，成绩尚好，现吴淞方面工人已签名加入者，共有：1.吴淞中国铁工厂五十人；2.同济学校艺徒三十人；3.张华浜铁路工厂十四人（华丰及大中华两纱厂现在停工，故无人加入）。议决仍由荷波、秋人共同负促进与指导之责。

七、曾宪明问题。曾因华丰停工而失业，有要求团体补助意；又工会现正筹备，纸墨信札在需款，亦有要求津贴意。讨论结果，决定对于工会津贴则令开具用途，随时支给，以工会正式成立时为止；对于曾宪明个人，则因现方要留其在吴淞帮忙，除一面须代他力找职业外，并须资助其最近一月内之生活，给洋五元，但须对他说明，此款因他特留吴淞帮办组织工会而给，非因他失业，团体现在经济困难，对于失业同志，势不能给以津贴也。

八、林伯渠出党问题，问仲澥以从前接洽后之回音。

九、南京、浦口合组地方问题。谢远定新有信来催中央特派员即去。并希望能于本星期六以前到宁；现中央一时不能派人，去信另约日期。

十、党员登记。上海同志由各组调查明白，报告委员会登记（限期四日）南京、浦口、杭州三处由秘书去信。

［原载于中央档案馆、上海市档案馆：《上海革命历史文件汇集（上海区委会议记录）》，1989年版，第47—51页］

为安徽教育界进一言

贤　江[①]

要推翻恶势力，只有从事国民革命运动。

本月四日，安徽省立学校教职员代表二十余人赴省署请发积欠教育费，竟被吕调元指令卫队持枪殴击，教育厅长江暐亦被枪殴，并将重门紧闭，索捆多人。当日，吕调元电告北京政府，竟诬教职员为乱党，且谓"该党蓄有野心，大局攸关，务恳切电马督理负责协助。"到了六日，北京当局居然电令马联甲相机协助。于是江暐的教育厅长竟被撤换，且把所谓"鼓煽动学潮，藉图谋乱"的管曙东、陈紫枫、王兰田三人拿获。从这可见得官僚怎样勾结军阀残杀教育界的手段。推吕氏的居心，非将安庆教职员及学生尽置于死地，决不快心。这样辣手杀人，试问凶乎不凶？

据日前报载，安庆学潮似有调停了结的消息，只是学生界不答应，将重组义勇队（此事自有教育上的价值，很该提倡）从事倒吕运动。据我看来，对于凶犯吕调元当然不能放松，不过果真把吕驱走了，虽足以稍快人心，但终不是彻底办法。须知在现在恶政治底下，是决不能希望改进教育的（看最近北京国立八校便知）。我以为安庆教

①即杨贤江，1922年加入中国共产党，时任中共上海地方兼区执行委员会委员、国民运动委员会委员，上海商务印书馆《学生杂志》主编。

育界今后应该做的工作，是向青年学生乃至一般民众，宣传怎样革命以救国家的方法。我们要兴教育，是须从改革政治着手的，所以我们且把这次创痛算为一个发下决心的纪念。我们当然反对马、吕乃至非法政府，但是一时不能战胜他们，也不妨暂时屈服下来，像中国于五月九日屈服于日本“二十一条”条约之下一样。不过在这忍气吞声的里面，我们却不能懈怠我们积极的工作啊？

当然，我这几句话也不单是对安庆教育界说的。

（原载于《教育世界》1923年11月22日）

国民运动进行计划决议案①

（一九二三年十一月）

国民运动是我党目前全部工作。因为目前的中国劳动运动、农民运动、学生运动、妇女运动，在政治上的意义都只是国民运动。兹根据大会决案，议定国民运动之进行计划如下：

（一）国民运动，当以扩大国民党之组织及矫正其政治观念为首要工作，因为大规模的国民运动不可无一个有力的公开的党为之号召指挥。

（A）扩大其组织：（1）国民党有组织之地方，如广东、上海、四川、山东等处，同志们一并加入；（2）国民党无组织之地方，最重要的如哈尔滨、奉天、北京、天津、南京、安徽、湖北、湖南、浙江、福建等处，同志们为之创设；（3）新创设之组织，须遵用国民党中央党部所发之党纲章程及党证，其名称则暂随当地情形自定之。……（C）我们与国民党之关系：（1）我们的同志在国民党中为一秘密组，一切政治的言论行动，须受本党之指挥；（2）我们须努力站在国民党中心地位，但事实上不可能时，断不宜强行之；（3）我们的同志倘站在国民党中心地位，其经费受诸国民党者，应公开的支配，其账目只

①这个文件是中共第三届第一次中央执行委员会全体会议制定的，原载于1923年11月30日出版的《中国共产党一报》第一号。

报告国民党；受诸本党者则对本党负责。

（二）国民运动之主要动力固然是国民党，而国民党之力量必须建设在各种人民的组织上面，必须以国民党的名义去创造或参加各种人民的组织。

（A）农民在中国国民运动中是最大的动力，中国国民党的基础便应该建设在农民上面，各省支部应竭力推广其分部于乡村。运动之策略，以教育及自治入手，以“全农民利益”为号召，如水利、防匪、排洋货、抗苛税等，不宜开始即鼓吹佃农的经济争斗致招中农之反抗。

……

（F）学生应以之为各种人民的组织及宣传之媒介，初级师范生对于农民运动尤为重要。

［原载于中共中央文献研究室、中央档案馆：《建党以来重要文献选编》（第一册），中央文献出版社2011年版，第348—349页］

上海地委兼区委会议记录

——改选地委与编组名单

（一九二四年一月十三日下午三时）

到十五人，又中央委员长。地方执行委员全到，秋白请假。

一、报告：地方近两月情形；杭州、南京；会计情形。

二、请仲甫同志发表对于国民党的意见。

三、秋人同志先报告同志在上海国民党内所占势力。

四、仲甫同志演说要旨：

1.成立国民党委员会。须每区有一人。

2.训练问题。现在唯有办到：①交费；②到会二事。

3.海关问题。我们的目的，在借此宣传收回主权。现在办法：

（1）筹款印简单字句的条子，印贴在电线柱上；

（2）我们上海同志曾在国民党者写一公函与孙中山，请他进一步□□□争关余，要收回海关主权。一份寄国民党大会，一份寄给孙中山，一份寄中央执行委员会。此提议并须在各报发表。

五、水口山赵白诚同志报告水口山出事情形。

六、改选地方执行委员会。

雁冰（16）、泽民（11）、存统（10）、白民（9）、警子（9）

候补：徐梅坤（8）、杨贤江（7）、秋人（5）

七、张秋人同志提议如何惩戒不到会的同志

八、存统同志提议；

1.同志在上大的方针——同志在此中应做有系统的活动。

2.妇女组问题。

3.国民党问题——希望同志分开加入民党人多的地方。

4.广州办军官学校问题——希望多派同志去。

5.开会问题——因开会太多，希望减少。希望C.P.同志小组会议只每月开一次。

6.上大组问题——旧组长辞职，新组长未派，似乎地方委员有些疏忽。

讨论结果：小组可以讨论，小组干不了，可以向地方执行委员，地方执行委员干不了，交中央执行委员会。

九、秋人同志提议：存统同志所提议六项可以交给地方委员解决。

十、一知报告妇女组情形，并说明未报告地方委员之故，由于不知此事应报告。

十一、永昭同志提议即设一妇女部。

十二、仲甫同志赞成永昭提议。

十三、通过要〔设〕妇女部。

第一组　组长　刘剑华

1.中夏　2.秋白　3.存统　4.一知　5.其雄

6.让之　7.比南　8.张景曾　9.龙康庄　10.薛卓汉

11.王逸常　12.徐梦秋　13.许乃昌　14.刘剑华　15.向警予

16.许德良　17.林蒸（5—11赴粤）

地方委员　泽民

第二组　组长　梅坤

1.文溶　2.玉衡　3.秋人　4.亦湘　5.人亚

6.瑞贤 7.赵白诚 8.刘仁静 9.林蒸（组长） 10.周启邦

11.梅坤 12.黄隋和 13.卜士奇

地方委员 贤江 雁冰

第三组 组长 拜农（未到沪前先派际飞）

1.作之 2.景仁 3.星五 4.拜农 5.际飞 6.基永

7.代英 8.力子 9.晋笙 10.觉民 11.柯怪君

地方委员白民

第四组 组长 其寿

1.其寿 2.南山 3.国昌 4.子崇 5.观林

地方委员：梅坤

［原载于中央档案馆、上海市档案馆：《上海革命历史文件汇集（上海区委会议记录）》，1989年版，第65—68页］

薛卓俊给团中央的信

——关于安庆团的状况

（一九二四年春）[1]

仲英[2]：

自去年学潮平静后，分校随解散，校长及各职教及多数同学[3]均不能留皖，故在省之同学仅两三人而已，皆在自修，以求个人进步。在此大力压迫之下，最近期中，分校难于成立矣。

三十一、三十二两公函，系卓俊代杨白水[4]收阅，奈此地青年消沉已极，恐一事不能举矣！

薛卓俊

［原载于中央档案馆、安徽省档案馆：《安徽革命历史文件汇集》（第一册），1987年版，第16页］

①原文未署时间，此时间是编者判定的。

②仲英：即团中央。

③校、校长、职教、同学分别为支部、支书，支委、团员之代称。

④卓俊，即薛卓俊；杨白水，即杨溥泉。

电促皖学生回省奋斗

民国日报馆转安徽学生联合总会逃亡代表天津姚光鼐，蚌埠刘殿坤，上海濮德治、郑鼎，广东许继慎、陈济光、彭干丞①、傅维钰、杨溥泉，南京高永春，暨逃亡各地同志谢嗣获、王同荣、刘旭光诸君公鉴：

贿选失败，恶焰渐息，马贼虽走，余凶犹逞，吾学生会既得复生之机，即希联袂归来，共策进行，以完吾七千同学之付托，临电迫切，勿误为盼！

安徽省学生联总会被缉同志刘文友、陶鹤、刘培寿、余鉴民、王步文、沈澄寰等文。

（原载于《民国日报》1924年12月16日）

①彭干丞应为彭干臣。

薛卓汉、徐梦秋关于组织进步学生团体等情况的报告

（一九二五年四月十一日）[1]

皖绅和诸投机政客组织皖民自决会，其目的在组成省宪。我们因设法加入破坏，但力微不敌，全告失败。现决退出，另筹其他捣散方法。

鼓动学生会发起中山追悼会，做大规模的集会，我们可以趁机多散布宣传物品。此事现因省教育会开会耽搁，迟数日方可着手。筹备员我们同志已参入几个，拟从中提倡，请但一[2]来演讲。

将来进展的计划：

此地学生界多只知做政治上的活动，思想方面异常沉闷，现促请同志在各校中多组织研究团体，以造成团结与研究的空气，且作吸附同志的试验场。现高中已组成——“星社”，刊出周刊，一师已组成——“中山学说研究会”“曦社”两个团体，一师又办校役夜校，全是同志主干。《劳动青年》周刊是否能按期寄二十份来作为课本。

卓汉 梦秋

报告

十一日

①原文未署年月，此年月系编者判定。

②但一，系恽代英的别名。

函收到，破坏皖民自决会事虽不成，应发表宣言，指出他们投机自私的行为，并且提出我们对于安徽政治的主张。此事或联合各学生团体为之，使成安庆省民运动中之左派。

在学生界多组小团体办法极是，望□□进行，且常谋各小团体的联合。《劳青》已嘱寄[①]。

［原载于中央档案馆、安徽省档案馆：《安徽革命历史文件汇集》（第一册），1987年版，第17—18页］

①以上两段文字，在卓汉、梦秋报告之后，不是该报告本身的内容，系团中央对该报告的批复。

柯庆施关于对安徽工作的意见给中央的信

（一九二七年三月十日）①

曾岩②兄：

关于我对安徽工作的意见，谨述如下：

1. 安徽的党是非常薄弱而且分子太不坚强。现在唯一的出路是应用全力去建造新的基础发展新的同志。但是这不是说旧的不要。过去省委犯了旧的都是不好，同时新的又建立不起来的毛病，以致旧的既不要当然不十分去管它，新的又在事实无法建立，党的组织无法整顿，薄弱与不坚强，经过年余的工作，一仍其旧。

2. 省委对于一般同志的政治训练，太不注意，据我们所知道的，省委与各县间之关系是不十分密切。虽据尹宽同志的发告是各县负责者对省委太不负责，无论事实如何□各县负责者之不负责，省委应负责任否？同时省委经过年余时间，何以仍无办法！实际上这个问题的中心在同志间缺乏党的和政治的训练。一无所知，亦就无所工作，有何工作之可报告！尹宽同志亦说过，对各县（极少数的县份）有工作的指导（过去每月至多一次）。关于中央的通告以及中央的出版品，绝没有转下去，这亦可证明。

①此年代系文件戳记年代。根据本文内容分析其成文年代为1929年。

②疑为中共中央代称。

3.省委的组织太不健全，省委本身的工作都做不起来。据尹宽同志说，省委初为五人，而一开始农民同志某即不知去向，龚德元又东跑西走，步文同志又开除，尹宽本人又病，则省委本身只有王校[①]一人。这样的省委，如何能担负整个工作的责任；为什么不早向中央报告请求设法！同时在省委内部工作的同志卷款而逃者多至四五人！这些人的如此，我们当然不能否认他有客观的原因，然各地争斗较安徽更加厉害，这种现象亦不多见；且这许多同志中，多有在他处做过多少工作的，为什么一到安徽变了，其中多少总有些主观的原因吧！

总之，我以为今后安徽的工作应：

a.巩固省委本身的组织，充分注意省委自身的工作；

b.提高党的训练，政治的训练，加紧建筑新的基础；

c.即时召集代表大会或扩大会议，结束过去，并决定将来一切进行方法。

至个人间之意见，在现在当然不成问题，且尤须铲除之，否则一有成见，什么问题都无法解决。

［原载于中央档案馆、安徽省档案馆：《安徽革命历史文件汇集》（第二册），1987年版，第6—7页］

①疑为王教。

安徽省临委关于安徽三个月工作计划纲要

（一九二七年九月六日）

甲、组织

一、整顿组织

（一）在最近一月中应将各县市区及特支之委员会成分，切实加以审查，将最近尚有机会主义倾向及工作不力者肃清净尽，而提拔农工同志中之优秀者加入党部委员会。并督促市、县、区党部委员会在九月内改造成为三人至七人之常务委员会，指导一切工作。

（二）为审查本省党员起见，应即举行重新登记。如在本年九月份以前入党者，均应填写登记表。此项登记含有清党意义，各地应严格执行。凡有左列情形之一者，不许登记：

1.对党不忠实者。

2.不同意中央“八七”紧急会议决定之新政策及在行动上、言论上有机会主义的倾向者。

3.一个月不为党做实际工作者。

4.过去在经济上有手续不清者。

5.行动浪漫、屡诫不改者。

各县、市登记事宜，由各县、市最高党部委员会执行之。且在各党部委员会之下；立即组织审查委员会，以审查各该党部党员是否忠实。

（三）在此极严重时局之下，各党部应极严格地互相建立极密切的极秘密的关系，各区支部至少每星期应向上级党部报告一次，县、市党部至少每月须向省委详细报告一次（在可能时，最好半月一次），任何级党部，三个月不向上级作报告时，应即解散或改组之，而区委联席会、支书联席会、活动分子会，各县、市党部尤应常召集开会。

（四）支部为本党基本组织，各县、市、区委员会，应时时考察其工作。支部会议，务使其能每周开会一次，且在每次会议时，应将政治状况、党的策略及种种实际问题提出讨论，尤须使每个同志都发言。

（五）凡各机关内已正式成立党团，须向各地党部登记，一切活动，均须受党的严密的指导，各种伪国民党下级党部之下，亦应如此。有同志三人以上之机关而尚未成立党团者，该地党部委员应即组织之。

二、发展组织

（一）过去安徽党员的成分，小资产阶级分子几占十分之八，农工同志太少，此种现状，足使党的基础不稳固，故我们应努力向产业工人、手工业工人、雇农、佃农及自耕农方面去发展同志。

（二）在最近三个月中，我们应加紧注意芜湖、安庆、六安、宿县、寿县。寿县应于三个月内成立县委，其余各地特支之组织工作，应将其健全起来。

（三）介绍同志为每个同志应当努力的工作之一。故每个同志应努力随时在各种群众组织及工厂乡村中去找寻对象，经过相当的观察，确认为忠实有阶级觉悟及明了主义者即介绍于支部。

三、其他

（一）在目前这种白色恐怖之下，各地党的组织，其主要任务应在造成坚固的、能奋斗的秘密机关，以指导一切秘密工作，即在公开条件之下亦应如是。

（二）严守党的纪律，为秘密党的必要条件。党的决议，应无条件的绝对服从。安徽党的训练工作，素向做得不好，对此尤应特别注意。凡破坏纪律者，都予以严办（停止职务，一直到开除党籍）。

（三）省委应建立全省的秘密交通机关，担任传送通告、指令、宣传品及其他工作。

乙、宣传与训练

（一）根据中央《为宁汉妥协告民众书》的要义发一宣言，并将安徽省党部同等之背叛国民革命揭开，使一般民众不为他们欺骗。

（二）应努力揭破武汉伪政府中央及汪精卫、唐生智等种种反革命的骗局，指明武汉政府与南京政府、北京政府同属军阀的工具；武汉中央党部与南京中央部同为反革命所包办；汪精卫是杀戮民众的刽子手，是军阀的走狗。反汪、唐的宣传深入民众。

（三）每个特别政治事件发生时，应即制定宣传大纲分发各地党部做普遍之宣传。

（四）应根据本地社会上一般事件，扩大宣传以鼓动群众，并督促各地学校亦做此种宣传。

（五）目前各地灾歉，农民破产，而政府毫无办法，均应即借此宣传反对一切军阀及抗捐抗税等，由此发展到土地革命。

（六）临委应即筹备出一、三日刊之小报，以便鼓动民众。

（七）临委出版之《每周通讯》，应使内容日益充实，并宜多载讨论党的政策的文字。

（八）应即督促各党部切实实行“党内讨论”，并应先将各种重要文件编成讨论原则，以便讨论。

（九）必要时应组织宣传委员会及训练委员会，党发展到相当时期，应开办训练班。

丙、工运

（一）在此三个月之中，我们用全力注意芜湖、安庆、大通、获港等处工人运动，尤宜先将芜湖、安庆之产业工人、交通工人（车夫、搬运夫等）及电灯、电话、邮政等工人及获港等处之矿工秘密组织起来！

（二）工会应当是工人的组织、群众的组织。一般工会机关，亦应由工人群众自己选举出来。南京派及武汉派目前派许多走狗占领各工会机关，此种伪工会、工贼工会，我们应尽力去反对，并经常扩大宣传之，使一般工人群众，都知道他们是伪的，而不得为他们利用。

（三）我们应努力训练一般工人同志，使他担任工会的指导工作，各级工会之委员，学生同志应减至最少（学生同志最好代他们当秘书等工作）。

（四）我们应领导群众力争工会之公开，实行工人结社、集会、言论、罢工的自由的政治争斗。同时，工人目前生活困难万分，即以前工人从斗争中所得着的胜利，资本家现均毁弃旧约，因此我们尤宜领导工人势力于反抗这种反攻及一切剥削的经济斗争。

（五）一般工人群众，对于武汉派之反动，多未了然，我们应将武汉派杀戮工人群众及种种反动之经过，加紧宣传。

（六）以前我们在工人群众中的影响太少，工人同志不多，因此工运的本身，颇受损失，故我们应使我们的影响深入群众，并努力发展工人支部。

（七）在此种严重压迫之下，工人群众应当有自卫的秘密组织，而与武装工人及其暴动巷战等军事训练，宜加注意，以便在可能时，即刻准备响应乡村农民的暴动。

（八）各工会之党团，应即组织起来，并须绝对受党的指导。

（九）工人运动为本党之基本工作，应以整个党来指挥这种工作。各县、市党部应即将工人部取消，另组织职工运动委员会，经过党部委员会直接指导职工运动的党团。

（十）省职工运动委员会，应筹备出一秘密刊物，分散到工人群众中去。

丁、农运

（一）安徽过去的农民运动，只有宿县、旌德尚有较广大之组织，并能深入群众。此外，寿县、芜湖均仅有数百人之组织，其余各地方一直未开始，各地农运之所以不能深入和开始组织，绝对不是什么客观上有所困难，这完全是各地党部不注意农运，一般小资产阶级出身的同志，不能“下架子”去做。土地革命和建立农村中之农民政权为彻底的民权革命的唯一的保障，故各地党部应积极努力农运，并督促乡村中同志加倍努力去干！

（二）在最短时间内，应将宿县、寿县、芜湖之农民组织切实加以整理，使农民组织能严密的严密起来，并能更深入群众。

（三）安庆、潜江（山）、桐城、庐江、无为、南陵、宣城、霍邱、六安、凤台十县之农运，应在此三个月中督促其努力工作。

（四）现在农运之对象，应以雇农、佃农及失业农民为愈[1]，以无地的农民为中心，因为现时的农村革命——土地革命，只有他们才是土地革命的主力军。

（五）土地革命和建立农村中之农民政权，既有为彻底的政权革命胜利之保障[2]，土地革命与农民政权之意义，应在农民群众中的普遍宣

①原文如此。

②原文如此。

传为“耕者有其田”及“没收大地主土地”。

（六）农民武装问题，为我们急需注意的问题。各地农民，应用种种方法夺取枪械，秘密组织农军（农民得着的枪械绝对不能交给别人）。土匪、流氓都是失业的农民，而且是积极参加土地革命的农民，但我们应将他们看作兄弟一样，而去领导他们参加土地革命，农协应容纳会党土匪，我们的党亦应当容纳革命的会匪分子加入。

（七）当此秋收时，我们应尽力鼓动抗捐、抗税和减租百分之三十，有水旱虫伤之区域，我们应当尽力鼓动抗租。此种争斗，必然发展农村中之阶级争斗而引起农民走上斗争的道路，直至暴动夺取政权。

（八）我们应当提拔农民中之优秀分子，使之参加农协之指导工作。

戊、民运

（一）凡我们同志已参加国民党，不论伪党部开除与否，我们仍以原来在民校中之地位努力在民左中活动。我们应积极的秘密的保存民左之组织，并谋其发展，但所谓左派党必备下列的条件：

1.反对南京、汉口之伪政府伪中央党部者。

2.赞成土地革命者。

（二）各地高级党校，视情形之需要，指派同志参加伪国民党各级党部做秘密工作，以破坏其组织，并揭开其反革命行动与一般群众之前，但应得□□之核准。

（三）应将南昌起义之革命委员会，多多宣传，指明委员会是代表民众要求而起义的，系为革命的国民党的正统，使一般民众都得着深刻的影响。

［原载于中央档案馆、安徽省档案馆：《安徽革命历史文件汇集》（第二册），1987年版，第10—16页］

安徽省临委通告第八号

——发展组织计划

（一九二七年十月）

各级党部：

长江局安徽临委工作纲要上说："安徽党员只有二百余人，这简直是个小团体，是个无知识的知识阶级的小团体，不能算是无产阶级的政党，应即努力积极向农工群众中发展组织，造成真正无产阶级的政党，在三个月内须发展同志千人以上"。

是的，过去安徽的党确实是小团体，是无知识的知识阶级的小团体。最近组织部全省党员的统计有如下的数目：

党员人数（根据有报告的十二县）——二百五十二，工人同志——二十七，农人同志——十一，知识分子——二百一十四。

从以上的数目字我们可以看出整个的安徽党员的成分，百分之八十五都是知识分子，而工人同志才占百分之十一，占安徽全体人口最多的农民只有百分之四，这是多么奇怪的现象！这还能叫做无产阶级的政党吗？在纠正党的组织上的机会主义之时，绝对不能让这种现象继续下去的！

因为社会成分这样的坏，又加以过去党的机会主义之陶成，党的离奇现象就层出不穷地发生了！许多同志竟公开的反对新政策，认为省委反对光周等的国民党的决议是错的。有些地方的党部，不顾党的新策略，依然醉心民运，把自己的旗帜抛去，而实行其所谓"民运"。

同志的自私自利，浪漫色彩，自由行动，只知向团体要生活费，而不愿做不拿钱的工作……都充分地表现出来，总之这几月的中间，小资产阶级的尾巴，已尽量露出了，这些都是急需纠正的错误。纠正的唯一方法就是“造党”，改组党的社会成分，扩大党的组织，尤其是在工农群众中扩大党的组织。

长江局三个月内发展一千以上的计划，一点也不理想，一点也不抽象。根据安徽的环境看来，却绰绰乎有余。有些同志认为发展是不可能的，或者说假使我们发展大了，必定同国民党一样。这是错误的，是“杞人忧天”的，是非常严重错误的。我们应当知道，我们的党不是国民党，是有铁的纪律和特殊的精神的，并且我们是在工农群众中发展的，我们的组织扩大只有使党更群众化，更能保障他〔它〕的胜利，假使有同志不赞成党要发展组织，他就有意或无意帮助了敌人了！

为此，省委特根据长江局三个月内发展一千以上的建议，严重的向各地党部提出下列发展组织计划，望特别注意。

地名	本来人数（人）	本来成分			应增加之人数（人）	增加成分百分比			增加的倍数	共数（人）
		工（人）	农（人）	知识（人）		工	农	知识		
怀宁	14	0	0	14	80	30%	60%	10%	5+	94
芜湖	70	10	10	50	300	60%	30%	10%	4+	370
六安	44	2	0	42	200	10%	90%	0	4+	244
寿县	?	?	?	?	200	10%	80%	10%	?	? +200
旌德	10	0	1	9	100	10%	90%	0	10	110

（续表）

地名	本来人数（人）	本来成分			应增加之人数（人）	增加成分百分比			增加的倍数	共数（人）
		工（人）	农（人）	知识（人）		工	农	知识		
宿县	50	5	5	40	20	10%	90%	0	2	150
无为	19	0	3	16	15	10%	80%	10%	1+	39
潜山	4	0	0	4	20	10%	80%	10%	4−	19
郎溪	13	0	2	11	20	10%	70%	20%	2−	33
南陵	10	0	0	10	20	10%	90%	0	2	30
和县	11	0	0	11	30	10%	70%	20%	3−	41
霍邱	6(?)	0	0	6	40	10%	80%	10%	7−	46
霍山	0+1	0	0	1	20	10%	80%	10%	20	21
桐城	?	?	?	?	15	10%	80%	10%	?	15+?
庐江	?	?	?	?	30	30%	60%	10%	?	30+?
总计	252	27	11	214	1190	15%	75%	12%	4+	1442

在上面的表中望各地同志特别注意应增加人数项内的数目字和增加成分的百分比。

我们的组织是要从斗争中去扩大，这个发展组织计划并不是叫同志去“拉夫”，恰恰相反，这是叫各地特别注意群众的斗争之扩大，而从斗争中去找对象。就是说在斗争中谁勇敢，谁站在最前线，谁就可以做我们的同志。只有这些分子才是党的新生力军，才能使党不再掉到机会主义的脏坑里去！

各地接此通告后，不要以为这是空想、滑稽而置之不顾，应毫不犹豫的定出更实际的办法去执行，否则我们认为这是违反党的纪律，应以铁的纪律去裁制他！

阮麟威
赵承德
一九二七年十月

［原载于中央档案馆、安徽省档案馆：《安徽革命历史文件汇集》（第二册），1987年版，第37—40页］

安徽省临委关于组织情况的报告

（一九二八年八月十五日）①

党在过去没有工农群众的基础，没有熟练的干部人才，甚至没有一个可信托的积极负责同志。自新省委（“省委”应为“省临委”）成立五个月以来，用新的工作方法，对各地党部已有切实的整顿和改造。整个工作有新的发展的趋势。

计芜湖、南陵、无如（“无如”应为“无为”）、六安、怀宁、潜山、寿县七县中，已成立市委、县委或区委。支部共凡四十，党员共凡三百三十八人（寿县统计略，未列入）。

［原载于中央档案馆、安徽省档案馆：《安徽革命历史文件汇集》（第二册），1987年版，第174页］

①只有月日而无年代，此年代系编者判定。

安徽省临委工作报告

——党发展上的客观困难及各县党的组织概况

（一九二八年八月十五日）

（一）

安徽党的工作自本届省委成立到现在五个月中，我们尚未作过安徽各地组织的及工作的报告。现因竞博病及技术工作缺乏，还不能作一个整个的各方面工作的详细报告。中央前次的批评和指示，我们全部接受，并认为是不错的，可是就此地说也有实在困难情形。总括说：就是党在过去太无基础，因之群众无斗争的经验，党没个可信托的积极负责的同志，在这种情形之下，完全利用旧的基础创造新的基础，实在历尽艰难困苦，整个的安徽党的系统还未能树立；还谈不到实现中央最近组织改造的计划，还只能作这种不甚精密的报告。

工作上虽有以上的实际困难情形，但是我们数月来的努力已从无头绪的状况中找到新的方面了。对于各地的党部，已有切实的整顿同改造，芜湖市因工作有相当的发展，有成立市委的需要，在一个月以前已成立芜湖市委。

过去的错误，整个的安徽都有新的发展的趋势。

（二）

根据各县最近的报告，将组织情形报告如下表。

区域	组织					党员数目	成分	其他
	市委	县委	城市支	乡支	总计			
芜湖	成立		12		12	54	知识分子占多数，次工，次农。	
南陵		已成立区委	3	1	4	24	工人12，农人4，店员3，知识1。	
无为		已成立			4	55	农占多数，次工，次农。	
六安		已成立	4	5	14（注一）		同	（注一）有特支5
寿县								
怀宁		已成立	4			110	农民占多数，次工，次知识分子、军警。	
潜山		已成立	5		14	199	知识分子占多数，次农，次工。	（注一）区支9
总计	支部40					党员总数338		

编者注：此表中支部总计数和党员总数和各分项累计数计数不符，无从考核。表中所有“注一”字样均为原表所有，但无注文。

（三）

对于各县现在情形的略说：

（1）芜湖以前由省委直接管理，近一个月来，根据中央的指示，省委应注意各县工作的发展，于是成立芜湖市委，并制订详细的工作计划，一时颇有新的气象。后因市委负责同志工作不努力，怕困难，现复改组。并从扩大会议定下改造下级党部的计划——1.同志应常到会；2.人人应行动，每人应担负散发宣传品及张贴标语的工作；3.每天至少要同工人谈话一次：4.缴纳党费；5.绝对服从党的指挥——减少市委负责人，限期责成工作的发展。关于职工运动，到现在各方面群众斗争仍未发展。

（2）南陵自去年经过那次所谓暴动失败后，当地党的组织已全盘溃散。本届省委成立以来，虽继续派出负责同志前往恢复工作，都因负责同志不了解发动群众斗争的策略，结果群众工作、党的组织均未恢复起来，最近又派王教同志去巡视，先将城市党的组织恢复了，乡村一时还苦于莫有人去，乡村同志仍在流落中。但南陵在客观方面，无论城乡在目前都有发展的可能。最近在城市因去年普通〔遍〕的水灾后所受的影响很大，又加土匪的扰乱，弄得商业凋零，发生大批失业者，豪绅地主更加以压榨，小商人已渐渐的觉悟过来，不满意统治阶级。警察也因索饷自动的罢了一次岗，乡村更呈不安的现象，危机四伏，这因去岁的水灾所失甚大，今年虽系丰年，在农人实无所获，所得的收获，实不足偿去岁向地主豪绅所欠的旧债及他们所谓“放账”出来的借款，都要在这时偿还。城市工人群众已有“鲁班会”“雷祖会”等组织；但农村固有的组织，还未恢复过来。

（3）无为王步文同志巡视结果不好，未有详细明白的报告，但这地方客观环境是很好的，乡村有组织的农民共有七处：冒兴洲、服湖洲、余家坝、管家村、孙家湾、下宋家庙、刘家港，会员七百余人，都接受中党的指示。宋家庙农民发生过经济斗争，结果是得到胜利。孙家湾亦发生过推倒族长运动，冒兴洲做过减租的运动，现在正预备各地农民做新季减租总运动。

（4）六安自去年中央巡视员巡视后，各方面仍无进步，机会主义的思想仍未改变，仍陷于军事投机的错误中。最近王步文同志巡视无结果。目前六安遭了一次空前的匪祸，城市被陷整五日。匪退后，地主豪绅阶级正在大开其善后会议，组织他们的武装——民团，警备队——工农贫民在经济上更加上一层痛苦，不安之状已反映出来，甚为明显。

（5）寿县过去有党的组织，但基础建在游离的知识分子上的，去年中央巡视的结果，仍无大的改变。今年因该地学兵团被解散，流落了几个湖南同志在此，尚勇敢有为，参加党的工作，已有新的气象，省委亦派人巡视了一次，现在工农群众都有普遍的发展，县委亦能集中力量，下级干部表现积极。不过，过去机会主义、打杀主义的遗毒犹存，省委已切实在纠正。

（6）怀宁县委负责同志还积极，但无论农村、城市群众斗争仍未发动起来，陷于平和的发展状态中。

（7）皖南和洲、郎溪、旌德、荻港、宣城在国共合作时期有党的组织，现省委虽在极力发生关系，但相互的关系仍未建立起来。

（8）皖北自经过“四九”暴动后，党全盘溃散，统治阶级防御亦愈严密。外面派人去已成困难。现省委已派杨培芝同志前去恢复关系，以后再派人去恢复特委。

（四）

关于个人的问题（略）。

［原载于中央档案馆、安徽省档案馆：《安徽革命历史文件汇集》（第二册），1987年版，第175—179页］

安徽省干部一览表

（一九二八年九月）

序号	姓名	住址	职业	入校时间	技能	批评	经历
1	邹克其	六安	教员	1928年1月	文字宣传	经验浅薄	六安县委书记
2	吴干才	六安	教员	1927年5月	口头宣传	小资产阶级习惯	六安候补书记
3	周狷之	六安		1927年3月	组织兼鼓动	不精细	曾任六安县委、现任合肥区委书记
4	吴宝才	六安	烟工	1928年	拳术	粗率勇敢	六安县委
5	余道江	六安	农民	1928年	农运	勇敢	六安三区农协委员
6	吴承三	六安	工人	1928年		往往有个人立场的表现	曾任六安县委
7	吴伯孚	六安	教员	1927年	农运	不能临机应变	曾任六安二区区委
8	吴仲孚	六安	小教员	1927年	农运	没有斗争的经验	六安县委
9	王亦传	六安	兵士	1928年	用长枪	勇敢	曾任六安县委
10	王退之	六安		1928年	军士	胆小	支部书记
11	吕大寿	六安	农民	1928年	拳术	粗率勇敢	曾任六安县委及交通
12	窦克难	六安	学生	1928年	青运	不能利用时机	现任六安C·Y.区书记
13	施新民	六安	小教员	1927年	写油印	浪漫	曾做技术工作
14	王少周	六安	教员	1927年	政治活动	理论缺乏	

（续表）

序号	姓名	住址	职业	入校时间	技能	批评	经历
15	桂节生	六安	店员	1927年	簿记		区委
16	陶汉亭	六安	教员	1928年			支部书记
17	王伟成	六安	教员	1928年		行动鲁莽	
18	桂伯炎	六安	教员	1927年1月	口头宣传	胆小耐苦	六安县委
19	舒传贤	霍山	知识分子	1924年	土木工程	忠实努力理论缺乏	皖省总工会委员长，霍山县书记
20	朱雅清	霍山	知识分子	1928年	文字	脑筋滞钝	霍山县委
21	许亦孟	六安	知识分子	1927年		忠实	六安候补县委
22	吴　逸	六安	知识分子	1927年	军事	忠实粗率	六安县委
23	戴元君	霍山	知识分子	1928年	口头宣传	行动浪漫	区农协委员
24	舒子杰	霍山	学生	1928年	美术	幼稚	技术工作
25	鲍林森	霍山	兵士	1928年	农运	努力	支部书记
26	陈法汉	霍山	小教员	1928年	农运	沉静	区书
27	高维其	霍山	教员	1928年	文字宣传	能干	区书
28	姜茂林	霍山	教员	1929年	农运	勇敢	
29	孙光璧	霍山	女学生	1928年	妇运	能干	支部书记
30	朱体仁	霍山	兵士	1928年	军事	个性强勇敢	兵运委员
31	吴泽民	霍山	半知识分子	1928年	农运	勇敢	交通工作

（续表）

序号	姓名	住址	职业	入校时间	技能	批评	经历
32	徐育三	霍山	教员	1927年	农运	忠实昏乱	霍山县委
33	徐仙骥	霍山	教员	1927年	农运	努力艰苦	
34	姚文彬	霍山	店员	1928年		艰苦	区书
35	喻　宁	霍山	学生	1927年	青运	勇敢浮躁	
36	赵慧媛	霍山	学生	1929年	妇运	坚决	
37	刘渭西	霍山	知识	1927年	军事	不精细	霍山县委
38	广存禄	霍山	教员	1928年	农运	忠实	支部书记
39	徐寿如	怀宁	兵士	1927年			怀宁县委
40	耿诞余	同	教员	1925年		胆怯	县委兼济难会工作
41	王介甫	同	教员				怀宁候补县委
42	杨自丹	怀宁	教员				候补县委
43	潘一痕	同	店员	1928年			县委交通
44	操　球	同	塾师	1927年			区委书记
45	甘尉农	太湖	教员	1927年	写字	勇敢	太湖区委书记
46	陈　无	太湖	工人	1928年			太湖区委
47	孙佐华	贵池	教员	1928年			贵池特支书记
48	章逐明	桐城	教员	1927年	组织兼鼓动	忠实耐苦	桐城县委书记
49	赵些吾	同	教员	1928年	军事兼美术	勇敢耐苦	县委兼军事科
50	吴克正	同	教员	1927年	军事	勇敢	县委兼东区特派员
51	汪口平	桐城	农民	1929年3月	农事	忠实	支书
52	方正明	同	手工人	1929年	拳术	敢为	支书
53	季　苏	同	知识	1922年	法文	胆小	县委
54	诸　卢	同	农民	1928年	拳术		县委

（续表）

序号	姓名	住址	职业	入校时间	技能	批评	经历
55	陶　俊	同	小商人	1928年	拳术	忠实	县委 区委
56	熊炳坤	庐江	教员	1928年	拳术	勇敢	
57	苗树德	庐江	教员	1924年	日文	消极	区书
58	朱　良	庐江	农民	1927年		艰苦能干	支书
59	陈　华	庐江	知识分子	1928年			
60	王　兴	潜山	高教	1925年	日文	精细能干	曾任安庆地方书记、临时省委宣传
61	桂一山	潜山	工人	1927年	拳术		曾任县委
62	刘　达	潜山	教员	1928年	教育	忠实勇敢	县委书记
63	李大美	潜山	工人	1928年		勇敢	支书
64	王小廷	潜山	教员	1927年	农业	忠实勇敢	曾任县委
65	王惠通	潜山	教员	1928年	写字		县委
66	赵　凫	颍上	士兵	1928年			怀宁县委书记
67	徐寿如	怀宁	商团团丁				怀宁县委
68	杨情仙	霍邱	教员	1927年			霍邱县委书记
69	廖仲杰	霍邱	教员	1927年		胆怯坚决	霍邱县委
70	李树人	霍邱	教员	1927年		艰苦热心	霍邱县委
71	余武溪	霍邱	教员	1927年		坚决勇敢	霍邱区委
72	李　侠	霍邱	教员	1927年		努力	霍邱支书

（续表）

序号	姓名	住址	职业	入校时间	技能	批评	经历
73	李其恺	阜阳		1927年			曾任阜阳县委书记,现任寿县县委书记
74	方敦一	寿县	教员	1926年			寿县区委
75	薛卓江	寿县	教员	1925年	俄文	能干	曾任寿县县委
76	杨铭三	寿县	教员	1926年			曾任寿县县委
77	曹伸干	寿县	农民	1928年			曾任寿县县委
78	杨金波	寿县	教员	1927年			寿县区委
79	刘克力	长沙	教员	1927年			寿县县委
80	洪秋泉	寿县	教员	1927年			寿县区委
81	胡宏让		寿县	1926年			寿县县委
82	王步文	潜山	教员	1922年	日文		省委组织
83	赵　皂	安庆	军人	1928年	军事	粗率	安庆中心县书记
84	宋士英	无为		1927年			
85	朱体仁	霍山	军人	1928年	军事	个性强,勇敢	支书
86	陶国器	桐城	军人	1926年	军事	个性强	临委技术员
87	方启坤	怀宁		1925年	缝纫	耐劳苦	

编者注：本表戳记时间为1928年9月，而表中姜茂林等四人的“入校时间”为1929年；表中朱体仁、赵皂两人有重复，均系原文如此。待考。

［原载于中央档案馆、安徽省档案馆：《安徽革命历史文件汇集》（第二册），1987年版，第188—193页］

安徽省临委关于组织工作概况给中央的报告

（一九二九年一月二十三日）

一、过去组织上缺点

1. 没有明确组织路线

在这种严重的白色恐怖之下，我们的工作显然较为困难，再因屡次的大破获，党的所有组织日渐消散，新的基础一时不易建立，因此，党及党员表现投机观念，想用取巧的方法（拉拢游移分子，联合小资产的团体……）把组织恢复起来，不注意设法打进真正工农群众去，结果党的组织不但不能建立起来，反而使整个党的组织日渐动摇。

2. 未打入我们应有的群众中去

现在比较有点东西的地方是在乡僻与不重要的地方，所有党员群众也是不重要分子。例如几个大的城市，都未有我们的组织，最主要的群众，如产业工人、交通工人、市政工人、码头工人、邮电工人、矿工、店员等，党都未曾打入进去。

3. 和平发展的现象

目前党员的数目虽然不少，而谈到质量很成问题，这是因和平发展的原因，党员去介绍同志不是站在斗争的意识上去介绍的，群众加入者也不是站在斗争的意识而加入的，同时各地方党部也没有经常拟定发展组织计划，只随其自然的发展而已。

4.没有支部工作

严格地说，安徽没有一个支部是有支部行动，能在群众中起核心的作用，不但不能领导群众斗争，即群众的自发斗争，党的支部做尾巴也做不上。关于群众中的一切痛苦及要求，支部不能有深刻的明了，这是因同志不明白支部的作用，不能积极参加支部工作，大部分的同志都忽视支部会议的重要。

以上是在组织上很严重的错误和缺点。

二、目前组织情形

1.党员的数量

全省共计党员一千三百二十三人，兹分列于下：

六安132人	寿县400人
合肥30人	潜山151人
安庆110人	阜阳48人
南陵20人	太湖66人
庐江31人	无为59人
霍山120人	桐城66人
霍邱115人	芜湖15人（可找10人）

车夫三，店工二，皮匠一，邮差一，报馆一。

2.党的成分

关于党员的成分因无确实统计，但就“大概”而言，工人同志占百分之四，农民同志占百分之八十，知识分子占百分之十，兵士同志占百分之三，其他占百分之三。

3.县委及特区情形

全省有组织的地方，共有十四县（除凤阳、凤台、蚌埠、广德及英山外）现已成立正式县委的有安庆、霍山、桐城、无为、阜阳、寿州、六安、潜山等县，其次是特区的组织，如太湖、庐江、合肥、南陵、霍邱、芜湖等县。

4.群众组织

全省较有群众组织的地方，是六安、潜山、无为、寿州等县，六安农协共有一千二百人，毛坦厂工会共有四十人；潜山农协共有二百余人，职工会共三个约有五十人。以上群众组织均在我们的领导之下。

三、今后组织意见（略）[①]

[原载于中央档案馆、安徽省档案馆:《安徽革命历史文件汇集》(第二册),1987年版,第238—240页]

① 原文如此。

安徽省组织状况一览表

（一九二九年二月二十三日）

<table>
<tr><td>省委人数</td><td>最初无人，继只三四人，甚至有时一二人，现在四人</td><td colspan="2">工作方式</td><td colspan="2">工作上只是消极的应付不是积极的，组织工作根本未做，职工亦空洞，仅宣传有些刊物出版，省委工作只是秘书处工作且不健全</td></tr>
<tr><td>委员成分</td><td>完全知识分子</td><td colspan="2">有组织县市</td><td colspan="2">芜湖、潜山、安庆、南陵、宣城、无为、六安、太湖、英山、桐城、庐江、霍山、合肥、霍邱、颍上、寿州、凤台、阜阳、□城</td></tr>
<tr><td>省委组织</td><td>残缺不全</td><td colspan="2">党员人数成分</td><td colspan="2">1204人，农85%，智10%，工4%，兵士，其他1%</td></tr>
<tr><td>省委分工</td><td>书记兼宣传组织1，职运1，军运、农运无人负责</td><td colspan="2">干部分子数量</td><td colspan="2">29人，工人约三四人，智1/3，兵士一二人，余均农民，县委以下负责</td></tr>
<tr><td rowspan="5">中心区域的工作</td><td>地名</td><td>芜湖</td><td>安庆</td><td>六安</td><td>阜阳</td></tr>
<tr><td>指导机关</td><td>省委兼市委</td><td>县委</td><td>县委</td><td>县委</td></tr>
<tr><td>人数</td><td></td><td></td><td></td><td></td></tr>
<tr><td>支部数目</td><td>2</td><td>2</td><td>手工业工人无支部与农村合并</td><td></td></tr>
<tr><td>支部类别</td><td>1. 黄包车工人支部
2.油条工人支部</td><td>1. 机坊支部
2. 纸坊支部</td><td></td><td></td></tr>
</table>

（续表）

	地名	芜湖	安庆	六安	阜阳
中心区域的工作	支部人数	①6人 ②5人	①7人 ②7人		
	表现	观念模糊	认识浅薄		
	支部会议	不能按期开会	不能自动开会		
	纳费				
	作用	仅能发传单、贴标语	同左	同左	
	群众组织	农民协会		农民协会	
	群众数量	21		2500（+）	
	群众表现				
	群众斗争				
	记余	工作日形低落原因：1.未打入产业工人中；2.干部人才缺乏；3.两湖白色恐怖影响现已决定新的工作计划	同左		
产业支部	根本无产业支部工作				
下略					

［原载于中央档案馆、安徽省档案馆:《安徽革命历史文件汇集》(第二册),1987年版,第268—269页］

安徽组织统计表

（一九二九年五月六日）

<table>
<tr><td colspan="2">有县委组织地方</td><td>共八县</td><td colspan="2">六安、潜山、无为、寿州、安庆、桐城、南陵、霍山</td><td>党员数量及成分</td><td colspan="2">1300(+)，农6/10，知3/10，工兵其他1/10</td></tr>
<tr><td colspan="2">有特区组织的地方</td><td>共六处</td><td colspan="2">合肥、颍上、阜阳、庐江、太湖、英山</td><td>党员的质量</td><td colspan="2">全数量中无一产业工人，且多对党认识模糊者</td></tr>
<tr><td rowspan="5">中心区域的状况</td><td>地名</td><td>指导机关</td><td>党员人数及成分</td><td>支部工作</td><td>群众组织</td><td>同志作用</td><td>群众表现</td></tr>
<tr><td>芜湖</td><td>县委</td><td></td><td></td><td></td><td></td><td></td></tr>
<tr><td>六安</td><td>县委</td><td>182，较好80</td><td>有几个能开会的支部，六个月中开过二十八次会议。支部未按部门街道等，编的是乱七八糟的</td><td>有农协会员2000(+)人</td><td>无作用</td><td>不愿开会，因农协会工作，只收费，故农民说农协不做别事，只收会费，农协原来如此，很多退出</td></tr>
<tr><td>无为</td><td>县委</td><td>59，较好26</td><td></td><td>有农协会员500(+)人</td><td></td><td>农民说农协是C·P.的</td></tr>
<tr><td>潜山</td><td>县委</td><td>96，较好30</td><td></td><td>有农协会员500~600人</td><td>同志不到群众中工作</td><td></td></tr>
</table>

（续表）

支部工作	无一产业支部，现有的支部也无支部生活，支部开会干燥，无兴趣，支部生活无中心和计划，一切宣传是凭主观的幻想，未将群众中所要求的作为宣传的口号与材料，完全是虚悬的工作					
巡视工作	无巡视工作，最近始派人到安庆去看看					
同志倾向	和平发展，军事投机，国共还可以合作，国共合作的工作方法的表现					
一个新的绝端	潜山同志一个也不到农协中工作，理由是群众组织同志不能进去工作的，因为与党的组织应该分开					
同志对党的认识	共产即是分产、均产；以为党即是分产党、均产党；斗争的意义即武装的意义；政治斗争是斗争，经济斗争不能算斗争					
各县工人统计	地名	厂名	人数（人）	工作时间	工资	记余
		裕中纱厂	1500			
		大昌火柴厂	300~500			
		铁厂（几个）	300(+)			
	芜湖	小轮工人	700(+)			
		黄包车夫	2000			
		码头工人	5000			
		手工业工人	1000			
		店员	10000			
	寿州	矿工	3000			
	荻港	矿工	1000~2000			
	宣城	矿工	1000~1200			
	繁昌	矿工	1000			
	蚌埠	矿工	2000~3000			
		机房工人	1000			
		码头工人	300			
		水夫	1000			
	安庆	店员	数千			
		汽车工人	1000(+)			
		舵工	100000			

［原载于中央档案馆、安徽省档案馆：《安徽革命历史文件汇集》（第二册），1987年版，第328—330页］

寿县县委报告

——政治经济及党务工作情况

（一九二九年五月九日）

一、政治经济状况（略）

二、社会及群众状况（略）

三、党务方面

1.概述：

党的历史及其进展退化的转变——寿县在民国十一年（1922）就有二三同志的组织，当时是党的婴儿时候和以后的机会主义时代不独没有组织群众的工作，连党都没有丝毫的发展。到十四五年时才有十多个小资产阶级的青年学生在外省或外县加入党回来的，有形势〔式〕上的十来个党员。北伐军攻克武汉，整个寿县的党员跑到武汉去了。及国共分裂后，各同志相继回寿，经临时省委指定几个同志组织县委。到十七年（1928）三月七日，秃北特委来到寿县召集第一次代表大会，改组县委。洗刷过去机会主义的余毒，发展群众的组织，才扩大游击战争。不料两个月后环境异常紧张，县委负责人大多偷生苟安的跑了。到七月时经省委指定三个同志组织临时县委会，可是临委负责人的不努力和种种客观困难情形，整个的党日趋于危机。到九月经省委派同志到寿召集第二次代表大会，改组县委，纠正过去盲动主义的幼稚病，注重城市中的工作及上下游〔窑〕矿工的工人组织，发展农协的组织及吸收农工分子入党，只因经济困难问题许多计划没有实现。到十二月省巡视员来寿召集第三次代表大会改组县委，纠正拉夫式的介绍同志，执行伟大的六次大会的决议案，打入广大群众中去，使每个同志了解六次大会的意义，提高农工中心干部人才，得以寄生在学校里的党的基础建筑到农村中去。在这次（第三次）大会，实是空前的伟大的一次大会，可惜这次大会后受大雪大雨学校放假，无机关以及县委，几个负责的外县人发生生活的恐慌，无形中停顿了两个月。但是实现县三次大会议决案和解决各区的种种问题于一月前召集一次县扩大会。

2. 群众工作的概述——群众工作仅仅只有农协的组织，计第一区有三个分农协，共百余人（去年九月起），第五区有二百人（因党塌台农协随之停顿了）。

关于宣传工作有第三次大会议的报告交省转中央（在这次会上口头报告因现在要交卷了）。

3. 县委经济报告——（十七年）特别捐两次，共收七十元左右。省委十月十二月及一月份半月，两个半月津贴五十元，收入和支出相抵尚亏百四十元，其中有八十元是从数同志手中借来，竭望省委将过去（从今年二月起）未发的津贴去偿债。

寿县

［原载于中央档案馆、安徽省档案馆：《安徽革命历史文件汇集》（第四册上），1988年版，第217—219页］

后　记

《安徽早期党组织研究》一书是2022年度安徽省哲学社会科学规划重大项目课题成果，共分为安徽早期党组织研究课题研究报告、安徽早期党组织若干专题研究、安徽各市早期党组织专题研究、安徽早期党组织专题资料汇编等4个篇章。

本书坚持以习近平新时代中国特色社会主义思想为指导，以党的三个历史决议为根本遵循，坚持唯物史观和正确党史观，采用点面结合、突出重点的方式，全面记述从安徽第一个党支部建立到第一个省委成立（1923—1931）的艰辛历程和光辉足迹，重点考证和研究安徽最早党组织成立情况，专题研究全省16个市第一个党组织成立情况，生动展示了中国共产党在江淮大地传播科学真理、建立党团组织，掀起轰轰烈烈的大革命和发动土地革命战争的奋斗历程。

本书吸收借鉴了学术界的最新研究成果，得到了全省各市党史部门和中国文史出版社的大力支持，在此表示衷心感谢！由于掌握的资料和编写水平有限，本书难免有疏漏和不当之处，敬请广大读者和专家学者批评指正。

课题组

2023年8月